Andreas Fisahn/Alois Stiegeler/Manfred Braatz
Oben, Unten, rechts und links
Eine etwas andere Einführung in die politische Farbenlehre

Manfred Braatz, geb. 1963 war bis 2018 Vorsitzender Richter am Verwaltungsgericht in Oldenburg.

Andreas Fisahn, geb. 1960 ist Hochschullehrer für Rechtswissenschaften an der Universität Bielefeld, https://www.uni-bielefeld.de/fakultaeten/rechtswissenschaft/ls/fisahn/.

Alois Stiegeler, geb. 1947 im Allgäu, Studium der Politikwissenschaft und Pädagogik (Lehramt), zuletzt Lehrer in Bissendorf.

Andreas Fisahn/Alois Stiegeler/Manfred Braatz

Oben, Unten, rechts und links

Eine etwas andere Einführung
in die politische Farbenlehre

Eine Veröffentlichung der
Rosa-Luxemburg-Stiftung

VSA: Verlag Hamburg

www.vsa-verlag.de

© VSA: Verlag 2023, St. Georgs Kirchhof 6, 20099 Hamburg
Druck und Buchbindearbeiten: CPI books GmbH, Leck
Umschlagfoto: Anke Schleritt (anke.schleritt@gmail.com)
ISBN 978-3-96488-183-0

Inhalt

Vorbemerkung

Das Lesen und auch das Schreiben von Büchern sollte und kann auch dann Spaß machen, wenn das Thema kompliziert oder auch zum Teil betrüblich ist. Hier haben wir den Versuch gestartet aus unseren privaten Diskussionen um die Frage, was ist heute noch links, eine Orientierungshilfe zu geben, die zwar ohne Bilder auskommt, aber dennoch eine andere als die übliche Form hat.

Wer oder was ist heute schon oder noch links? Eine Frage, die nicht nur politisch wenig erfahrene Menschen umtreibt, zumal die Welt immer bunter und vielfältiger wird. Um eine Vielzahl fundierter Anregungen zu geben, diskutieren hier mehrere Charaktere verschiedenen Alters und Geschlechts wichtige Aspekte. Die Debatte zeigt, dass es oft mehr als eine richtige Sicht oder den Königsweg gibt. Verständlich servierte Erkenntnisse bedeutsamer VordenkerInnen werden hinterfragt und gegebenenfalls modifiziert. So spielt sich die bunte Runde die Bälle gegenseitig zu und versucht, möglichst gut zu punkten. Ein bekömmlicher Einstieg in die politische Farbenlehre, der Lust auf weitere Vertiefung verschaffen könnte.

Die Autoren haben ihre Diskussionen nachgebildet und fiktiven Personen untergeschoben, die über die Frage, was ist links und was rechts und wie verhalten sich die Seiten zu oben und unten diskutieren, ohne dabei in das beliebte Fachchinesisch abzugleiten. Herausgekommen ist deshalb etwas wie ein Theaterstück oder Hörspiel – einige haben auch gesagt, wir hätten bei Sokrates und Platon abgekupfert, aber so hoch wollen wir unsere Diskussion natürlich nicht hängen.

Die Form des Gesprächs oder der Diskussion ermöglichte es, unterschiedliche Positionen der Linken, Gegensätze und Unterschiede zu Wort kommen zu lassen. Dabei sind sicher nicht alle Differenzen und alle Gemeinsamkeiten erfasst und natürlich haben wir am Ende Position bezogen, die niemand teilen muss, aber schön wäre es, wenn diese fiktive Diskussion dazu führen könnte, wenn Menschen real ins Gespräch kommen könnten. Und natürlich wäre es schön, wenn unsere Aufarbeitung von Unterschieden und Gemeinsamkeiten dazu führt, dass solche Gespräche sachlich in einer kollegialen oder solidarischen Weise geführt werden.

Aus dem Text haben wir auch einen Podcast in fünf Teilen gemacht, der hoffentlich einen anderen Zugang zu unseren Überlegungen ermöglicht. Es sprechen insgesamt vier Personen, zwei Frauen und zwei Männer, **Nina, Rahel, Deniz** und **Max**. Auch die einzelnen Rollen werden in den Kapiteln von unterschiedlichen Menschen, also auch unterschiedlichen Stimmen gesprochen. Innerhalb eines Kapitels bleiben die Sprecherinnen und Sprecher gleich und sollten unterscheidbar sein.

Den Podcast kann man hören

- auf der Homepage von Andreas Fisahn: cmsedit.uni-bielefeld.de/fakultaeten/rechtswissenschaft/ls/fisahn/podcast-2/
- und auf der Homepage der Rosa-Luxemburg-Stiftung: www.rosa-lux.de/PolitischeFarbenlehre.

1. Gleichheit – nicht Gleichmacherei

Gleichheit vor dem Gesetz reicht nicht

Deniz Was versteht ihr unter links?

Max Du meinst die politische Richtung?

Deniz Na klar – nicht das, wo der Daumen rechts ist.

Max Dann wird mit links eine Politik bezeichnet, in deren Zentrum die Gleichheit steht.

Deniz Okay – linke Politik zielt auf die Gleichheit von Menschen ab. Links bedeutet aber auch, tolerant zu sein.

Rahel Tolerant gegenüber wem?

Deniz Tolerant gegenüber Menschen mit anderer Hautfarbe, anderer Religion oder einem anderen Lebensstil.

Max Frei nach Rosa Luxemburg: »Freiheit ist immer Freiheit der Andersdenkenden.«[1] Und die Luxemburg war ja wohl links.

Nina Ja genau, zum Linkssein gehört auch Freiheit.

Deniz Woher kommt eigentlich die Unterscheidung links und rechts, um politische Richtungen zu benennen?

Rahel Sie stammt aus der Sitzordnung in den nachrevolutionären Parlamenten Frankreichs. Rechts saßen die Vertreter der Monarchie und des alten Systems, links saßen die Revolutionäre, die für die Republik und gegen die Monarchie kämpften.

Deniz Dann wird links auch durch den Republikanismus definiert, also durch das Eintreten für die Republik.

Nina Das ist schon wieder ein neues Thema – bleiben wir zunächst bei Toleranz und Gleichheit. Schließt sich das nicht gegenseitig aus, ist widersprüchlich oder zumindest ein Konflikt?

Max Ich muss also genauer werden. Links bezieht sich zunächst auf ökonomische Gleichheit. Die lässt sich mit Toleranz gegenüber anderen Meinungen, anderer Religion oder »dem Fremden«, dem Ungewohnten ja verbinden.

Rahel Was meinst du mit ökonomischer Gleichheit?

Max Die Gleichheit an verfügbaren finanziellen und anderen Ressourcen.

Rahel Was für andere Ressourcen?

---

[1] Luxemburg, Rosa: Zur russischen Revolution, in: dies.: Gesammelte Werke (GW), Bd. 4, S. 359.

Max Na, z.B. Grundbesitz, der lässt sich zwar zu Geld machen, ist aber zunächst keine finanzielle Ressource.

Rahel Wieso ökonomisch und nicht sozial?

Max Wer arm ist, kann dennoch sehr sozial sein. Leider wächst die soziale Einstellung nicht mit dem Reichtum, sondern nimmt anscheinend eher ab. Deshalb meine ich, man muss von ökonomischer Gleichheit sprechen.

Rahel Aber Gleichheit kann sich doch nicht nur auf materielle Dinge beziehen. Wie sieht es denn mit gleicher Bildung oder zumindest gleichen Bildungschancen aus?

Max In der Tat, Gleichheit bezieht sich auch auf solche immateriellen Aspekte.

Deniz Gleichheit wird doch vom Grundgesetz schon garantiert. Wieso ist das besonders links?

Rahel Ist das dein Ernst?

Deniz Ist schon klar, so gleich ist diese Gesellschaft nicht.

Rahel Das ist auch ein Problem. Vor allem garantiert das Grundgesetz nur Gleichheit vor dem Gesetz, also formale Gleichheit und nicht faktische, materielle, also ökonomische Gleichheit. Natürlich kann formale Gleichheit, also die Gleichheit vor dem Gesetz, umgesetzt, also faktisch werden. Es geht aber um die Gleichheit in der Lebensweise oder Lebenswirklichkeit – das meint materielle Gleichheit.

Max Und was ist das Problem mit der formalen Gleichheit?

Deniz Wie heißt der Satz von Anatole France noch so schön: »Das Gesetz in seiner majestätischen Gleichheit verbietet es Reichen wie Armen, unter Brücken zu schlafen.« Gleiche Regeln erzeugen eben höchst ungleiche Wirkungen oder eben nur Wirkungen für einen Teil der Menschen.

Nina Nur als Ergänzung: In Art. 3 Abs. 2 beauftragt das Grundgesetz die staatlichen Organe immerhin, die tatsächliche Durchsetzung der Gleichberechtigung von Frauen und Männern zu fördern und Nachteile zu beseitigen. Das zielt auf faktische oder materiale Gleichheit.

Rahel Wieso nun materiale und nicht materielle Gleichheit?

Deniz Das geht auf Max Weber zurück, der zwischen formaler und materialer Rationalität unterschieden hat. Gemeint ist die Rationalität dem Inhalt nach, während materiell sich so nach Materie anhört. Aber ich weiß, für Juristen und Juristinnen klingt das ungewohnt.

Quotierte Wahllisten

Rahel Obwohl das Grundgesetz tatsächliche Gleichheit von Männern und Frauen verlangt, gibt es zu wenig Frauen in Führungspositionen oder in der Politik. Die Landesverfassungsgerichte in Thüringen und Brandenburg haben Landeswahlgesetze für verfassungswidrig erklärt, die den Parteien quotierte Wählerlisten vorschrieben. Das verstoße gegen die Wahlfreiheit und Wahlrechtsgleichheit. Da ist nicht viel mit faktischer Gleichheit.

Max Was und wie wurde quotiert?

Deniz So wie das bei der LINKEN und den Grünen nach der Parteisatzung ist. Wenn auf Platz 1 der Wahlliste eine Frau steht, muss auf Platz 2 ein Mann folgen und umgekehrt. Bei der SPD sind 40% für jedes Geschlecht verbindlich.

Rahel Und das ist verfassungswidrig? Wieso dürfen die Parteien das dann in der Satzung festlegen? Parteien müssen doch nach dem Grundgesetz auch demokratisch organisiert sein. Das ist doch ein Widerspruch. Sonst würde die Listenaufstellung bei LINKEN, SPD und Grünen doch auch gegen die Wahlrechtsfreiheit und -gleichheit verstoßen.

Deniz Wo kein Kläger, da kein Richter. Aber ob das Argument die Quotenregelung der Parteien nach Jahrzehnten noch kippen würde? Das hieße ja, dass alle Wahlen mit Quotenregelung in den Parteien verfassungswidrig waren, weil die Parteien ihre Kandidaten unter Verletzung der Wahlrechtsgrundsätze aufgestellt haben.

Rahel Ist es nicht ein Unterschied, ob der Staat den Parteien die Quote vorschreibt oder ob die Parteien sich das selber verordnen?

Max Nicht wirklich, weil Wahlen auch dann annulliert werden können, wenn die Parteien mit Listen angetreten sind, die nicht demokratisch zustande gekommen sind. Wenn die Landesverfassungsgerichte nun sagen, die Quote verstoße gegen die Wahlgleichheit und -freiheit, handelt es sich kaum noch um eine demokratische Wahl. Zumindest die Listenaufstellung von Grünen und LINKEN müsste dann ein Problem sein. Aber Richter sind ja insofern beschränkt, als dass sie nur auf ihren Fall schauen.

Deniz Können wir mal das juristische Kauderwelsch lassen? Gleichheit der Geschlechter gehört jedenfalls zum Linkssein.

Max Das hat schon der alte Engels gewusst. Er war der erste Feminist.

Nina Feminist vielleicht, aber nicht Feministin. Denk nur an Olympe de Gouges, die hat schon 1791 nach der großen französischen Revolution die »Erklärung der Rechte der Frau und Bürgerin« verfasst, eine feministische Version der Menschenrechtserklärung.[2]

Deniz Und was hat Engels gesagt?

Nina Er sagte, dass der Grad der weiblichen Emanzipation das natürliche Maß der allgemeinen Emanzipation sei.[3]

Rahel Alles schön und gut, aber Linkssein bedeutet auch, die Gleichheit innerhalb der Gruppe der Frauen zu bedenken.

Deniz Das ist doch klar, wo ist das Problem?

Rahel Ich habe halt den Eindruck, dass viel über die Gleichberechtigung von bürgerlichen oder besserverdienenden Frauen gesprochen wird und dafür gekämpft wird, also z.B. für Frauenquoten in den Vorständen der Dax-Konzerne oder für die gleiche Anzahl von Frauen wie Männern in den Parlamenten – die verdienen ja auch nicht schlecht.

Nina Aber darum geht es doch bei der Gleichberechtigung.

Rahel Reicht eben nicht. Was ist mit der Gleichberechtigung der Kassiererin im Supermarkt, der Krankenschwester, der Kellnerin oder der Erzieherin? Alles typische Frauenberufe und typischerweise schlecht bezahlt. Da muss was getan werden, wenn man sich links nennen will, nicht nur bei den Chefinnen, die noch besser verdienen wollen.

Nina Das Interesse an Geschlechterquoten in den Vorstandsetagen der Konzerne ist eben kein Interesse aller, sondern ein besonderes von Frauen aus der Oberschicht. Die Friseurin mit dem Mindestlohn fällt dabei ebenso unter den Tisch wie die Krankenschwester, die während Corona mit Applaus abgespeist wurde, oder die Altenpflegerin, die für ihren Knochenjob viel zu schlecht bezahlt wird.

Max Da habt ihr recht, der Fokus ist leicht verschoben.

Rahel Leicht?

Nina Okay, auch etwas stärker.

Leistung lohnt nur manchmal

Deniz Kommen wir doch noch mal zurück zur Gleichheit allgemein oder zur materialen Gleichheit. Geraten wir mit der materialen Gleichheit nicht in einen Konflikt mit der Toleranz als Teil linker Politik oder des Linksseins?

---

[2] https://olympe-de-gouges.info/frauenrechte/#erklaerung (1.9.2022).
[3] Engels: Herrn Eugen Dührings Umwälzung der Wissenschaft, MEW Bd. 20, S. 242.

Max Wieso? Verstehe ich nicht.

Deniz Man landet doch schnell bei der Gleichmacherei – beim Mao-Kittel, alle tragen die gleiche Kleidung usw. Sahra Wagenknecht schlägt in ihrer Polemik gegen den Linksliberalismus ja vor, dass man Leistung belohnen müsse. Gleiche Leistung wird gleich bezahlt, aber ohne Leistung keine Gleichheit.[4]

Max Da ist man bei dem Propagandaslogan der Deutschen Bank von einst: »Leistung muss sich wieder lohnen.« Das war die Begleitmusik zum Abbau des Sozialstaates und zur Steuersenkung für Reiche.

Nina Aber das ist das alte Gerechtigkeitsideal, das schon Aristoteles entwickelt hat – das Leistungsprinzip.

Max Aristoteles hatte allerdings kein Problem mit der Sklaverei – das kann man wohl schlecht als links bezeichnen. Das »Jedem das Seine« von Aristoteles bezog sich nicht auf die Leistung, sondern auf den Status, die angeblich natürliche gesellschaftliche Stellung des Menschen.[5] Der Sklave war zum Sklaven geboren, der Aristokrat war schon als Herr – natürlich ein Mann – geboren.

Nina »Jedem das Seine« haben die Nazis an das Tor des Konzentrationslagers in Buchenwald geschrieben – das geht gar nicht! Und das haben sie auch so gemeint: Kommunisten gehören ins KZ.

Rahel Das stimmt, das ist passiert. Man kann Aristoteles aber sicher nicht dafür verantwortlich machen, dass die Nazis ihn missbraucht haben, das haben sie auch mit anderen gemacht. Damit ist das Leistungsprinzip aber noch nicht vom Tisch.

Deniz Umgekehrt hat man das Leistungsprinzip auch noch nicht begründet. Warum sollen Menschen nach ihrer Leistung unterschieden werden? Das muss man doch rechtfertigen und nicht einfach behaupten.

Rahel In der Tat. Nur weil Aristoteles und die Deutsche Bank das propagiert haben, muss es ja nicht richtig sein.

Max Man kann natürlich argumentieren, dass größere Leistungen für das Gemeinwohl auch honoriert werden müssen.

Deniz Aber was ist überhaupt eine Leistung und wer legt fest, welche Leistung von Wert ist und welche eher minderwertig ist, welche dem Allgemeinwohl dient und welche nur egoistischen Zwecken? Das Kriterium an sich ist schon ungeeignet, um Unterschiede zu begründen.

---

[4] Wagenknecht, Sahra: Die Selbstgerechten. Mein Gegenprogramm – für Gemeinsinn und Zusammenhalt, Frankfurt 2021.

[5] Aristoteles:sa Nikomachische Ethik, Kap. V 7.

Rahel Außerdem sind Menschen eher ungleich. Und es kann ausgesprochen ungerecht sein, wenn die alleinverdienende Mutter einer fünfköpfigen Familie für die gleiche Leistung das Gleiche erhält wie der 60-jährige Single, der eh alles hat. Die Familie braucht eben viel mehr als der Single. Vergütung nach Leistung wird ungerecht, wenn die Bedürfnisse sehr ungleich sind.

Solidarische Erwerbstätigenrente und Bürgerversicherung

In vielen Debattenbeiträgen zum Thema Rente fällt das Stichwort »Generationengerechtigkeit«. Gemeint ist die Balance zwischen Beitragszahlern – die sind eher jünger – und Rentenempfängern – die sind eher alt. Vor allem junge Politiker aus der CDU und FDP wollen weniger Belastung der arbeitsaktiven Bevölkerung auf Kosten der gegenwärtigen Rentner. Es fühlt sich an wie ein »Klassenkampf« Jung gegen Alt. Aber geht es wirklich um diesen Gegensatz?

Zunächst einmal geht es um das politische Ziel, dass auch die Rentner gut versorgt sind, dass sie ihr Leben ohne Armut gestalten können. Das ist Vielen nicht vergönnt. Viele Rentenempfänger, vor allem Frauen, aber auch Männer, die aus dem Niedriglohnsektor oder nach längerer Arbeitslosigkeit in Rente gehen, liegen mit ihrer Rente im Armutsbereich. Die Zahl der Rentnerinnen und Rentner, die auf Grundsicherung im Alter angewiesen sind, ist zwischen 2003 und 2021 von 440.000 auf knapp 1,1 Millionen angestiegen. Und Autoren, die sich mit der Zukunft unserer Rentenentwicklung befassen, befürchten in Zukunft einen weiteren Anstieg der Zahl von Rentnerinnen und Rentnern, die auf Mindestsicherung angewiesen sind. Natürlich gibt es auch Rentner, die sich einen Lebensabend gestalten können, wie sie es gewünscht haben, die höheren Beamten mit ihren Pensionen voran. Und es gibt in der Tat Menschen im aktiven Arbeitsleben, denen der Abzug der Sozialbeiträge angesichts ihres niedrigen Brutto-Einkommens wehtut. Der Mindestlohn und andere Löhne im Niedriglohnsektor lassen wenig Spielraum für eigene Rücklagen fürs Alter. Es ist keine Frage des Alters, es ist eine Frage von Arm und Reich. Und es ist eine Frage des Rentensystems.

Ein wesentlicher Aspekt eines solidarischen Rentensystems ist die Verhinderung von Altersarmut. In der rentenpolitischen Debatte der letzten neoliberal geprägten Jahre wurde mit dem demografischen Argument – immer weniger Beitragszahler, immer mehr Rentner – versucht, den Menschen eine kapitalgedeckte Zusatzrente schmackhaft zu machen. Die Menschen werden dadurch nicht nur den Unsicherheiten der Finanzmärkte ausgeliefert, hinzu kommt, dass die unteren Einkommensschichten, die besonders unter Altersarmut leiden, sich höhere, zusätzliche Beiträge kaum leisten können. Die »Riester-Rente« hat sich inzwischen als Rohrkrepierer für die Rentner und als fettes Sparschwein für Banken und Versicherungen herausgestellt.

Es gibt bessere Systeme – hier einige Beispiele: Österreich hat ein Rentenniveau, das deutlich (+ 800 €) über dem deutschen Rentenniveau liegt. Das Rentenniveau (nach 45 Beitragsjahren) liegt in Österreich bei 80%, in Deutschland bei 48,2% des Lohns. Bereits nach 30 Beitragsjahren erhalten die österreichischen Rentner eine Grundrente von 1.114 €, in Deutschland nach 33 Beitragsjahren 880 €. Das funktioniert, weil die Beitragssätze etwas höher sind als hierzulande. Die Lohnabhängigen zahlen 10,25%, die Unternehmer 12,55% in die Kasse, aber alle zahlen in die Rentenversicherung ein, auch Beamte, Politiker, Selbständige. Das gesetzliche Renteneintrittsalter liegt bei Männern bei 65, bei Frauen bei 60 Jahren.

In den Niederlanden bekommt jeder im Rentenalter 1.218 € Grundrente. Sie wird unabhängig von der Einzahlung und ohne Bedürftigkeitsprüfung ausgezahlt. Zusammen mit einer Betriebsrente erhält der Rentner etwa 70–75% des letzten Durchschnittseinkommens. Der Pferdefuß in den Niederlanden: Nur die Arbeitnehmer zahlen in die Rentenkasse ein: 18% des Einkommens.

In der Schweiz gibt es eine sozialpolitisch interessante Regelung: Die höchste Rente ist maximal doppelt so hoch wie die unterste; und das ist wirklich bedeutsam: Es gibt keine Beitragsbemessungsgrenze. Millionäre zahlen also richtig viel ein, bekommen aber höchstens das Doppelte vom Rentner aus der unteren Schicht. Das Argument in der Schweiz: Wer richtig viel verdient, kann privat etwas ansparen.

Lohnabhängig Beschäftigte bekommen in der Bundesrepublik seit dem Jahr 2000 noch höchstens 48,4% Rente, vorher waren es noch 53%. Das Rentensystem baut auf Ungleichheit auf und verlängert diese. Beamte und Selbständige sowie Abgeordnete zahlen nicht in gesetzliche Rentenversicherung ein. Die Pension von Beamten und Abgeordneten wird aus dem »normalen« Staatshaushalt finanziert. Selbstständige zahlen in besondere Rentenkassen etwa für Ärzte oder Rechtsanwälte, die eine deutlich bessere Versorgung sichern als die für lohnabhängig Beschäftigte. Die Rentenbeiträge werden zwischen Unternehmen und Beschäftigten hälftig geteilt und liegen zwischen 9 und 10% des Bruttolohns für Normalverdiener, aber: Es gibt eine sogenannte Beitragsbemessungsgrenze. Das bedeutet: Die 100.000-Euro-Frau zahlt auch nicht mehr in die Rentenkasse ein als der 84.000-Euro-Mann. Wer gegenwärtig (2022) mehr als die 84.000 Euro brutto verdient, zahlt keinen Cent mehr in die Rentenkasse, bekommt dann allerdings auch nicht mehr heraus als die schlechter Verdienenden.

Ähnlich funktioniert das System auch bei der Krankenversicherung. Inzwischen hat sich herumgesprochen, dass in der Bundesrepublik eine Zwei-Klassen-Gesundheitsversorgung existiert. Auf der einen Seite die Beamten und Selbstständigen, die privat versichert sind und vergleichsweise gut versorgt werden und auf der anderen Seite die gesetzlich Versicherten, die nicht nur als Patienten zweiter Klasse behandelt werden, deren Leistungsniveau auch immer weiter sinkt. Immer mehr Leistungen – von der Brille bis zum Gebiss – werden nicht mehr vollständig von der Kasse bezahlt. Die Finanzierung der gesetzlichen Krankenkassen funktioniert ähnlich wie die der Rentenkasse. Beschäftigte und Unternehmen tragen den Beitragssatz von 14 bis 15% je zur Hälfte und es gibt eine Beitragsbemessungsgrenze für gutverdienende Menschen. Wer (2022) mehr als 58.000 Euro im Jahr verdient, zahlt prozentual weniger in die Krankenkasse als Menschen, die weniger verdienen.

Das System der Sozialversicherungen in Deutschland muss grundlegend reformiert werden, um Altersarmut zu vermeiden und Ansprüchen an Gleichheit und soziale Gerechtigkeit gerecht zu werden. Es braucht eine Bürgerversicherung und eine solidarische Erwerbstätigenrente. Die Begriffe bezeichnen beide Systeme, in die alle Erwerbstätigen ohne Unterschiede einzahlen. Statt Beitragsbemessungsgrenzen sollten besser Verdienende auch relativ, also in Prozenten eher mehr einzahlen als weniger. Und schließlich braucht es eine armutsfeste Grundrente, die unabhängig vom Einkommen während der Erwerbstätigkeit ein würdevolles Leben in höherem Alter ermöglicht.

Nina Genauso lässt es sich bei den Fähigkeiten argumentieren. Die Bedürfnisse sind eben nicht zwingend auf die Fähigkeiten abgestimmt. Auch Menschen mit geringen Fähigkeiten können große Bedürfnisse oder Bedarfe haben.

Deniz Meinst du jetzt wirklich Fähigkeiten oder solche, die auf dem Arbeitsmarkt verkauft werden können, die verwertbar sind?

Nina Stimmt, das ist ein Unterschied. Aber eigentlich geht es um beides. Die Fähigkeiten sind genauso unterschiedlich wie die Bedürfnisse.

Gleichheit und Differenz oder jeder Jeck ist anders

Deniz Schon ist man bei Marx. Von ihm stammt ja der berühmte Satz: »Jeder nach seinen Fähigkeiten, jedem nach seinen Bedürfnissen.«[6] Da wird eher die Differenz betont, der Unterschied und nicht die Gleichheit.

Rahel Oh je, jeder nach seinen Bedürfnissen – da ist der Klimakollaps ja vorprogrammiert.

Max Wie meinst du das?

Rahel Na ja, die Bedürfnisse scheinen ja schlicht unbegrenzt zu sein. Dann müsste immer mehr produziert werden und CO_2 freigesetzt werden.

Nina Wie sich Bedürfnisse im Kapitalismus erweitern lassen, hatte Marx wohl noch nicht im Blick.

Deniz Aber sind das reale Bedürfnisse oder produzierte?

Nina Lässt sich schwer entscheiden. Niemand braucht ein Handy oder Smartphone. Wenn es aber erfunden ist, ist es ganz nützlich und jeder will es haben oder glaubt sogar, er braucht es. Manche fühlen sich ausgeschlossen, wenn sie bestimmte Produkte nicht haben und das Gefühl ist ja leider oft nicht unberechtigt. Wer kein Smartphone hat, kriegt eben nicht mit, was in den Chat-Gruppen läuft.

---

[6] Marx, Karl, Kritik des Gothaer Programmentwurfs, MEW 19, S. 21 = MEaW IV, S. 389.

Max Oder sie werden tatsächlich ausgeschlossen. Ohne Computer und Internet kein Distanzunterricht.

Deniz Damit kommen wir aber zum Problem der Umwelt oder der Ökologie. Das sollten wir später besprechen. Mit und ohne unbegrenzte Bedürfnisse weist der Satz von Marx auf die Gleichheit in der Differenz hin. Zunächst müssen wir noch über Gleichheit und Differenz sprechen: Ist die Gleichheit als elementarer Bestandteil des Links-Seins damit erledigt?

Nina Nein, natürlich nicht. Die gegenwärtige Ungleichverteilung von Reichtum lässt sich damit genauso wenig in Deutschland rechtfertigen wie im globalen Maßstab, also beispielsweise zwischen Tansania und Deutschland. Die Verteilung funktioniert in beiden Fällen ja weder nach den Bedürfnissen noch nach den Fähigkeiten, nicht mal nach den Leistungen.

Deniz Wieso leisten Reiche hierzulande nicht mehr als Arme?

Nina Schlechter Scherz, oder? Seit wann leistet ein Börsenmakler mehr als ein Krankenpfleger oder leistet ein Manager eines Unternehmens 100-mal so viel wie ein Mensch im gleichen Unternehmen in der Produktion?

Max Schon gut, damit wären wir wieder bei der Leistung als Maßstab. Das hatten wir ja schon abgefrühstückt. Trotzdem bleibt die Frage nach der Gleichheit und der Differenz. Was kommt denn an Differenz in Betracht jenseits der Bedürfnisse?

Nina Das ist doch klar: die Unterschiede in den Lebensentwürfen und der Lebensweise. Die eine ist eher katholisch, der andere Atheist; der eine trägt lange Haare, die andere färbt sie sich grün; der eine heiratet und lebt monogam, die andere findet das total spießig; der eine ist schwul, die andere heterosexuell; der eine interessiert sich nur für Sport, die andere vor allem für bildende Kunst und so ließe sich die Reihe der Differenzen beliebig fortsetzen.

Rahel An manche Unterschiede knüpfen Diskriminierungen an – z.B. wird die Ehe durch das Ehegattensplitting, also den Steuervorteil für verheiratete Paare, gegenüber anderen Lebensformen bevorzugt, mit Kopftuch kann ich nicht Lehrerin oder Richterin werden. Andere Unterschiede sind dem Staat egal, wie etwa die Länge der Haare.

Deniz Aber Letzteres auch erst neuerdings. Bei der Bundeswehr und Polizei hieß es früher: Männer müssen den Kragen frei haben.

Rahel Und das ist nur die offizielle oder staatliche Form von Diskriminierung; die Gesellschaft hat noch ihre eigenen Formen der Unterscheidung. Für Menschen mit südeuropäischen Wurzeln ist es in

Deutschland bekanntlich immer noch schwieriger, einen Job oder eine Wohnung zu bekommen als für »Biodeutsche«.

Nina Und für Afrikaner gilt das erst recht, da gibt es noch mehr Vorurteile und Abwehr.

Deniz Aber Menschen sind als Menschen oder in ihrem Menschsein zunächst gleich und verdienen die gleiche Beachtung ihrer Würde, d. h. die gleiche Anerkennung, den gleichen Respekt, die gleichen Möglichkeiten, ihren Lebensentwurf zu verwirklichen. Im Hinblick auf andere Merkmale sind sie ungleich, z.B. mit Blick auf ihre Fähigkeiten…

Nina Oder das Geschlecht? Ist das nicht ein Problem, wenn man jetzt die Unterschiede betont, nachdem Frauen schon so lange für Gleichheit und Gleichwertigkeit kämpfen?

Rahel Aber Gleichwertigkeit schließt die Differenz doch nicht aus. Frauen unterscheiden sich von Männern. Und die neue Frauenbewegung betont eben auch die Differenz. Die Frau ist eben nicht nur ein anderer Mann oder der Spiegel des Mannes.[7]

Nina Das Vorurteil, dass Frauen dümmer sind, bestand ja wohl lange genug.

Deniz Das ist allerdings wahr. Aber mit der Unterschiedlichkeit ist erst mal keine Wertung verbunden. Menschen sind halt unterschiedlich. Und es war und ist eher ein Problem der Linken, nur die Gleichheit zu betonen. Das endet dann schnell in der Gleichmacherei – darüber sprachen wir ja schon – und Menschen sind halt nicht gleich.

Deniz Die richtige Konsequenz ist eben: jede nach ihren Fähigkeiten; jeder nach seinen Bedürfnissen.

Nina Empirisch sind auch die Interessen von Männern und Frauen sehr unterschiedlich – natürlich wieder nur im Durchschnitt. Natürlich haben nicht alle Männer andere Interessen als alle Frauen.

Max Wie kommst du auf das schmale Brett?

Deniz Nehmen wir z.B. den Fußball. 51% der Männer interessieren sich nach einer Umfrage für die Bundesliga und nur 16% der Frauen. Die Fanklubs werden von Männern dominiert und der Deutschlandfunk berichtete, dass die Fankultur unterschiedlich ist. »Rivalität ja, Hass nein!« – lautet der Befund im Frauenfußball.

Nina Aber die unterschiedlichen Interessen sind gesellschaftlich gemacht und kein Ergebnis des Geschlechts oder der Gene.

Max Woher weiß man das?

Deniz Das kann man eben nicht wissen und es kommt eben nicht dar-

---

[7] Irigaray, Luce: Speculum – Spiegel des anderen Geschlechts, Frankfurt/Main 1980.

auf an, die Unterschiede zu nivellieren – selbst dann nicht, wenn sie gesellschaftlich erzeugt sind. Man muss ihre Bewertung hinterfragen oder kritisieren.

Rahel Es müssen eben nicht 50% der Automechaniker Frauen sein?

Nina Genau – es kommt darauf an, Wertigkeiten zu ändern. Wieso verdienen Automechaniker mehr als Krankenschwestern? Ist die Arbeit so viel schwieriger oder anspruchsvoller? Ich meine: Nein. Das ist die Ungleichbehandlung, die es gilt zu beseitigen, nicht die Differenz bei der Berufswahl. Aber natürlich sollen auch Frauen Automechanikerin werden und Männer sollen Krankenbrüder werden können – wenn sie dazu Lust haben.

Rahel Allgemeiner gesprochen: Typische Frauenberufe werden nach wie vor deutlich schlechter bezahlt als sogenannte Männerberufe. Und Linkssein bedeutet, das zu ändern.

Klasse und »Rasse«

Doppelte Diskriminierung

Deniz Kommt man, wenn man die Differenz betont, nicht automatisch zur Identitätspolitik? Links sein heißt dann Identitätspolitik betreiben.

Max Was bitte soll das sein, Identitätspolitik?

Nina Einfach gesagt: Identitätspolitik knüpft zunächst an Diskriminierung an und bekämpft sie im Sinne der Gleichstellung.

Max Das ist ja noch nicht besonders ungewöhnlich und nicht gerade etwas Neues.

Nina In der Tat, die Bewegung der Afroamerikaner, etwa die von Martin Luther King, kämpfte gegen Diskriminierung und diese war deutlich schärfer, brutaler oder repressiver als heute – auch in den USA.

Deniz Da liegt aber der Ursprung der Identitätspolitik. Afroamerikanische Frauen wiesen darauf hin, dass sie doppelt unterdrückt werden, nämlich als Schwarze und als Frauen.

Max Was heißt in diesem Zusammenhang »unterdrückt«?

Nina Sie bekommen als Schwarze und als Frauen die schlechteren Jobs, d. h. die schlechter bezahlten und sie erledigen meist noch die Hausarbeit. Sie werden also in zweierlei Hinsicht diskriminiert, wenn nicht in dreierlei, nämlich drittens durch die Unterdrückung in der Beziehung.

Rahel Verlangt wurde aber die Beseitigung von Diskriminierung und die Gleichstellung. Das ist doch nicht Identitätspolitik, wie sie heute verstanden wird.

Deniz Stimmt, Identitätspolitik kehrt fremde Zuschreibungen um und macht daraus gleichsam einen Vorteil. So etwa wird bei »black is beautiful« die negative Zuschreibung der schwarzen Hautfarbe umgekehrt. Oder bei den »pride parades« der Queer-Bewegung betont man den Stolz auf die sexuelle Orientierung, die von der Mehrheitsgesellschaft diskriminiert wird.

Rahel Okay und was wird daran kritisiert?

Max Kritisiert wird, dass die ökonomische Ausbeutung und die Klassenzugehörigkeit nicht mitgedacht werden, also Ausbeutung und Unterdrückung ohne Bezug zur Klassenlage gedacht wird.

Deniz Dann müsste man »Links-Sein« aber über Klassenzugehörigkeit und Klassenkampf definieren. Das werden Viele nicht verstehen und noch mehr nicht teilen. Diese Kritik setzt eine dann doch etwas dogmatische Position voraus und kann sicher niemanden überzeugen, der sich als Südeuropäer in Deutschland diskriminiert fühlt. Und diese Diskriminierung gibt es offensichtlich. Die Sprüche kennt jeder: »Ich habe ja nichts gegen Ausländer, aber...« Identitätspolitik muss man also entweder akzeptieren oder anders kritisieren.

Max Man kann es auch anders formulieren, damit es verständlich wird. Weder Geschlecht noch »Rasse« oder besser ethnische Abstammung führen zwangsläufig zu gleichen Interessen oder einer ähnlichen sozialen Lage. Die Kassiererin im Supermarkt hat mit den Problemen der Rechtsanwältin oder Managerin, die sich in ihrer Karriere aufgrund ihres Geschlechts behindert fühlt, wenig gemein. Gleiches gilt für den afroamerikanischen Professor im Vergleich zum Jobber bei einem Lieferdienst – egal ob dieser nun schwarz oder weiß ist. Anders gesagt: Es wird eine gemeinsame Identität angenommen, die zwar an objektive Merkmale anknüpft, aber keine Einheit herstellt, also eine Einheit der Personen, die durch die jeweiligen Merkmale identifiziert werden können.

Allgemeines und besonderes Interesse

Nina Man könnte auch sagen: Aus der Formel »Differenz in Gleichheit oder Gleichheit in der Differenz«, die wir eben formuliert haben, streicht die Identitätspolitik die Gleichheit oder besser die Verallgemeinerbarkeit. Die Differenz wird so aufgepustet, dass das Allgemeine aus dem Blick gerät.

Max Außerdem führt nicht jede Differenz zur Identität, selbst dann nicht, wenn sie zu Nachteilen führt. Normalerweise gewinnt niemand seine Identität allein aus dem Status, ledig zu sein. Die Bestimmung bestimmter Merkmale als relevant für die Identität wird genauso von außen zugeschrieben und damit problematisch.

Nina Nun verlangt die Frauenbewegung ja auch die Beseitigung des Gender-Pay-Gaps, also der Lücke zwischen dem Verdienst von Frauen und Männern. »Gleicher Lohn für gleiche Arbeit« ist eine alte feministische Forderung, die auch in die Gewerkschaften getragen wurde.

Rahel Aber von niemandem als Identitätspolitik bezeichnet wurde und wohl auch keine war – es ging oder geht um ein allgemeines Interesse an Gleichheit, wo keine Differenz besteht.

Max Aber der Kampf der – von mir aus auch bürgerlichen – Frauenbewegung um gleiche Teilhabe an den besseren Jobs lässt sich doch auch als allgemeines Interesse verstehen. Es ist verallgemeinerbar für jede »Lohngruppe« oder für alle Karrierechancen, egal auf welcher Ebene.

Deniz Das hört sich etwas nach Trickle-Down-Effekt an.

Nina Was ist das nun wieder?

Deniz Einige Ökonomen vertreten die These, dass größerer Reichtum bei den Oberen oder besser Verdienenden langsam durchsickert zu den weniger Begüterten oder den Leuten mit den schlechten Jobs. Was allerdings empirisch ziemlicher Unsinn ist. Das neoliberale Experiment der letzten 40 Jahre hat das Gegenteil bewiesen. Die Schere zwischen Arm und Reich hat sich immer weiter auseinanderentwickelt. Da ist nichts durchgesickert.

Was ist Neoliberalismus?

In den 70er-Jahren des letzten Jahrhunderts ging eine wirtschaftspolitische Epoche zu Ende, in der die Vorstellung dominant war, dass der Staat in die Wirtschaft eingreifen müsse, um Krisen und Verwerfungen zu vermeiden. So wurde eine aktive Konjunkturpolitik betrieben, d. h. es wurde versucht, durch staatliche Nachfrage eine einbrechende wirtschaftliche Konjunktur wieder flott zu machen. Es herrschte gerade auch in Westdeutschland nach 1945 die Vorstellung, dass der Staat steuernd in die Wirtschaft eingreifen müsse,

nicht nur, um die Konjunktur zu steuern, sondern die Ungerechtig-
keiten des Marktes etwas auszugleichen. Manche nannten das auch
den Rheinischen – im Gegensatz zum angelsächsischen – Kapitalismus. Es war in gewisser Weise ein Klassenkompromiss, der seine
Wurzeln einerseits in der deutschen Geschichte hatte, denn der Kapitalismus hatte nach dem Nazi-Terror für viele abgewirtschaftet,
weil viele große Unternehmen bereitwillig mit den Nazis kollabo-
riert hatten. Nur in Verbindung mit der Vorstellung einer »Sozialen
Marktwirtschaft« gelang es den liberalen und konservativen Kräf-
ten, das kapitalistische System in seinen Grundprinzipien zu erhalten. Außerdem setzten viele auf einen aktiven Sozialstaat, weil sie
die Konkurrenz des Sozialismus im Osten fürchteten.

Der Konsum-Nachholbedarf nach dem Krieg schuf eine große
Nachfragewelle, die in den 1970er-Jahren zu Ende ging. Auch das
wirtschaftspolitische Instrumentarium geriet in die Krise: Man
sprach von Stagflation. Damit ist die Gleichzeitigkeit von wirt-
schaftlicher Stagnation und einer Inflation von meist über 5%
gemeint. Mit staatlichen Nachfrageprogrammen hätte man die
Stagnation überwinden können (Keynes), aber mehr staatliche Ausgaben hätten gleichzeitig die Inflation weiter angetrieben. Hinzu
kam, dass die zunehmende Öffnung des Handels (EWG, Globalisierung) eine stärkere Nachfrage (möglich durch Lohnerhöhung)
nicht unbedingt das Ankurbeln der nationalen Produktion erreicht
hätte, sondern eher billigen Importgütern zugutegekommen wäre.
Ein weiterer Faktor der sich anbahnenden Krise war eine steigende
Arbeitslosigkeit. Es war eine Situation, in der die bisherigen Re-
zepte aus der Sicht Vieler nicht mehr ausreichten und neue Wege
gesucht wurden.

Just in dieser Zeit traten die Neoliberalen auf die Bühne mit einem Versprechen, die Probleme durch mehr Markt zu lösen und
eine neue Wohlstands- und Wachstumswelle zu schaffen. Die Wirtschaft sollte durch »Deregulierung« neue Flügel bekommen. Die
Vorschriften der Staaten, die zum großen Teil aus den Erfahrungen
der Weltwirtschaftskrise von 1929 resultierten, sollten verschwinden
und die entfesselten Märkte sollten das Geschehen allein regulie-
ren. Der Kapitalverkehr sollte alle Freiheiten bekommen, wichtig
für spekulative Finanzgeschäfte und den ungehinderten Kapital-
einsatz, überall auf der Welt.

1. Deregulierung

Der Staat sollte sich aus dem Wirtschaftsgeschehen weitgehend heraushalten. Es sollte ein schlanker Staat werden, die Staatsquote in der Wirtschaft sollte sinken (weniger Staatsbetriebe). Damit bahnt sich bereits das Primat der Ökonomie vor der Politik an. Der Staat sollte nur dafür sorgen, dass die Wettbewerbsbedingungen für alle gleich sind. »Bürokratische« Regeln sollten abgebaut werden, wo sie den Wettbewerb und die »freie Konkurrenz« hinderten. Gemeint war vor allem, dass Sozialstandards und gewerkschaftlicher Einfluss reduziert werden. Der Sozialstaat sollte zurückgebaut werden, das ersparte dem Staat Geld und damit den Unternehmern Steuern. In unserem Land nahm sich Bundeskanzler Schröder dieses Ziel mit seiner Agenda 2010 vor. Die neoliberalen Ideologen sagten, der Sozialstaat sei eine Umverteilungsmaschine von oben (reich) nach unten (arm), und das sei nicht in Ordnung, weil die Umverteilung ohne die Zustimmung der betroffenen Steuerzahler stattfinde. Der Staat werde zur Beute der Habenichtse, ihrer Sozialverbände und der Gewerkschaften.

2. Privatisierung

Die »Privatisierung« von Wirtschaftsbereichen, um die sich vorher der Staat oder die Kommunen gekümmert hatten, sollte nun dem Kapital neue Felder der Gewinnerzielung zuweisen. Die Devise »Privat ist besser als Staat« schaffte ideologisch die Voraussetzung. Große Bereiche der vorher öffentlichen Dienstleistungen wie Post, Telefonie, Bahn, Stromversorgung, Hochschulen und Wasserversorgung wurden vollständig privatisiert, für Private geöffnet oder auf eine privatwirtschaftliche Logik umgestellt. Geheimverträge zwischen der öffentlichen Hand und den Unternehmen, die nun die Dienstleistungen erbringen sollten, verschafften diesen oft sichere und hohe Gewinne. Von einem Abbau der Bürokratie konnte nicht die Rede sein, weil etwa im Bereich der Telekommunikation neue Behörden und Regeln geschaffen wurden, um eine halbwegs anständige Versorgung der Bevölkerung zu sichern.

3. Globalisierung

Im Kapitalismus haben Unternehmen grundsätzlich die Tendenz, auch über Landesgrenzen hinaus zu expandieren. Der Neoliberalismus schrieb sich auf die Fahnen, die Bedingungen für einen internationalen Handel und Wettbewerb zu verbessern. Mit der WTO wurde 1994 eine Handelsorganisation gegründet, deren Ziel darin besteht, Zölle und andere Handelshemmnisse abzubauen. Nachdem der globale Süden selbstbewusster wurde und in der WTO als Block handelte, stieg der Norden auf multi- oder bilaterale Handelsverträge um oder schuf Freihandelszonen. Mit dem geplanten Abkommen zwischen den USA und der EU, mit TTIP, geriet diese Politik in die öffentliche Kritik. Der weltweite Handel expandierte unter diesen Bedingungen bis zur Finanzkrise 2008, Corona und der Krieg in der Ukraine brachten dem globalen Handeln weitere Rückschläge, weil nun die Anfälligkeit globaler Lieferketten sichtbar wurde.

Die Globalisierung führte in Deutschland zu einer intensiven Diskussion über den Standortwettbewerb. Alle Wirtschaftsakteure stehen in einem internationalen Wettbewerb, hieß es, und daher war für die Neoliberalen klar, dass der Staat seiner Wirtschaft schade, wenn die Steuern auf die Wirtschaft und ihre Leistungsträger zu hoch ausfallen. Die EU kümmerte sich um alles, wollte vieles vereinheitlichen, nur die Unternehmenssteuern waren davon ausgenommen. Das führte zu einem Steuerwettlauf nach unten, mit der Folge, dass die Staaten wesentlich weniger Einnahmen generierten, was sich in allen Bereichen der staatlichen Tätigkeit bemerkbar machte (z.B. Bildung, Sozialwohnungen, Sozialstaat, Infrastruktur). Letztlich führte es auch in Verbindung mit anderen Vorgängen zu einer immer höheren Verschuldung des Staates. Das Argument vom Standortwettbewerb führte nicht nur zu niedrigen Unternehmensteuern, sondern auch zu einem Unterbietungswettlauf bei den Sozial-, Arbeits- und Umweltstandards. Das Kapital hatte nun das bequeme Argument, dass es seinen Standort ins Ausland verlagern könne, wo die oben genannten Standards für die Wirtschaft günstiger seien. So konnten die Beschäftigten, die Gewerkschaften und der Staat jederzeit erpresst werden.

4. Finanzialisierung

Manche Autoren sprechen auch von einem Finanzmarktkapitalismus oder von einem finanzmarktgetriebenen Kapitalismus oder von Finanzialisierung. Vor dem Siegeszug des Neoliberalismus war die »Realwirtschaft« die bedeutsame kapitalistische Kraft, also die Unternehmen, die Produkte herstellten oder Dienstleistungen anboten. Dort wurden die Gewinne erwirtschaftet. Die Finanzwirtschaft,

also im Wesentlichen die Banken, hatten demgegenüber eine stärker dienende Funktion, d. h. sie stellten Kredite für Unternehmen
und Private zur Verfügung, die investieren wollten. Im Verlauf des
neoliberalen Umbaus der Gesellschaft wurde die Finanzwirtschaft
zur Leitökonomie. Es begann die große Zeit der Hedgefonds, der
Schattenbanken, des Zertifikate-Handels. In Großbritannien wurde
die Industrie durch die Politik von Premierministerin Thatcher dem
Niedergang geweiht und sie glaubte allen Ernstes, mit den Gewinnen in der Finanzwirtschaft sei dem Lande mehr gedient. Goldene
Zeiten für die City of London, wo die Deregulierung ebenso begann
wie in der Wall Street seit den Zeiten von Präsident Reagan. In der
Realwirtschaft ging es immer weniger um stabile langfristige Entwicklungen, sondern um den Shareholder-Value, den kurzfristigen
Aktienkurs – und die Boni der Manager waren daran gekoppelt. Für
die »Leistungsträger«, die für das Kapital sehr wichtig waren, war
der neue Kurs durchaus von Vorteil. Ihre Gehälter stiegen ordent-
lich, es kam zu einer Polarisierung der Einkommensverteilung, wovon vor allem die Manager profitierten. Die Folgen sind größtenteils bekannt – der Börsencrash von 2008 war die Quittung für ein
System, das im Markt die Lösung aller Probleme sieht und alle Regulierungen für überflüssig erachtet.

Nina Was willst du damit für unsere Diskussion sagen?
Deniz Ist doch klar: Ein Abbau von Diskriminierung oben sickert keineswegs nach unten durch und führt auch nicht zu einer Gleichstellung dort – die »Unten« müssen dafür schon selbst etwas tun.
Nina Mit anderen Worten: Wenn eine Frau Bundeskanzlerin wird, heißt
das noch lange nicht, dass die Gleichberechtigung der Geschlechter allgemein besser wird.
Rahel So ist es und es stimmt ja auch empirisch. Gleichberechtigung
wurde wenn, dann trotz Frau Merkel und nicht wegen Frau Merkel
erkämpft.

Verallgemeinerbarkeit – ein Maßstab?
Max Wir haben die Verallgemeinerbarkeit oder das allgemeine Interesse als Maßstab unterstellt. Wieso eigentlich, woher kommt das?
Nina Wichtig ist doch für diesen Maßstab der Kategorische Impera-
tiv von Kant.

Rahel Der wie lautet?

Nina Kennt ihr doch:»Handle so, dass die Maxime deines Handelns stets zu einem allgemeinen Gesetz werden kann.«[8]

Rahel Mach es doch nicht so kompliziert:»Was du nicht willst, das man dir tut, das füg auch keinem anderen zu.« So heißt das doch wohl auf Deutsch.

Nina Ja, so ähnlich, aber: Das allgemeine Gesetz ist bei Kant das Moralgesetz, dem jeder und jede folgen soll, aber auch folgen können soll. D. h. die Person soll auch mit dem Gesetz einverstanden sein. Und die Zustimmung folgt daraus, dass es eben allgemein ist, mithin für alle gleichermaßen gilt. Die Gleichheit ist folglich der Maßstab für das, was moralisch richtig ist.

Deniz Und weil Kant das gesagt hat, ist es richtig?

Max Auch Marx bezieht sich immer wieder auf das allgemeine Interesse, das er gegen besondere Privatinteressen oder auch gegen das Klasseninteresse der Bourgeoisie in Anschlag bringt. Marx und Engels kritisieren, dass im bürgerlichen Staat nur ein illusorisches Allgemeininteresse herrsche. Erst mit der proletarischen Revolution könne sich das wirkliche Allgemeininteresse durchsetzen, weil die Klassengegensätze abgeschafft sind.

Deniz Und weil Marx und Kant sich auf das Allgemeine beziehen, soll es nun richtig sein? Ich bin extra aus der Kirche ausgetreten, weil ich keine Glaubenssätze mehr nachbeten will.

Nina Nein, nicht weil große Denker das gesagt haben, sondern weil sie Recht damit hatten und gute Argumente. Im Allgemeinen ist eben die Gleichheit mitgedacht, die wir eben noch als wichtigen Bestandteil von Links-Sein verstanden haben.

Deniz Okay, so bin ich einverstanden.

Empathie und der Schleier des Nichtwissens

Rahel Noch mal zur Verallgemeinerbarkeit: Ist der Rollentausch, also der Versuch, sich in jemand anderen hineinzuversetzen, nicht das Experiment für die Frage, ob etwas verallgemeinerbar ist? Man versucht, sich in die Situation eines anderen zu versetzen und fragt, ob man eine Maßnahme, Entscheidung oder ein Gesetz dann akzeptieren könnte. Und die Verallgemeinerbarkeit dient – wie besprochen – als Maßstab der Gerechtigkeit und auch Gleichheit. Kurz:

---

[8] Kant, Immanuel: Kritik der Praktischen Vernunft, Werkausgabe Band VII, Frankfurt/Main 1974, A 54.

Die Möglichkeit des Rollentausches ist ein Prüfstein für Gleichheit und Gerechtigkeit.

Max Rollentausch geht nicht und ist eine Anmaßung. Niemand, der nicht betroffen ist, kann die Lage von Diskriminierung und Unterdrückung wirklich nachvollziehen. Das sollte man ablehnen.

Nina So apodiktisch würde ich das nicht formulieren. Ich finde, der Rollentausch kann zumindest eine Krücke sein, um sich dem Allgemeinen anzunähern. D. h. er ist als ein Experiment zu verstehen, das nie vollständig gelingen kann. Am Ende kann der Tauschende ja wieder zurück zu seiner wirklichen Identität.

Max Das stimmt natürlich. John Rawls hat daraus eine ganze Theorie der Gerechtigkeit gemacht. Er spricht nicht vom Rollentausch, sondern vom »Schleier des Nichtwissens«.[9] Menschen, die nicht wissen, ob sie im wahren Leben schlau oder dumm, stark oder schwach, Frau oder Mann, arm oder reich sind, sollen sich zusammensetzen und überlegen, wie eine gerechte Gesellschaft aussehen müsste.

Rahel Das kann ja nicht funktionieren, weil jeder doch seine wahre Identität kennt.

Nina Das stimmt, aber es geht bei dem Experiment um den Versuch, sich in die Situation des anderen zu versetzen, um ein gutes Maß an Gleichheit und Differenz zu finden.

Rahel Und noch mal: Das geht nicht.

Max Aber Empathie ist möglich. Mitgefühl, Einfühlungsvermögen wird doch immer wieder gefordert, wenn der Nachbar krank wird oder jemand gestorben ist. Niemand würde sagen: Du darfst nicht versuchen, seine Situation nachzufühlen.

Deniz Engels hat ein berühmtes Buch geschrieben, es heißt: »Die Lage der arbeitenden Klasse in England.« Mit dem Buch wurde auf die elende Lebenssituation der Industriearbeiter hingewiesen.[10]

Nina Engels beschreibt die sozialen Verhältnisse, das beengte Wohnen, den Dreck, die mangelnde Nahrung, schlechte Gesundheit, Kinderarbeit und Alkoholismus – alles, was man sich an beschissener Situation so vorstellen kann.

Rahel Und? Was hat das mit Rollentausch zu tun?

Deniz Nun, einen großen Teil seiner Erkenntnisse bezog Engels aus eigener Erfahrung, die er auch dadurch erlangte, dass er mit Mary

---

[9] Rawls, John: Theorie der Gerechtigkeit, Frankfurt/Main, 1975.
[10] Engels, Friedrich: Die Lage der arbeitenden Klasse in England, MEW Bd. 2, S. 225–506.

Burns eine Affäre hatte – würde man heute sagen. Und Mary war Arbeiterin in Manchester – möglicherweise prostituierte sie sich auch. Als Fabrikantensohn war Engels eher wohlhabend und bürgerlich, aber er konnte die Lage der Arbeiterinnen in Manchester gut nachvollziehen. Die Erfahrung und das Buch waren sicher Anlass für die politischen und wissenschaftlichen Aktivitäten von Marx und Engels.

Max Nach der Meinung der Identitätspolitik hätte Marx gar nicht im Interesse der Arbeiterklasse schreiben können, er gehörte ja nicht dazu und konnte deren Unterdrückung gar nicht verstehen.

Rahel Aber zwischen rationalem Erkennen und emotionalem Erleben gibt es einen Unterschied.

Deniz Keine Frage, was aber die rationale Erkenntnis keineswegs abwertet oder überflüssig macht.

Nina Aber die Betroffenen können immer sagen: Du kannst mich nicht wirklich verstehen.

Rahel Damit haben sie, also die Betroffenen, wahrscheinlich auch recht. Daraus folgt aber noch kein Verbot, die Positionen und Forderungen anderer zu bewerten. Und darum streiten wir doch am Ende. Kann ich Forderungen, die aus einer Identität heraus formuliert werden, zurückweisen, wenn ich diese Identität nicht habe? Ich meine ja, wenn sie eben nicht verallgemeinerbar ist, also die Forderung.

Max Und was ist das Allgemeininteresse? Darüber kann ja nicht gleichsam der andere entscheiden, also derjenige, der Positionen zurückweist, weil sie nicht verallgemeinerbar sein sollen.

Nina Wer sich an der Diskussion beteiligt, kann einwenden, dass etwas nicht verallgemeinerbar ist. Sie kann sich irren oder richtigliegen – jede Sprecherin vertritt natürlich ihre Meinung und muss sie als richtig unterstellen. In der Diskussion kann eine Gruppe oder können die Diskursteilnehmer dann ermitteln, inwieweit die Auffassung konsensfähig ist.

Rahel Dahinter liegt natürlich die schwierige Frage, was wahr und was falsch ist. Darum bemüht sich die Philosophie seit mehr als 2.000 Jahren.

Deniz Seit mindestens 2.000 Jahren … Das sollten wir jetzt aber nicht vertiefen. Ermitteln kann man es jedenfalls nur, wenn jeder Mensch seine Meinung vertreten kann und auch tatsächlich vertritt.

Max Und umgekehrt wird ein Schuh draus: Wenn ich zu einer Gruppe der Diskriminierten und Unterdrückten gehöre, sollte es doch mein Interesse sein, Verbündete zu gewinnen, auch wenn diese nicht diskriminiert werden – also Verbündete, um Ungleichheit und Diskriminierung zu beseitigen.

Verbindendes und Spaltendes

Rahel Kann sich nicht aus der Verbindung unterschiedlicher Interessen, dem Kampf gegen unterschiedliche Formen der Diskriminierung, das Allgemeininteresse, die Verallgemeinerbarkeit ergeben?

Nina Man könnte auch sagen: Diskriminierte aller Länder vereinigt euch!

Deniz Was aber empirisch oft schwierig ist. »Rassisch« Diskriminierte können Gleichbehandlung einfordern und gleichzeitig homophob sein, also etwas gegen Schwule haben.

Rahel Oder die religiöse Diskriminierung schließt nicht aus, dass die diskriminierte Gruppe ausgesprochen sexistisch oder frauenfeindlich ist.

Nina Was folgt?

Rahel Eigentlich haben wir es mit dem gleichen Irrtum wie beim Liberalismus zu tun. Aus der Verbindung unterschiedlicher Einzelinteressen ergibt sich nicht notwendig ein Allgemeininteresse. Aus dem Egoismus der Individuen setzt sich nicht hinter deren Rücken das Allgemeinwohl durch.

Deniz Darf man eigentlich von »rassischer Diskriminierung« sprechen? So nimmt man doch an, dass man Menschen nach Rassen unterscheiden und deshalb diskriminieren kann.

Max Im Grundgesetz heißt es jedenfalls, dass eine Diskriminierung aufgrund der Rasse verboten ist.

Nina Aber gerade diese Begriffswahl wird kritisiert und es wird gefordert, den Begriff zu ersetzen, eben weil er einer rassistischen Gedankenwelt entspringt.

Max Stimmt, und das Deutsche Institut für Menschenrechte sieht hier einen Widerspruch. Man verbietet Rassismus und benutzt gleichzeitig dessen Sprache.[11]

Nina Dann ist Anti-Rassismus auch ein Widerspruch in sich.

Deniz Nicht unbedingt: Man wendet sich ja mit dem »Anti« auch gegen die Terminologie und Vorstellungswelt.

Rahel Jedenfalls ist der Begriff ziemlich verbreitet und eingebürgert. Aber ich muss doch noch einmal mit der Klasse kommen. Ist die Klas-

---

[11] www.institut-fuer-menschenrechte.de/themen/rassistische-diskriminierung/begriff-rasse (1.9.2022).

senlage nicht das Verbindende oder Allgemeine? Bei aller Diskriminierung und den unterschiedlichen Formen der Unterdrückung besteht das übergreifende Interesse der Klasse darin, für seine Arbeit anständig bezahlt zu werden, dass der Stress erträglich ist, genügend Freizeit besteht usw. Das sind dann die Klasseninteressen der lohnabhängig Beschäftigten.

Deniz Man kann es auch mit Marx erklären: Lohnabhängige verkaufen ihre Arbeitskraft. Deshalb widersprechen ihre Interessen denen der Unternehmen. Der Interessengegensatz ergibt sich aus der Frage: Wohin fließt der Gewinn oder der Mehrwert – in die Tasche des Unternehmers als Profit oder in die Tasche der Arbeiterin als Lohn? Das ist der Widerspruch zwischen Kapital und Arbeit.

Rahel Genau so! Dann ist das gemeinsame Interesse der Lohnabhängigen das übergreifende Klasseninteresse. Andere Interessen sind nachgeordnet, weil sie nicht allgemein sind.

Deniz Nur stimmt das mit der Wirklichkeit nicht überein. Frag mal, wer sich zur Arbeiterklasse zählt. Die meisten meinen doch, sie wären Mittelschicht…

Nina Und deshalb was Besseres.

Max Stimmt leider. Aus dem Sein folgt noch lange nicht das Bewusstsein. Solidarität muss Mann oder Frau erst lernen.

Deniz Jedenfalls gibt es da keinen direkten Weg vom Sein zum Bewusstsein, sondern dazwischen die subjektive Verarbeitung, in die eben auch andere Faktoren des Seins einfließen.

Nina Welche beispielsweise?

Max Na, beispielsweise die Erziehung oder die Kultur – Hochkultur genauso wie Medientrash.

Rahel Oder eben unterschiedliche Identitäten.

Deniz Und wir sollten doch aus der Geschichte des Sozialismus gelernt haben, dass die eine Form der Ausbeutung oder Diskriminierung nicht notwendig mit der anderen entfällt, also die Ungleichheit der Geschlechter oder Rassismus wird nicht mit der Beseitigung des Widerspruchs von Kapital und Arbeit beendet.

Rahel Allerdings, und manche behaupten auch die doppelte Unterdrückung, also etwa als Schwarze und als Frau, sei durchaus funktional für den Kapitalismus.

Nina Inwiefern?

Rahel Zumindest in dem Sinne, dass Gruppen gegeneinander ausgespielt werden können, also z. B. Schwarze gegen Weiße, um so Solidarität zu verhindern.

Nina Das wird aber dann verschwörungstheoretisch, wenn man annimmt, dass die Unterschiede bewusst und zielgerichtet inszeniert werden. Aber sicher werden sie ausgenutzt, vielleicht sogar verstärkt und es gibt sicher auch Strategien, die auf Spaltungen zielen.

Deniz Jetzt wird es aber sehr kompliziert und spekulativ. Wir sollten festhalten: Der Einsatz gegen Diskriminierung und Ungleichheit in ihren verschiedenen Formen bleibt auf der Tagesordnung. Und Diskriminierung scheint mir doch die schärfste Form der Ungleichheit zu sein.

Ändern, nicht nur Gendern

Max Gehört nicht die politisch korrekte Sprache oder – man sagt aktuell, glaub ich – die »woke« Sprache auch zur Politik der Antidiskriminierung?

Nina Oh je, gefühlt gibt es jede Woche neue Regeln – furchtbar!

Deniz »Woke« sagt man längst nicht mehr, ist inzwischen völlig out und uncool.

Max Siehste, auf die korrekten Wörter kommt es gar nicht an.

Rahel Aber Sprache ist doch wichtig, sie transportiert Diskriminierung.

Max Die Frage ist aber: Transportiert die Sprache Diskriminierungen und Wertungen oder schafft bzw. erzeugt sie diese sogar?

Nina Hinter diesem ganzen Streit um die Sprache liegt auch ein Streit um philosophische Richtungen. Der Konstruktivismus vertritt – jedenfalls in seiner krassen Variante – die These, dass die Wirklichkeit durch Diskurse bestimmt wird. Foucault hat das explizit für Machtbeziehungen vertreten. Macht und Herrschaftsbeziehungen entstehen durch gesellschaftliche Diskurse, durch die etwas ausgesondert wird, z. B. was als Wahnsinn definiert wird und was nicht.[12]

Rahel Da ist ja auch etwas Wahres dran. Das zeigt er doch richtig, dass der Umgang mit »Geisteskrankheiten« sich verändert hat. Der »Wahnsinnige« wird erst in der bürgerlichen Gesellschaft hospitalisiert. Vorher lief der Dorfdepp eben so mit. Durch veränderte Diskurse wurde Diskriminierung und Unterdrückung geschaffen.

Max Die Herrschaftsbeziehung und Machtverteilung zwischen weißen Sklavenhaltern und schwarzen Sklaven und Sklavinnen in den Südstaaten der USA beruht aber kaum auf Diskursen.

---

[12] Foucault, Michel: Wahnsinn und Gesellschaft. Eine Geschichte des Wahns im Zeitalter der Vernunft, Frankfurt/Main 1973.

Rahel Sondern?

Max Auf brutaler Gewalt in Form von Peitsche und Bluthund.

Rahel Wieso Bluthund?

Nina Entlaufene Sklaven wurden oft mit Hunden gesucht, gejagt und gehetzt.

Max Und das ging ganz ohne Sprache und Diskurs. Die Machtbeziehung wurde nicht konstruiert, sondern erpresst. Afrikaner wurden gewissermaßen »zu Hause« gejagt und eingefangen, unter den brutalsten Bedingungen in die USA verschifft und dort verkauft, um dann als Sklaven Baumwolle zu pflücken.

Rahel Aber es gab immer Diskurse, die versuchten, das zu rechtfertigen. Die berühmte »white mans burden« – die Last des weißen Mannes, Zivilisation in der Welt zu verbreiten. Das wurde ja ernsthaft vertreten.

Nina Das bestreitet wohl niemand, dass mit Sprache versucht wird, Herrschaft und Unterdrückung zu legitimieren, zu verschleiern oder zu beschönigen.

Deniz Und die Abwertung der Schwarzen, mindestens im Süden der USA, ging auch nach dem Sezessionskrieg weiter. Nachdem die Sklaverei abgeschafft war, gab es immer noch Rassentrennung, Diskriminierung usw. – und sie besteht bis heute fort. Man muss nur mal schauen, wie viele Schwarze von der Polizei erschossen werden und wie viele in den Gefängnissen sitzen – in Relation zum Anteil in der Bevölkerung.

Rahel Und was willst du damit sagen?

Deniz Die Konstruktion der Rassenungleichheit und Minderwertigkeit der Schwarzen wird weiter transportiert. Die Sprache als Symbol oder Zeichen dieser Macht- und Herrschaftsbeziehungen verfestigt diese auch.

Max Aber gerade die Gewalt, die du mit den Tötungen und Inhaftierungen von Schwarzen angesprochen hast, beruht doch auf materiellen Voraussetzungen, nämlich der Absonderung von weißen und schwarzen Wohngebieten, wobei die schwarzen Viertel eher die schlechteren sind. Das ist wieder mit schlechteren Jobs und schlechteren Lebensbedingungen verbunden.

Nina Sprache schafft diese Wirklichkeit nicht, sondern baut auf ihr auf und spiegelt sie wider.

Rahel Aber sie wirkt auch wieder zurück auf diese Verhältnisse, befestigt sie, indem sie z. B. als natürliche erscheinen.

Nina Das ist aber keine Konstruktion der Wirklichkeit durch den Diskurs, sondern Dialektik.

Deniz Äh, wie bitte? Das musst du erklären.

Nina Kurz gesagt: Es gibt einen Widerspruch und gleichzeitig eine wechselseitige Beeinflussung, die am Ende zu einem neuen Zustand führen kann. Der alte Zustand wird aufgehoben, d. h. bewahrt, zerstört und auf eine höhere Stufe gehoben.

Deniz Na dann – ich glaube, das lassen wir einfach mal so stehen.

Max Aber ich habe ein anderes Beispiel dafür, welche Blüten der Konstruktivismus treibt. Neulich las ich in einer Zeitung ein Interview mit einem Professor, der behauptete: Entwicklung sei eine soziale Konstruktion. Gemeint waren natürlich die wirtschaftliche Entwicklung und die globale Ungleichheit von Nord und Süd.

Nina Das erklär mal einem Menschen, der in einem Slum ohne Zugang zu Wasser und sanitären Einrichtungen lebt. Der pfeift auf den Begriff und auch darauf, dass mit Entwicklung natürlich das Modell der kapitalistischen Industrieländer gemeint ist – der kämpft ums Überleben und will bessere Bedingungen. Da nützt die Dekonstruktion der Sprache wenig.

Rahel Trotzdem ist es wichtig, auf eine Sprache zu achten, die nicht diskriminiert. Das gehört zum Links-Sein, zur Beachtung der Gleichheit oder eben Nicht-Diskriminierung. Das wusste doch schon Bertolt Brecht, wie wichtig die Sprache im politischen Kampf ist und hat dazu auch theoretische Aufsätze geschrieben.[13]

Max Aber Brecht wäre nie auf den Klops gekommen, dass die Sprache Ausbeutung verursacht. Die Ausbeutung war für ihn Teil der – schlechten – Wirklichkeit. Die Sprache hat diese Wirklichkeit nur reflektiert und dabei z. B. Ausbeutung verschleiert, gerechtfertigt, eben schöngeredet. Brecht war halt Materialist.

Nina Was heißt das nun wieder?

Max Wie Brecht so schön formulierte: »Erst kommt das Fressen, dann die Moral.« Also zunächst muss der Mensch sich mit Nahrung, Wohnung, Kleidung usw. versorgen. Das geschieht über die Auseinandersetzung mit der Natur, die bearbeitet wird und damit ihre gegenständliche Wirklichkeit zeigt – eben nicht nur Idee oder Konstruktion ist. Die Ideen entspringen der Reflexion über diese Wirklichkeit, versuchen, diese zu erklären – etwa über Götter und Nymphen oder Geister in den Bäumen, Seen usw.

---

[13] Brecht, Bertolt: Über Politik und Kunst, Frankfurt/Main 1976.

Nina Was folgt daraus für die Gleichheit und die Sprache?

Rahel Die Sprache schafft Ungleichheit nicht, sondern spiegelt diese Ungleichheit nur wider, legitimiert sie. Also kann man durch eine Änderung der Sprache die Ungleichheit oder Ausbeutung auch nicht beseitigen, sondern man muss die realen Verhältnisse ändern – die Wirklichkeit.

Nina Aber Sprache wirkt zurück auf die gesellschaftlichen Verhältnisse, verfestigt Strukturen der Ungleichheit.

Max Warum meinte Brecht, dass die Sprache im politischen Kampf wichtig ist?

Nina Weil man über die Sprache die Verschleierung oder Legitimation von Diskriminierung weiter transportieren kann. Also wenn man von Arbeitgebern spricht, verschleiert das die wahren Verhältnisse.

Max Wieso das?

Nina Die Beschäftigten geben oder verkaufen ihre Arbeitskraft, sind also die Arbeitgeber und nicht die Arbeitnehmer. Während der Unternehmer die Arbeit nimmt, um so Profit zu machen. Die Sprache verschleiert die wahren Tatbestände und rechtfertigt sie so unter der Hand, aber sie schafft diese Verhältnisse nicht.

Deniz Oder die sogenannte Völkergemeinschaft, die in den Nachrichten immer wieder auftaucht, ist keineswegs die UNO, also alle Staaten der Welt, sondern das ist der Westen. Er gibt seine Interessen als solche der Völkergemeinschaft aus.

Nina Ich war noch nicht fertig: Gleichzeitig kann man über die Sprache Herrschaftsverhältnisse aber auch aufdecken, Diskriminierung hinterfragen oder Ungleichheit anprangern.

Deniz Und daraus folgt?

Nina Indem man auf Sprache achtet, kann man die wahren Zusammenhänge erkennen, Fragen produzieren oder dazu anregen, über die schlechte Wirklichkeit nachzudenken und sie zu delegitimieren.

Max Also Diskriminierung und Ungleichheit kann man durch Sprachregelungen nicht beseitigen, aber entlarven?

Nina Deshalb braucht es Empathie und Wissen über die Zusammenhänge in der Gesellschaft. Gegen Ungleichheit und Diskriminierung müssen Kämpfe für die Veränderung der gesellschaftlichen Verhältnisse geführt werden, nicht nur Sprachkämpfe – ich betone das »nur«.

Rahel Sind diese dann nicht links?

Max Jedenfalls nicht, wenn sie als Ersatz dienen für reales politisches Engagement, für den realen Kampf für ökonomische Gleichheit – etwa in Gewerkschaften usw.

Rahel Schön finde ich auch, wie die Hierarchie oder die gesellschaftliche Normalität auch in die woke Sprache eindringt.

Nina Wieso was meinst du?

Rahel Na, wenn man über Amerikaner spricht, meint man in der Regel weiße US-Bürger. Spricht man über schwarze US-Bürger, sagt man z.B. Afroamerikaner. Die Ureinwohner bezeichnet man als »First Nation« und fühlt sich politisch so was von korrekt.

Nina Und das ist es nicht?

Rahel Na, eigentlich müssten doch die Ureinwohner, also die Indigenen, als Amerikaner bezeichnet werden – akzeptiert man mal, dass der Kontinent so heißt. Die Weißen hießen dann Euroamerikaner und die Schwarzen Afroamerikaner. Aber die Machtverhältnisse sind anders und werden trotz aller wokeness reproduziert.

Deniz Gibt es eigentlich einen Zusammenhang von Identitätspolitik und den Nazigruppen, die sich »Identitäre« nennen? Also natürlich haben die Gruppen nichts miteinander zu tun. Die Nazis stellen eben auf Rasse oder Nation ab, um ihre Identität zu definieren.

Rahel Ihre Ideologie ist eben eine Ideologie der Ungleichheit und nicht der Gleichheit.

Nina Genau, aber wieso stellen in diesen Zeiten Rechte wie Linke so stark auf unterschiedliche Identitäten ab – wenn auch mit ganz anderen Intentionen?

Max Da ist man wieder beim Materialismus: Offenbar sind die gesellschaftlichen Bedingungen so, dass sie einen Rekurs auf die Identität provozieren und begünstigen.

Nina Und welche gesellschaftlichen Bedingungen sind das?

Max Schwierige Frage, da muss ich passen. Hat jemand eine Idee?

Deniz Niemand? Okay, dann lassen wir das vielleicht offen und stellen nur eine merkwürdige Übereinstimmung beim Bezug auf Identität fest und auch, dass für einige Linke und für einige Rechte die Kultur im Vordergrund steht und nicht etwa die ökonomische Situation.

Hipster, Nerds und Otto Normalverbraucher

Nina Liegt das Problem für die Linke nicht viel tiefer als der Streit um die Sprache nahelegt, nämlich in einer Entfremdung von der alten sozialen Basis der Linken, das, was man Arbeiterbewegung nannte, und der neuen Linken, die eher aus dem bildungsbürgerlichen Großstadtmilieu rekrutiert werden, den sogenannten Hipstern? Gibt es eine Ungleichheit der Kulturen?

Max Was ist denn ein Hipster?

Deniz Der Begriff ist doch schon veraltet.

Rahel Aber was ist gemeint?

Nina Der Jugendforscher Ikrath meint, der Hipster steht für die Tenden-zen unserer Zeit: Bindungslosigkeit, Individualismus, Flexibilität.[14] Er sei gewissermaßen der Neo-Spießer – so der Titel seines Buches –, der sich durch modische Accessoires vom»Otto-Normalverbrau-cher«, eigentlich von jedem abgrenzen will, aber politisch woke ist.

Max Und führt das zu kulturellen Unvereinbarkeiten bei den Linken?

Deniz Das fürchte ich schon. Der Putzfrau ist es ziemlich wurscht, ob sie in Raumpflegerin umbenannt wird, wenn sie weiter im Akkord zu einem beschissenen Lohn arbeitet. Und der Amazon-Paketbotin geht es vermutlich am A... vorbei, ob sie Bote oder Botin genannt wird. Für sie ist wichtig, dass man den Job auch in den bezahlten Stunden schaffen kann, ohne einen Dauersprint hinzulegen.

Max Das lässt sich wohl nur als Unterschied zwischen Lebenswelt und Lebenswirklichkeit verstehen.

Deniz Du meinst den Unterschied der sozialen Lage?

Max Ja, genau.

Deniz Dann sag das doch.

Max Daraus entsteht jedenfalls ein Unterschied in der Lebensweise oder der Lebenskultur. Die Studentin in Berlin entwickelt einen ande-ren Lebensstil, andere Umgangsformen, eine andere Sprache, andere Vorlieben als der Hausmeister in Warendorf – auch wenn die Studen-tin möglicherweise monatlich gar nicht mehr Geld zur Verfügung hat.

Rahel Die Frage ist doch, ob da noch Brücken zu schlagen sind oder ob die»alte Kultur« der Arbeiterbewegung mit der»neuen Kultur« der»Hipster« unvereinbar ist.

Deniz Das behauptet zumindest Sahra Wagenknecht. Die Hipster sind bei ihr die»Linksliberalen« und die sind für alles Übel der Welt ver-antwortlich – meint Wagenknecht jedenfalls.

Nina Sie übertreibt da wohl etwas.

Deniz Das wollte ich damit sagen – die Ironie scheint nicht angekom-men zu sein.

Nina Aber das Problem existiert ja wirklich. Deshalb zeigen die Wahl-umfragen möglicherweise auch, dass es Wählerwanderungen von

---

[14] Ikrath, Philipp: Die Hipster. Trendsetter und Neo-Spießer, Wien 2015.

der Linkspartei und auch von der SPD zur AfD gibt. Diese Menschen fühlen sich links einfach nicht mehr richtig aufgehoben.

Rahel Das war auch das Anliegen von Wagenknecht.

Max Aber sie schüttet das Kind mit dem Bade aus. Anders gesagt: Sie spitzt so zu, dass es falsch wird. Und damit verhindert sie Solidarität und gemeinsames Handeln. Statt das Gemeinsame gibt es für sie nur das Trennende.

Deniz Aber wie schlägt man die Brücken zwischen den Milieus, was ist das Verbindende?

Nina Objektive gemeinsame Interessen zwischen Bildungsproletariat und Arbeitsproletariat gibt es schon. Aber auf die objektiven Interessen war noch nie Verlass.

Max Was soll das denn heißen?

Rahel Subjektive Meinungen, Ansichten, Einstellungen usw. müssen nicht mit den »objektiven Interessen« übereinstimmen und schon gar nicht mit dem, was linke Intellektuelle für objektive Interessen halten.

Deniz Das ist der subjektive Faktor, mit dem sich Ernst Bloch so viel beschäftigt hat, allerdings nicht nur, weil er unzuverlässig ist, sondern auch, weil konkrete Utopien ihn beflügeln können – meint Bloch.

Nina Nun gib mal nicht so an mit deinem Bloch.

Max Aber lassen sich Verbindungen herstellen, indem man an »objektive Interessen« anknüpft?

Rahel Vielleicht. Allerdings kann das nur funktionieren, wenn sich die eine dem anderen nicht kulturell überlegen fühlt und das auch nicht zeigt. Kurz: wenn die Hipster ihre kulturelle Arroganz ablegen.

Nina Insofern hat Wagenknecht also recht.

Deniz Genau und da treibt die Wokeness ihre Blüten. In einer gemeinsamen Sprache spräche man von »eingebildeten Schnöseln«, die meinen, sie seien was Besseres. Der akademisierte Hipster nennt das heute Klassismus und heftet sich damit selbst das Etikett »Schnösel« an.

Max Früher hätte man einfach von Klassenunterschied und Klassenkampf gesprochen.

Nina Ich finde wichtiger, was die verbindenden »objektiven Interessen« sind, auf die man abstellen könnte.

Rahel Das gleiche Interesse an bezahlbaren Wohnungen, zuverlässigen Verkehrsverbindungen, guter Krankenversorgung für alle, weniger Stress im Job und vieles, vieles andere.

Nina Da ist was dran. Da gibt es ja in Umfragen auch oft Zustimmung von Mehrheiten für entsprechende politische Forderungen.

Rahel Selbst, wenn sie von der Linkspartei kommen.

Chancengleichheit reicht nicht

Max Ich will noch einmal zurückkommen auf die Gleichheit in der Differenz oder die Differenz in der Gleichheit. Die hatten wir ja aus dem Satz von Marx: »Jeder nach seinen Fähigkeiten, jeder nach seinen Bedürfnissen« entwickelt. Dann haben wir aber vor allem über Differenz gesprochen, nicht über Gleichheit.

Nina Stimmt, wir sprachen z.b. über die Differenz der Geschlechter. Was ist eigentlich mit der Gleichheit?

Max Jetzt aber nicht der Geschlechter – darüber sprachen wir ja schon.

Deniz Das habe ich doch auch schon gesagt: Menschen sind als Menschen oder in ihrem Menschsein zunächst gleich und verdienen die gleiche Beachtung ihrer Würde, d. h. die gleiche Anerkennung, den gleichen Respekt, die gleichen Möglichkeiten, ihren Lebensentwurf zu verwirklichen.

Rahel Für Respekt kann ich mir aber nichts kaufen. Oder um es weniger kapitalistisch zu sagen: Wenn ich Hunger leide, nützt mir der Respekt wegen meines Menschseins auch nichts.

Deniz Das ist aber ein Missverständnis. Wenn ich jemanden als gleichwertigen Menschen akzeptiere, kann ich ihn ja wohl nicht Hunger leiden lassen.

Max Aber mit der »gleichen Möglichkeit, den Lebensentwurf zu verwirklichen« – wie du so schön gesagt hast –, landet man bei der Chancengleichheit, oder?

Nina Ist gegen Chancengleichheit etwas einzuwenden? Darum ist es doch in kapitalistischen Gesellschaften schlecht bestellt.

Deniz Wie meinst du das?

Nina Das fängt doch schon bei der Schulbildung an. Der Anteil der Akademikerkinder, die Abitur machen, ist deutlich höher als der von Kindern aus Arbeiterfamilien.

Deniz Vielleicht sind die Arbeiterkinder einfach dümmer?

Rahel Nun hör aber auf. Erstens hat sich das Verhältnis in den letzten Jahrzehnten wieder verschlechtert. Will sagen, es gab schon Zeiten, da hatten die Kinder »ärmerer« Menschen eine bessere Chance auf gute Bildung und einen guten Job als heute. Außerdem zeigt ein Vergleich mit anderen Ländern ohne Trennschule, dass dort mehr Arbeiterkinder Abitur machen – die Gleichheit also größer ist.

Nina Was ist denn eine Trennschule?

Rahel Meine Kurzform für unser dreigliedriges – in manchen Bundesländern auch zweigliedriges – Schulsystem, also die Trennung von

Gymnasium mit dem Abschluss »Abitur« und anderen Schulformen.
In fast allen anderen europäischen Ländern lernen Kinder bis zur
zehnten Klasse gemeinsam und die Ergebnisse sind gleichmäßiger.
Die Pisa-Berichte der OECD kritisieren das immer wieder.

Nina Aber die ungleichen Chancen sind nicht nur ein Problem der
Schulform. Wer reiche Eltern hat und viel erbt, startet mit ganz anderen Möglichkeiten ins Leben als ein Kind von armen Schluckern.

Rahel In der Tat. Solche Kinder, die mit dem goldenen Löffel im Mund
geboren werden, bleiben auch dann reich, wenn sie in der Schule
»versagen«. Sie übernehmen dann eben die Firma der Mutter und
lassen andere für sich arbeiten.

Deniz Bourdieu spricht außerdem von Habitus und sozialem Kapital.
Die Kinder reicher Eltern haben genug Vitamin B oder Connections
und wissen, was in der »feinen Gesellschaft« erwartet wird, sodass ihnen viele Türen offenstehen, auch wenn das mit dem Schulabschluss
nicht so gut hingehauen hat.[15]

Gleichheit in der Schule

Chancengleichheit ist ein zentraler Begriff in der Gerechtigkeitsde-
batte. Er erzielt bei allen politischen Lagern und sozialen Schichten
hohe Zustimmung. Fast 80% der Befragten stimmen der Aussage
zu, »dass jeder, unabhängig von seiner sozialen Herkunft, seiner Abstammung oder seines Geschlechts, die gleichen Chancen bei Bildung und Beruf bekommt«. Mit Chancengleichheit in der Bildung
gäbe es mehr Einkommensgerechtigkeit. Wie steht es um die Chancengleichheit in der Bundesrepublik?

Es wäre die Aufgabe von Schule und Bildung, die unterschiedlichen Voraussetzungen, mit denen Kinder in ihre Zukunft starten,
aufzuheben oder auszugleichen. Es dürfte keine Rolle mehr spielen, ob ein Kind aus einer bildungsbürgerlichen Schicht, aus einer
Familie mit Migrationshintergrund oder aus einem sozialen Brenn-
punkt kommt, wenn es um den Bildungserfolg geht.

Die Realität ist eine andere. Anders als fast alle fortgeschrittenen
Industrieländer und als die europäischen Nachbarn hält Deutsch-

---

[15] Bourdieu, Pierre: Die feinen Unterschiede, Frankfurt/M. 1982.

land an der überkommenen Klassenteilung im Schulsystem fest, d. h. an seiner Dreigliedrigkeit und Spaltung in Hauptschule, Realschule und Gymnasium. Das stammt gleichsam aus einer vorindustriellen Zeit, passt etwa zum Dreiklassenwahlrecht im Preußen des 19. Jahrhunderts (siehe unten zur Geschichte des Schulsystems). Einige Bundesländer sind mit dem sogenannten Schulfrieden auf ein zweigliedriges Schulsystem umgestiegen. Neben dem Gymnasium gibt es eine weitere Schulform mit unterschiedlichem Namen – gleichsam für den Rest. Bei unseren Nachbarn gehen die Kinder in der Regel alle gemeinsam bis zur 10. Klasse auf die gleiche Schule. Seit den 1970er-Jahren fordern fortschrittliche Bildungspolitiker, diesem Beispiel zu folgen und auch in Deutschland eine Gesamtschule einzuführen. Indes wird diese in jedem Wahlkampf mit einem anderen Namen versehen und über die unterschiedlichen Ausformungen der zukünftigen Integration gestritten, die die klassische Dreigliederung überwinden soll.

Die Folge der Dreigliedrigkeit ist eine soziale Selektion, die in der Regel zu einer Benachteiligung von Kindern aus ökonomisch schwachen Elternhäusern führt. Das heißt, wer aus einem wohlhabenden, gebildeten Elternhaus kommt, hat eine größere Chance, das Gymnasium zu besuchen und einen guten Job zu ergattern als Kinder aus einem armen, »bildungsfernen« Elternhaus. Vier von sechs Kindern aus dem reichsten Drittel der Gesellschaft besuchen das Gymnasium, aber nur eines von sechs Kindern aus dem ärmsten Drittel besucht diese Schulform in Deutschland.[1] In einer Tabelle wird es übersichtlicher:

Verteilung 15-jähriger Schülerinnen und Schüler auf die Bildungsgänge nach sozioökonomischem Status in Prozent:

Soziale Herkunft	Hauptschule	Realschule	Gymnasium	Int. Gesamtschule
Hoch	2,8	17,6	68,7	9,8
Mittel	9,7	31,9	35,6	18,9
Niedrig	18,9	30,1	15,0	26,6
Zahlen nach dem Bildungsbericht 2016, was auf 100% fehlt, ist in der Förderschule.				

---

[1] www.bpb.de/themen/bildung/dossier-bildung/146188/wie-sich-das-deutsche-bildungssystem-veraendert/?p=all (2.9.2022).

Die OECD führt seit 2000 regelmäßig Bildungsstudien in ihren
Mitgliedstaaten durch. Mit Blick auf die frühe Selektion der Schülerinnen und Schüler fasst Andreas Schleicher die Ergebnisse so zusammen: »Die PISA-Ergebnisse zeigen, dass keines der Länder, die
eine starke Aufteilung und Gruppierung der Schüler entsprechend
ihren Fähigkeiten vornehmen – sei es durch die Verteilung auf unterschiedliche Schultypen oder -zweige oder durch Klassenwie-
derholungen –, zu den leistungsstärksten Bildungssystemen bzw.
den Systemen mit dem höchsten Anteil an besonders leistungsstar-
ken Schülerinnen und Schülern zählt. Am besten schneiden die Bil-
dungssysteme ab, die allen Schülerinnen und Schülern gleiche Lern-
möglichkeiten bieten.«[2] Die Selektion in Schultypen bezeichnet er
als »sozial ungerecht«.

Aber seit den 1970er-Jahren tobt in Deutschland ein Kultur- oder
Bildungskampf. Das Bürgertum kämpft mit harten Bandagen dagegen, dass »Proleten« oder Zuwanderer mit ihren Sprösslingen auf
die gleiche Schule gehen und die gleiche Chance im Leben bekommen wie die ihren. Bildung ist eine Eintrittskarte für eine gute berufliche Zukunft, also ein Privileg, das von den Privilegierten streng
bewacht und verteidigt wird. Alle Initiativen, integrierte Gesamtschulen oder eine Schule für alle einzuführen, sind deshalb bisher
in Deutschland wenig erfolgreich – es bleibt bei der Selektion im
gegliederten Schulsystem.

Aber gemeinsames Lernen reicht nicht aus, um Kinder umfas-
send zu fördern und ihnen gleiche Chancen zu bieten. Damit in der
Schule Chancengleichheit verwirklicht werden kann, müssten viele
Voraussetzungen geschaffen werden. Es wäre eine kompensatorische Erziehung und (vor)schulische Bildung vonnöten, die die unterschiedlichen Startchancen – resultierend aus der familiären Sozi-
alisation – ausgleicht. Wirksame kompensatorische Erziehung und
Bildung setzt eine umfangreiche Elternarbeit voraus.

Eine Rolle bei der sozialen Selektion spielen auch schichtspezi-
fische Aspekte der Benotung. Ein Forschungsprojekt untersuchte,
ob LehrerInnen die Kinder objektiv bewerten. Man wählte den Bereich »Aufsätze« aus, weil hier die »Chance der Subjektivität« am
größten ist. Die Lehrer erhielten in zwei Gruppen aufgeteilt den-

---

[2] Schleicher, Andreas: Weltklasse, OECD 2019, S. 69.

selben Aufsatz mit Zusatzvermerken über das Elternhaus. Einmal wurde vermerkt, dass der Vater Apotheker sei, das andere Mal wurde über dem gleichen Aufsatz vermerkt, der Vater sei Lkw-Fahrer. LehrerInnen, die den Zusatzvermerk »Vater ist Apotheker« bekamen, urteilten und zensierten wesentlich wohlwollender als LehrerInnen mit dem Vermerk »Vater ist Lkw-Fahrer«. Die Schüler lagen teilweise zwei bis drei Notenstufen auseinander – wohlgemerkt bei dem immer gleichen Aufsatz. Ein anderes Beispiel: Bei den Empfehlungen zum Übergang in weiterführende Schulen bekamen SchülerInnen aus der oberen und der Mittelschicht bei gleichen Zensuren häufiger die Empfehlung für das Gymnasium oder die Realschule.

Was steckt dahinter? Ein unbewusster sozialer Dünkel bei den Lehrkräften ist die eine Möglichkeit, die Angst vor Ärger mit den betreffenden Eltern bei fehlender Empfehlung für die höhere Schulform ist eine andere Möglichkeit. Administrativ lässt sich das Problem nicht lösen, allenfalls durch Selbstreflexion.

Aber auch die Unterschiede zwischen Stadt und Land sind beträchtlich. Die Abiturquote liegt mittlerweile bei etwa 50% eines Jahrgangs. In den Städten liegt er bei über 50% – je nach Stadtteil bis zu 80%, auf dem Lande oft nur zwischen 30 und 40%. Andererseits gibt es auch positive Nachrichten aus diesem Bereich: Der Trend geht zumindest in Richtung Gleichheit.

Mädchen haben den Trend völlig umgekehrt, sie liegen jetzt in fast allen Bereichen (außer bei Hochschulabschlüssen für typische Männerberufe) vor den Jungen. Und auch in der vorschulischen Erziehung hat sich vieles verbessert. Der Anteil der Kinder, die eine Kita besuchen, hat zugenommen. Viele Kinder besuchen die Kita wegen der früheren Aufnahme länger und für einen wachsenden Teil der Kinder ist die Verweildauer pro Tag länger geworden. Ein Nebenprodukt der zunehmenden Berufstätigkeit von Frauen.

Kurzer Abriss über die Geschichte der Schulstruktur in Deutschland:

Im Kaiserreich des 19. Jahrhunderts war die Bildungswelt klar »geordnet«: das Gymnasium für »die da oben« und die Volksschule für das »Volk«.

Nach der Revolution von 1918 versuchten große Teile der SPD, der USPD und der KPD eine Reform des Bildungssystems in Richtung gemeinsames Lernen. Aber massive Widerstände in den oberen Rängen der Gesellschaft und die abnehmende politische Gestaltungsfähigkeit der linken Kräfte (Koalitionsregierungen mit bürgerlichen Parteien) ließen das Ziel in den Hintergrund rücken.

Nach 1945 bemühten sich die USA in den Westzonen und die UdSSR in Ostdeutschland um eine Reform des dreigliedrigen Schulsystems. In der Ostzone wurde zügig eine Einheitsschule aufgebaut, im Westen gelang dies nicht, obwohl US-amerikanische Kommissionen das empfahlen. Gegen eine Einheitsschule hatte sich eine starke Front aus konservativen Parteien, der beiden Kirchen, der Universitäten, der konservativen Lehrerverbände (Philologenverband) und das Bildungsbürgertum positioniert. Diese Kräfte waren letztlich erfolgreich und 1955 wurde mit dem Düsseldorfer Abkommen das dreigliedrige Schulsystem für die Bundesrepublik Deutschland festgeschrieben. Die USA hatte nachgegeben, weil sie die politische Elite der BRD als Verbündete im Kalten Krieg gegen die UdSSR benötigte. An der Spitze der Reaktion stand der damalige bayrische Kultusminister Alois Hundhammer. Er schrieb an die Militärregierung: Es gebe biologisch gegebene Ungleichheiten, die »durch keine zivilisatorischen Maßnahmen beseitigt werden« könnten.

Erst in der Mitte der 60er-Jahre kam wieder Bewegung in die Schulpolitik. Der Pädagoge Georg Picht löste mit seinem Schlagwort von der Bildungskatastrophe eine breite bildungspolitische Debatte aus. »Die Bundesrepublik steht in der vergleichenden Schulstatistik am untersten Ende der europäischen Länder neben Jugoslawien, Irland und Portugal.« 1969 kam mit Willy Brandt eine sozialliberale Koalition an die Macht und die SPD versuchte, vor allem in den von ihr regierten Bundesländern die Idee einer integrierten Gesamtschule durchzusetzen, in der die Kinder bis zum 10. Schuljahr gemeinsam lernen. Der Schulkampf mit den Konservativen begann erneut und verbissen.

Der sich abzeichnende Kompromiss bestand darin, dass die Gymnasien neben den Gesamtschulen bestehen blieben, dass eine äußere Leistungsdifferenzierung in den Kernfächern das gemeinsame Lernen wieder zurücknahm und neben den integrierten Gesamtschulen auch sogenannte kooperative Gesamtschulen traten, in denen die bisherigen Schulformen unter einem gemeinsamen Dach im Wesentlichen weiter existierten.

Mit der Wiedervereinigung 1990 kam erneut Leben in die Schulformdebatte, weniger wegen der positiven Erfahrung gemeinsamen Lernens in den Beitrittsländern, denn der Westen kannte keine »östlichen Errungenschaften«, sondern wegen der Bildungstests (PISA etc.) im Rahmen der OECD, in denen die BRD nur mittelmäßig abschnitt. Vorbildlich schnitt dagegen Finnland ab, das 1970 weitgehend das Bildungssystem der DDR kopiert hatte.

In den Folgejahren kam es in den Bundesländern zu unterschiedlichen Strukturreformen, viele Länder haben sich auf ein Zweisäulenmodell umgestellt, sodass wir dort von einer Zweigliedrigkeit sprechen können. Hinzu kam die Verlagerung von Reformkompetenzen auf die Ebene der Schulen selbst, begleitet von einem Bildungsmonitoring, Schul-TÜV, externe Evaluation etc.

Nina Okay, Chancengleichheit gibt es im Kapitalismus nicht, weil Eigentum und Erbe von den Verfassungen geschützt werden und ganz oben in der Wertehierarchie stehen. Da gibt es viel zu tun, aber die Frage zur Chancengleichheit hörte sich kritisch an. Kann das bitte wer erklären?

Deniz Ist doch ganz einfach. Chancengleichheit meint Gleichheit beim Start, also etwa bei der schulischen Ausbildung. Wenn man seine Chance versiebt hat, ist das eben so – gewissermaßen PP, persönliches Pech. Mit der Chancengleichheit wird die Verantwortung für die Verwirklichung des Lebensentwurfs abgegeben. Es bleibt bei der kapitalistischen Illusion: »Jeder ist seines Glückes Schmied.«

Rahel Kannst du das noch genauer erklären?

Deniz Klar! Mein Vater hat sich aus recht armen Verhältnissen hochgearbeitet zum Meister. Er war Stellmacher oder Wagner. Solche Meister produzierten Holzwagen. Die wurden aber nach dem Krieg überflüssig. Mein Vater verlor seinen Job und die Qualifikation, war nicht mehr gefragt. Folglich arbeitete er nur noch als ungelernter Arbeiter.

Rahel Übel! Ich verstehe, was du meinst. Es gibt Entwicklungen, die man nicht beeinflussen kann, gleichsam Schicksalsschläge, welche die schönste Chancengleichheit beim Start ins Nichts laufen lassen.

Deniz Genau so!

Nina Und was folgt daraus, wenn schon die Chancengleichheit nicht durchsetzbar ist?

Rahel Die Durchsetzbarkeit ist eine andere Frage – auch was »nicht durchsetzbar« ist, kann ja richtig sein. Das ist ein beliebtes Argument in der Politik. Man sagt, »Das ist nicht durchsetzbar« oder schlimmer noch »Das ist nicht darstellbar« – will heißen: lässt sich nicht bezahlen. Damit ist die Diskussion dann tot. In Wahrheit ist gemeint, ich will mich nicht bemühen, es durchzusetzen oder zu bezahlen, habe aber keine richtigen Argumente.

Ungleichheit – so sieht's aus

Nina Okay, ich lasse den Teil der Frage weg. Was ist dann materiale Gleichheit mehr als Chancengleichheit?

Deniz Wovon unterscheidet sich gleich wieder die materiale Gleichheit?

Nina Von der formalen Gleichheit, also der Gleichheit vor dem Gesetz.

Rahel Materiale Gleichheit könnte dann annähernd gleiche Möglichkeiten meinen, seinen Lebensentwurf zu verwirklichen. Im Hinterkopf behalten wir: Diese unterscheiden sich natürlich gewaltig, also die Lebensentwürfe.

Max Und worauf beziehen sich die Möglichkeiten?

Nina Auf den gleichen Zugang zu den Voraussetzungen, seinen Lebensentwurf zu verwirklichen, also nicht nur materielle oder finanzielle Ressourcen, sondern auch Bildung, Kultur oder auch Freizeit.

Max Und wie ist es um die Gleichheit in diesem Sinne bestellt?

Deniz Katastrophal und es ist in der jüngeren Vergangenheit nicht besser, sondern schlimmer geworden.

Rahel Wie meinst du das?

Nina Na, die Reichen sind immer reicher und die Armen immer ärmer geworden.

Max Das oberste ein Prozent der Vermögenden kommt in Deutschland nach Berechnung einer Schweizer Bank auf 30% des Gesamtvermögens. Mit dem Gesamtvermögen wird nicht das Einkommen berechnet, sondern der Bestand am Eigentum.

Nina Oder anders ausgedrückt: Den reichsten zehn Prozent der Bevölkerung gehören 56% des Gesamtvermögens. Die ärmere Hälfte kommt dagegen nur auf 1% des Gesamtvermögens.

Rahel Bei den Einkommen sieht es nicht anders aus. Das lässt sich am Gini-Koeffizienten ablesen. Bei 0% sind alle Einkommen gleich hoch und bei 100% wird die maximale Ungleichheit angezeigt, einer verdient gleichsam alles. In Deutschland lag der Gini-Koeffizient nach Angaben der Ebert-Stiftung bis Mitte der 1970er-Jahre bei etwa 28% und schwillt dann bis etwa 2015 auf stattliche 44% an.

Deniz Die Bundeszentrale für politische Bildung hat folgende Zahlen: Die einkommensstärksten 10% der Bevölkerung hatten 2016 einen Anteil von 23% am Gesamteinkommen. Der Anteil war damit höher als der Anteil der unteren vier Zehntel zusammen (21%). Die einkommensschwächsten 10% der Bevölkerung verfügten lediglich über 3% des Gesamteinkommens.

Max Insgesamt haben sich zwischen 1991 und 2016 die Realeinkommen der einkommensstarken Gruppen stärker erhöht als die Einkommen der einkommensschwachen. Das verfügbare Durchschnittseinkommen des obersten Zehntels ist dabei mit Abstand am stärksten gestiegen. Und nur bei einem Zehntel ist das Einkommen zwischen 1991 und 2016 gesunken: nämlich dem einkommensschwächsten Zehntel.

Deniz Und nach allen Berichten, die ich kenne, sind die Reichen durch Corona noch mal reicher geworden, die Armen dagegen ärmer. Der Kapitalismus ist ein System der Ungleichheit.

Rahel In einer globalen Wirtschaft darf man aber nicht nur national denken, sondern muss die Ungleichheit in der Welt berücksichtigen. Und da sieht es noch schlimmer aus. Das reichste Prozent der Weltbevölkerung soll allein über mehr als 50% des weltweiten Vermögens verfügen.

Max Und die reichsten 10% nennen über 80% des weltweiten Vermögens ihr Eigentum. Unten kommt dann wenig an.

Rahel Ich wundere mich nur, dass man bei der globalen Ungleichheit auf die Reichen schielt. Schlimmer ist doch, wie es den Armen geht.

Nina Die Weltbank definiert Menschen als extrem arm, die weniger als 1,90 Dollar pro Tag zur Verfügung haben. Nach dieser Definition ist die Zahl der extrem Armen zwar seit 1998 gesunken, aber mit Corona ist sie wieder gestiegen. Danach sind 120 Millionen Menschen weltweit extrem arm. Die UNO ging 2015 sogar davon aus, dass 800 Millionen in extremer Armut leben und Hunger leiden.

Rahel In Afrika waren über 40% der Bevölkerung in diesem Sinne extrem arm, hatten also keine 1,90 Dollar pro Tag zur Verfügung. Und fast 1 Milliarde Menschen sind nach aktuellen UN-Berichten chronisch unterernährt – das heißt, sie hatten seit mindestens einem Jahr täglich zu wenig zu essen.[16]

---

[16] Neues Deutschland v. 13.7.2022, S. 4.

Max Das sind aber nur abstrakte Zahlen. Mit der extremen Armut verbunden ist ja, dass die Menschen keinen Zugang zu sauberem Wasser oder sanitären Anlagen haben, weshalb Krankheiten häufiger auftreten. Und weil die medizinische Versorgung schlecht oder nicht vorhanden ist, sterben die Menschen an diesen Krankheiten.

Rahel Ich komme doch noch mit Zahlen. In der Zentralafrikanischen Republik liegt die Lebenserwartung bei den Männern mit 49 Jahren weltweit am niedrigsten und mit 87 Jahren bei den Frauen in Singapur am höchsten. Frauen werden übrigens im Durchschnitt überall älter als Männer. Aber die Differenz zwischen der niedrigsten und höchsten Lebenserwartung ist erschreckend.

Nina Und das ist eine Frage von Ungleichheit?

Rahel Klar, mit der Armut sinkt die Lebenserwartung. Das gilt selbst für reiche Länder wie Deutschland. Die Reichen haben im Durchschnitt die Chance, älter zu werden als die Armen.

Deniz Ungleichheit tötet!

Max Aber sind nicht auch Konservative und Liberale gegen Ungleichheit in diesem Ausmaß?

Rahel In Sonntagsreden ja, aber in den letzten 40 Jahren hat der Neoliberalismus die Ungleichheit bei uns deutlich verstärkt. Die ideologischen Prämissen stimmen eben nicht. Wenn die Reichen reicher werden, wird der Rest der Gesellschaft noch lange nicht reicher. Da ist er wieder, der Trickle-down-Effekt.

Deniz Da ist er eben nicht. Den gibt es nicht.

Rahel Ja ja, das meinte ich ja.

Nina Und wie ist es mit der weltweiten Ungleichheit und Unterentwicklung? Im Jahre 2000 haben sich die Vereinten Nationen, die UNO, doch vorgenommen, die Zahl der Menschen, die weltweit unter extremer Armut leben, bis 2015 zu halbieren. Und es werden doch Fortschritte gemeldet.

Max In der Tat behauptet die UNO, dass zwischen 1990 und 2015 die Zahl der extrem Armen von 2 Milliarden auf 840 Millionen zurückgegangen sei. Nicht gelungen sei es aber, die Zahl der Hungernden zu halbieren.

Rahel Wobei meist nicht erwähnt wird, dass die größten Erfolge in China und Indien erreicht wurden. Im südlichen Afrika ist allerdings alles mehr oder weniger beim Alten geblieben.

Nina David Beasley, der Chef des Welternährungsprogramms der Vereinten Nationen (WFP), hat ganz andere Zahlen: 2017 habe es 80 Millionen Hungernde gegeben. 2020, vor dem Corona-Ausbruch, sei deren Zahl schon auf 135 Millionen gestiegen. Ich möchte nicht wissen, wie hoch die Zahl jetzt ist.

Deniz Ich sag ja: Ungleichheit tötet!

Max Und noch einmal die Frage, warum ist es links, damit nicht einverstanden zu sein? Die UNO ist ja nun nicht zwingend links. Da gibt es genügend Diktaturen, neoliberal oder autoritär ausgerichtete Staaten.

Deniz Und ich sage noch einmal: In Sonntagsreden wird das verurteilt, aber am System der ungleichen Verteilung, am Kapitalismus wollen sie nichts oder nur wenig ändern.

Nina Die Ungleichheit zwischen Nord und Süd ist also Folge des Kapitalismus?

Rahel Allerdings. Die Handelsbeziehungen sind ungleich, d. h. Rohstoffe billig und Fertigprodukte teuer. Die Fertigprodukte, Maschinen, Autos usw. werden im Norden hergestellt.

Nina Wenn im Süden Fertigwaren oder anspruchsvolle Industriewaren produziert werden, dann von Konzernen aus dem Norden, die ihren Gewinn nicht im Süden reinvestieren, sondern in den Norden abfließen lassen. So bleibt es bei den Produktionsstrukturen.

Rahel Schlimmer noch: Billige Importe aus dem Norden zerstören die einheimische Industrie oder besser das Handwerk im Süden. Das gilt selbst für die Bauern, die mit den subventionierten Lebensmittelprodukten aus dem Norden nicht mithalten können. In der Folge müssen selbst Lebensmittel in Länder importiert werden, deren klimatische Bedingungen eine eigenständige Ernährung der Bevölkerung erlauben würden. Und bezahlt wird natürlich in Euro oder Dollar.

Deniz Wieso führt das zur Ungleichheit oder warum hemmt es die Wirtschaft in den Ländern des Südens?

Max Weil diese Währungen dann nachgefragt werden, im Kurs steigen, sodass Importe für die Länder mit »billiger« oder »schwacher« Währung, die eben nicht so nachgefragt wird, teuer bleiben. Die Handelsungleichgewichte haben ihren Grund zu einem großen Teil vermutlich hier, in der Währungsfrage.

Rahel Die Geschichte des Kolonialismus sollte man nicht vergessen. In vielen Ländern des Südens haben sich Europäer das Land angeeignet und leben prächtig von der Ausbeutung der indigenen Bevölkerung.

Deniz Wenn dann noch die indigene Elite korrupt ist und Regierungsposten und andere staatliche Ämter als Mittel zur persönlichen Bereicherung genutzt werden, kann so ein Land ja nicht aus dem Quark kommen.

Rahel Ungleichheit und Armut werden fortgeschrieben, trotz aller Entwicklungshilfe, weil der Kapitalismus so funktioniert.

Max Zu allem Überfluss exportiert der Norden dann auch noch die Umweltschäden in den Süden.

Nina Wie meinst du das?

Max Na, zum Beispiel der Müll wird oft genug legal oder illegal in den Ländern des Südens entsorgt und es gibt Kinder, die auf Müllkippen von dem Abfall des Nordens leben, Rohstoffe sammeln, aber dabei gleichzeitig in Giftstoffen waten.

Deniz Damit sind wir noch einmal beim Thema Umwelt, das wir für später aufschieben sollten. Zunächst haben wir die Gleichheit und Ungleichheit wohl ausreichend besprochen. Vielen Dank, das war zwar auch deprimierend, aber so ist die Realität wohl.

Rahel Aber das sollten wir nicht akzeptieren. Packen wir es an und ändern etwas!

2. Freiheit und die anders Denkenden

Wollen, Dürfen und Können

Freiheit des Andersdenkenden

Max Jemand hat ganz am Anfang gesagt, dass Links-Sein – nach Luxemburg – auch die Freiheit des Andersdenkenden[1] einschließe. Gehört also die Freiheit zum Links-Sein und was ist Freiheit in diesem Zusammenhang? Oder schließen Freiheit und Gleichheit sich aus – wie viele Konservative behaupten – und Links bevorzugt Gleichheit und nicht Freiheit?

Nina Auf keinen Fall: Freiheit und Gleichheit schließen sich nicht aus, sondern bedingen einander und mit der politischen Linken war auch immer mehr Freiheit verbunden.

Rahel Und was ist mit der DDR und der Sowjetunion? Da herrschte nicht gerade Freiheit.

Max Allerdings nicht und das hatte Rosa Luxemburg schon erkannt, als sie die Freiheit des Andersdenkenden forderte.

Deniz Aber wir sollten jetzt nicht darüber diskutieren, ob die DDR und die Sowjetunion links waren. Mit Blick auf die Freiheit war ihre Politik auf jeden Fall falsch und ging an linken Ideen vorbei. Freiheit gehört zum Links-Sein.

Nina Das scheint mir auch eindeutig so zu sein. Marx und Engels wollten eine freie Assoziation, in der die freie Entwicklung für jeden die Voraussetzung für die freie Entfaltung aller ist – so ungefähr heißt es im Kommunistischen Manifest.[2] Die Freiheit hat hier eine ganz prominente Stelle.

Max Aber was bedeutet Freiheit für euch?

Nina Freiheit heißt doch zunächst, dass jeder Mensch tun und lassen kann, was er will.

Rahel Das kann ja nicht sein, weil das auf Kosten anderer gehen muss. Also niemand darf andere verprügeln oder ihnen ihr Fahrrad stehlen, weil er das gerade möchte – das kann nicht Freiheit sein.

Max Individuelle Freiheit muss eben beschränkt werden, wenn damit die Freiheit anderer verletzt wird. So steht es auch im Grundgesetz.

---

[1] Luxemburg, Rosa: Zur russischen Revolution, in: dies.: Gesammelte Werke (GW), Bd. 4, S. 359.

[2] Marx/Engels: Manifest der Kommunistischen Partei, MEaW I, S. 438 = MEW Bd. 4, S. 482.

Die Freiheit geht nur so weit, wie nicht die Rechte anderer verletzt werden, also die Freiheit anderer.

Nina Das ist der liberale Freiheitsbegriff. Freiheit wird individuell gedacht und durch die Rechte anderer eingeschränkt.

Deniz Wie kann man Freiheit denn anders denken als individuell?

Nina Gesellschaftlich logischerweise, als Freiheit in einer Gruppe, einer Gemeinschaft in einem Kollektiv oder eben der ganzen Gesellschaft. Dann vereint man die individuelle Freiheit mit der Freiheit der Gesellschaft. Auch das Individuum ist nur in der Gruppe wirklich frei.

Deniz Versteh ich noch nicht.

Max Aber bleiben wir doch zunächst beim liberalen Freiheitsbegriff und diskutieren die gesellschaftliche Freiheit später. Was meinst du, wenn du von individueller Freiheit sprichst?

Nina Es ist die Freiheit des isolierten Einzelwesens. Der Mensch wird ohne gesellschaftliche Bezüge gedacht; er steht da – allein in Raum und Zeit – und kann machen, was er will. In dieser Vorstellung ist es gleichsam ungewöhnlich, wenn der isolierte Mensch auf andere trifft, deren Rechte und Freiheit dann auch zu schützen sind. In Wahrheit gibt es diesen isolierten Menschen aber nicht.

Deniz Das liberale Individuum ist gewissermaßen ein Robinson Crusoe, bevor er seinen Freitag gefunden hatte.

Rahel Die hatten aber ein kolonialistisches Verhältnis, kein gleichberechtigtes.

Max Ja, aber das ist jetzt nicht unser Thema. Die liberale Freiheit ist die des Bewohners einer einsamen Insel – kann man das so sagen?

Nina So habe ich es gemeint.

Max Und was ist das Problem?

Nina Freiheit ist dann ein Ausschließungsrecht. Jede und Jeder hat die Freiheit, andere aus ihrer Sphäre auszuschließen. Und in dieser Sphäre kann man tun und lassen, was man möchte. In der eigenen Sphäre verletzt man die Rechte anderer schließlich nicht.

Max Das musst du erklären.

Abwehr- und Ausschließungsrecht

Rahel Die Freiheitsrechte sind wie das Eigentumsrecht konzipiert. Eigentum schließt die anderen von der Nutzung aus und erlaubt mir, mit dem Eigentum zu machen, was ich will – von mir aus, solange ich niemandem damit schade. Es ist also das Recht desjenigen, der Eigentum hat und gegen andere verteidigen kann.

Deniz Bei Hausbesetzungen wird das klar. Die Eigentümer des Hauses lassen es leer stehen, nutzen es nicht, aber schließen andere von der Nutzung aus – bis Hausbesetzer das eben infrage stellen und die Polizei das Ausschließungsrecht wiederherstellt.

Max So sieht es die Lehre von den Grundrechten auch: Freiheitsrechte sind Abwehrrechte gegen den Staat. Der Staat wird aus dem umzäunten Bereich der individuellen Freiheit herausgehalten.

Deniz Das gilt dann auch für die Freiheit der Andersdenkenden?

Max Klar, die Grundrechte garantieren z.b. Meinungs-, Presse- oder Gewissensfreiheit. Da geht es immer darum, dass man nicht nur anders denken kann, sondern auch dazu stehen kann, d. h. seine – gleichsam anderen – Gedanken auch äußern darf. Die Gedanken sind bekanntlich frei und müssen deshalb nicht geschützt werden. Aber anders sieht es aus, wenn man diese Gedanken äußert.

Rahel Dann geht es bei der Freiheit also um Rechte?

Max Jedenfalls auch.

Deniz Ich muss noch mal auf die Ausschließungsrechte zurückkommen. Die Meinungsfreiheit ist doch kein Ausschließungsrecht. Ich schließe ja gerade niemanden aus, sondern will, dass jemand oder vielleicht auch viele meine Meinung zur Kenntnis nehmen.

Nina Aber schon die Presse- und Rundfunkfreiheit haben einen ausschließenden Charakter. Man muss erst mal in der Lage sein, eine Zeitung herauszugeben.

Max Aber jeder und jede kann versuchen, eine Zeitung herauszugeben oder Ähnliches. Dass die großen Zeitungen sehr dominant sind, schließt ja nicht aus, dass viele kleine auch zur Presse gehören und die Linke hat auch viele kleine Zeitschriften. Und mit dem Internet ist es noch leichter geworden, dass quasi jeder seine Meinung verbreiten kann.

Nina Ja, leider. Im Netz wird auch viel Mist verbreitet. Verschwörungstheorien haben sich erst im Netz so richtig gut verbreitet.

Deniz Was ja wohl nicht heißt, dass die etablierten Medien keinen Mist verbreiten. Auch der Mainstream kann ziemlicher Unsinn sein.

Max Trotzdem vergleichst du Äpfel mit Birnen. Die großen Zeitschriften sind schon die Meinungsmacher und das Netz ist längst von großen Firmen und auch den Zeitungen dominiert. Das heißt, die Pressefreiheit ist eine ziemlich privilegierte Freiheit oder eine Freiheit für Privilegierte. Wirkliche Freiheit muss mit Gleichheit verbunden sein, man braucht gleiche Freiheit oder die Freiheit der Gleichen.

Nina Das stimmt schon, aber trotzdem gibt es einen Unterschied zwischen der Meinungsfreiheit und der Eigentumsfreiheit. Auch wenn die Meinungsfreiheit ungleich wahrgenommen werden kann, zielt sie nicht auf eine Ausschließung der anderen.

Max Abwehrrecht und Ausschließungsrecht unterscheiden sich hier.

Rahel Warum das?

Max Die Meinungsfreiheit ist ein Abwehrrecht gegen den Staat. Der darf sie eben nicht beschränken und bestimmte Meinungen verbieten. Aber sie ist auf Kommunikation gerichtet, nach außen, auf den Austausch oder auch den Streit mit anderen und deshalb kein Ausschließungsrecht.

Deniz Okay, ich gebe zu: Marx hat auch zwischen den »droit de citoyen« als den staatsbürgerlichen Rechten und den »droit de bourgeois« unterschieden.[3] Die Meinungsfreiheit gehört wohl zu staatsbürgerlichen Rechten.

Max Was folgt aus der Unterscheidung?

Deniz Die staatsbürgerlichen Rechte garantieren eine Freiheit, die für die Kommunikation wichtig ist, also haben sie auch eine kollektive oder gesellschaftliche Seite. Sie sind wichtig für die Demokratie.

Max Warum das denn?

Deniz Demokratie braucht Diskussion und Meinungsstreit, also Meinungsfreiheit, Demonstrationsfreiheit und auch die Vereinigungsfreiheit.

Rahel So hat Rosa Luxemburg das auch gemeint mit der Freiheit der Andersdenkenden. Ohne Meinungs- und Pressefreiheit, sagt sie, gäbe es keinen Sozialismus.[4]

Max Aber trotz ihrer gesellschaftlichen Seite, trotz der kommunikativen Richtung ist die Meinungsfreiheit ein individuelles Recht, vor allem ein Abwehrrecht gegen staatliche Beschränkungen. Geht die kollektive Freiheit, die eben besprochen wurde, noch weiter?

---

[3] Marx, Karl: Zur Judenfrage, MEW Bd. 1, S. 362.

[4] »Ohne allgemeine Wahlen, ungehemmte Presse- und Versammlungsfreiheit, freien Meinungskampf erstirbt das Leben in jeder öffentlichen Institution, wird zum Scheinleben, in der die Bürokratie allein das tätige Element bleibt. Das öffentliche Leben schläft allmählich ein, einige Dutzend Parteiführer von unerschöpflicher Energie und grenzenlosem Idealismus dirigieren und regieren, unter ihnen leitet in Wirklichkeit ein Dutzend hervorragender Köpfe, und eine Elite der Arbeiterschaft wird von Zeit zu Zeit zu Versammlungen aufgeboten, um den Reden der Führer Beifall zu klatschen, vorgelegten Resolutionen einstimmig zuzustimmen, im Grunde also eine Cliquenwirtschaft – eine Diktatur allerdings, aber nicht die Diktatur des Proletariats, sondern die Diktatur einer Handvoll Politiker, d. h. Diktatur im bürgerlichen Sinne, im Sinne der Jakobinerherrschaft.« (Luxemburg, Rosa, Zur Russischen Revolution, Werke Bd. 4 (Berlin 2000), S. 359.

Freiheit in der Gesellschaft

Rahel Rousseau meinte wohl, Freiheit sei nicht, zu tun und lassen, was man will, sondern dass man nicht tun muss, was man nicht will.

Max Und was ist jetzt der Unterschied?

Rahel Es ist die Freiheit von Zwang und nicht die Freiheit, mich egoistisch auszutoben.

Nina Die anderen sind da schon mitgedacht oder einbezogen. Beim »Tun und Lassen, was ich will« kommen die anderen nachträglich als Grenze ins Spiel. Bei Rousseau geht die Freiheit nicht zunächst auf Kosten anderer. Es ist gleichsam die Freiheit von anderen, die das Individuum nicht zwingen dürfen. Wenn das wechselseitig gilt, geht die Freiheit der einen nie auf Kosten der anderen.

Deniz Aber werde ich nicht immer irgendwie gezwungen?

Rahel Genau, muss ich nicht essen, um nicht zu verhungern – auch wenn ich gar nicht will? Oder muss ich nicht vielleicht einen Deich bauen, um den blanken Hans fernzuhalten, auch wenn ich lieber in der Sonne liegen möchte?

Nina Den blanken Hans?

Rahel So nennen die Küstenbewohner das Meer, die Nordsee.

Nina Die Freiheit von Zwang kann sich selbstverständlich nicht auf naturgesetzlichen Zwang beziehen, sondern immer nur auf Zwang durch andere Menschen, also gesellschaftlichen Zwang.

Max Da ist die Gesellschaft wieder drin, aber immer noch als Hindernis der individuellen Freiheit.

Rahel Das stimmt, aber es heißt auch, die Gesellschaft muss so organisiert sein, dass der Einzelne nicht durch ungleiche Macht gezwungen wird, sondern allenfalls durch die gesamte Gesellschaft – bei Rousseau eben durch einen demokratischen Staat.

Nina Nun kommt auch die Demokratie mit ins Spiel. Das sollten wir auch noch etwas nach hinten schieben.

Max Okay, die Gesellschaft ist in Rousseaus Überlegung mit drin, aber es ist immer noch individuelle und negative Freiheit.

Rahel Was heißt negative Freiheit und gibt es auch positive Freiheit?

Max Negative Freiheit heißt, dass ich im Rahmen meiner Möglichkeiten frei bin. Das heißt: Andere oder der Staat dürfen meine Sphäre nicht stören. Also wenn ich beispielsweise ein Fahrrad habe, kann ich eine Radtour machen. Andere oder der Staat dürfen mich nicht stören, das nicht verbieten – das meint negative Freiheit. Es bleibt die Freiheit des Einzelnen gegen andere, nicht die Freiheit der Gruppe oder Gemeinschaft.

Nina Aber vom Regen kann ich gezwungen werden, keine Radtour zu machen. Bleibe ich dann dennoch frei im negativen Sinne?

Deniz Klar, die Naturgesetze hatten wir ja schon ausgeschieden.

Nina Und positive Freiheit?

Max Wenn ich gar kein Fahrrad habe, braucht mich niemand zu hindern. Ich habe schlicht die Freiheit nicht, eine Radtour zu machen. Ich werde zwar nicht von außen gezwungen, etwas nicht zu tun. Ich kann es aber trotzdem nicht, weil mir die Möglichkeit fehlt. Positive Freiheit bezieht sich auf die Eröffnung von Möglichkeiten, etwas zu tun, also die Möglichkeit, ein Fahrrad zu borgen oder zu kaufen.

Deniz Positive Freiheit meint die Freiheit in der Gruppe oder – größer – Gesellschaft, die mir Möglichkeiten zur Persönlichkeitsentfaltung erst verschafft.

Nina Konkreter bitte!

Deniz Das meint, dass es für möglichst viele Menschen möglichst viele Chancen und Möglichkeiten geben soll, ihre Freiheit zu entfalten. Das ist dann natürlich wieder eine Frage der gesellschaftlichen Organisation. Die Gesellschaft schafft für möglichst viele Individuen möglichst viele Möglichkeiten.

Max Positive Freiheit meint, dass ein Mensch die materiellen und kulturellen Voraussetzungen hat, um seine Persönlichkeit frei zu entfalten.

Deniz Die negative Freiheit schützt also die Starken, die schon viele Möglichkeiten haben, während die positive Freiheit den Schwachen erst die Möglichkeit verschafft, ihre Persönlichkeit zu entfalten oder etwas zu tun, das sie ansonsten nicht könnten, wenn sie ausschließlich auf ihre eigenen Kräfte, Finanzen usw. angewiesen wären. Positive Freiheit gibt es also nur in der Gesellschaft.

Max So ist es. Dabei sollten wir betonen: Es geht nicht nur um materielle Voraussetzungen bei der Entfaltung der individuellen Freiheit, sondern wie schon gesagt: Es geht auch um Bildung, gleichen Zugang zur Kultur und vieles mehr.

Rahel Noch mal konkret: Wir hatten eben bei der Meinungsfreiheit überlegt, dass die Möglichkeiten,»am Markt« mit einer Zeitung erfolgreich zu sein, auch von den finanziellen Ressourcen abhängt. Und das reicht nicht für positive Freiheit?

Deniz Genau, das reicht nicht, denn auch die Meinungsfreiheit hat Voraussetzungen wie Bildung oder rhetorisches Geschick. Auch diese Freiheit hängt also davon ab, wie die Gesellschaft z.B. den Zugang zu Bildung organisiert.

Nina Möglichst viele Möglichkeiten für möglichst Viele, sagt ihr. Heißt das, alle sollen die Möglichkeit haben, nach Bali zu fliegen? Ist das positive Freiheit? Für die Umwelt wäre das gar nicht gut.

Deniz Aber dieses Problem stellt sich ja auch bei der individuellen Freiheit. Sie darf anderen nicht schaden und eben auch der Umwelt nicht schaden.

Max Dann haben wir aber ein Problem der Grenzziehung. Will sagen: Welche Möglichkeiten gehen in Ordnung, welche nicht, was ist an Freiheit vernünftig, was nicht?

Rahel Und das löst die Juristin durch Abwägung der unterschiedlichen Rechte. Das heißt: Abwägung im Einzelfall. Allgemeine Grenzlinien lassen sich da nicht ziehen. Aber der jährliche Bali-Urlaub wäre sicher keine Möglichkeit, die eine Gesellschaft schaffen muss.

Max Auf das Umweltproblem stießen wir schon bei der Diskussion der Gleichheit mit dem Satz: »Jeder nach seinen Fähigkeiten, jeder nach seinen Bedürfnissen«, dem berühmten Satz von Marx.

Nina Stimmt – hier taucht das Problem wieder auf und wird auch zu einem der Freiheit.

Max Aber vor allem zu einem der Umwelt und das sollten wir später besprechen. Zurück zur positiven und negativen Freiheit. Ist nur positive Freiheit links, nicht aber negative Freiheit?

Rahel Ich würde sagen, beide Formen der Freiheit gehören zum Links-Sein. Die negative Freiheit ist typischerweise die Freiheit der bürgerlichen Gesellschaft, die Freiheit, die mit den bürgerlichen Revolutionen erkämpft wurde.

Nina Deshalb gehört sie aber längst nicht auf den Müllhaufen der Geschichte, wie man am Beispiel der Meinungsfreiheit sehen kann. Und die negative Freiheit sorgt doch erst dafür, dass die Differenz in der Gleichheit bestehen kann, ermöglicht also Toleranz.

Deniz Das sehe ich auch so.

Freiheit der Konzerne

Max Links-Sein meint also die Bewahrung der negativen Freiheit und die Erweiterung zur positiven Freiheit?

Deniz Genau so!

Rahel Wieso hat Freiheit eigentlich etwas mit links zu tun? Auch die FDP schreibt sich Freiheit groß auf die Fahne.

Deniz Aber die FDP meint die Freiheit der Eigentümer oder Unternehmer. Steuerfreiheit und …

Nina ... die Freiheit der Autofahrer. »Freie Fahrt für freie Bürger« – Gegen ein Tempolimit auf Autobahnen. Kurz: Die Freiheit der Egoisten.

Rahel Außer nachts und kurz vor Cuxhaven schafft das aber keine Freiheit, sondern schränkt sie ein.

Nina Wieso kurz vor Cuxhaven?

Rahel Weil dort ebenso wie nachts die Autobahnen relativ leer sind, da kann man wirklich schnell fahren. Aber tagsüber schränkt die Raserei die Freiheit doch eher ein, weil so Staus erst produziert werden. Unterschiedliche Geschwindigkeiten führen eben dazu, dass es sich ab und zu knubbelt. Und natürlich erhöhen sie die Unfallgefahr.

Nina Sag ich ja, die FDP will nicht individuelle Freiheit, sondern schlicht Egoismus. Und es geht um die Freiheit der Konzerne.

Max Versteh ich nicht.

Nina Deutschland ist das einzige Land in der EU ohne Geschwindigkeitsbegrenzungen. Warum wohl?

Max Na, warum?

Nina Weil in Deutschland viele Autokonzerne sitzen und vor allem die, die große oder schnelle Autos verkaufen wollen: Mercedes, BMW, Audi oder Porsche – alles deutsche Nobelkarossen mit viel PS. Und die fürchten zumindest, dass sie ihr Zeug nicht mehr loswerden, wenn man die 200 Stundenkilometer nicht mehr ausfahren kann.

Deniz Zusätzlich werden sie noch durch niedrige Steuern auf Dienstwägen subventioniert.

Mit Steuern steuern!

Steuern sind in erster Linie Einnahmen, um den Staat für seine Ausgaben auszustatten. Sie können aber auch als Hebel eingesetzt werden, um wünschenswerte Ziele zu erreichen. Man spricht von Lenkungssteuern, weil das Verhalten der Menschen oder gesellschaftliche Entwicklungen gelenkt werden sollen. Mit Steuern lässt sich also steuern. Die Regierung kann die soziale Kluft vergrößern, indem sie an der Umverteilung von unten nach oben mitwirkt oder sie kann umgekehrt für gleiche Lebensverhältnisse sorgen. Sie kann mit dem unkontrollierten Wirtschaftswachstum den Klimawandel befeuern oder diesem durch Besteuerung von CO_2 entgegenwirken. Welche wichtigen Steuern gibt es?

Indirekte Steuern, die bekannteste und bedeutsamste ist die Mehrwertsteuer. Sie wird mit 7% auf Lebensmittel und mit 19% auf alle anderen Produkte und Dienstleistungen erhoben. Sie ist insofern unsozial, weil sie dazu führt, dass ein Haushalt, der aufgrund seines niedrigen Einkommens alles für den Konsum ausgeben muss, diesen Steuersatz ebenso in voller Höhe bezahlt wie gut verdienende Bürger, die nur einen Teil ihres Einkommens in den Konsum fließen lassen, während der andere Teil als Kapitalanlage für sie »arbeitet«. Eine Steuerprogression, also höhere Steuern für Menschen mit höherem Einkommen, findet mit der Mehrwertsteuer nicht statt, obwohl man doch sagt, dass starke, breite Schultern mehr tragen sollen. Eine soziale Komponente wäre nicht nur die Absenkung der Mehrwertsteuer für »Normalprodukte«, sondern auch die Einführung einer Luxussteuer, z.B. in der Höhe von 25% für Flugzeuge, Porsches und Jachten. In Italien werden z.B. Autos mit einer Motorleistung von über 250 PS (184 kW) mit einer Luxussteuer belegt. Luxussteuern gibt es auch in Dänemark und Finnland.

Einkommensteuer (Selbstständige) oder **Lohnsteuer** wird auf das erzielte Brutto-Einkommen erhoben. Diese Steuer wird progressiv erhoben. Das bedeutet, dass der Steuersatz höher wird, je mehr man verdient. Außerdem werden die Menschen nach Steuerklassen eingeteilt, wobei z.B. zwischen Verheirateten oder Singles unterschieden wird. Bis zu einem Jahreseinkommen von 9.408 € muss keine Einkommensteuer bezahlt werden. Darüber steigt der Steuersatz kontinuierlich von 14 auf 42%.

Vom Brutto-Einkommen können aber Werbungskosten und Sonderausgaben abgezogen werden, sodass auch die Steuerschuld sinkt. Eine weitere Steuersenkungsmöglichkeit liegt bei Ehepaaren in der gemeinsamen Veranlagung. Hier werden die Einkommen addiert und dann sinkt meist der jeweilige Durchschnittsbetrag und damit die Steuerlast.

Eine sozial gerechte Steuerpolitik muss die Progression ausweiten, bei 45% darf nicht Schluss sein. In der Weimarer Republik lag der höchste Steuersatz noch bei 60%. In den USA lag unter Roosevelt der Höchststeuersatz bei 79%, und die USA waren keineswegs sozialistisch, auch die Wirtschaft brach nicht zusammen, sondern kam damit aus dem Crash von 1929 aus der schweren Wirtschaftskrise gut heraus. Übrigens: Selbst unter dem CDU-Kanzler Kohl lag der Spitzensteuersatz noch bei 53%. Es war die rot-grüne Regierung unter Kanzler Schröder, die den Reichen ein Geschenk machte und die Spitzensteuer auf 42% senkte.

Vermögensteuer: Eine Vermögensteuer wird zurzeit gar nicht erhoben, deshalb haben wir auch keinen genauen Überblick über die Vermögenswerte der Reichen, noch nicht einmal über den Teil, den sie nicht in Steuerparadiesen geparkt haben. Die Vermögensteuer wurde vom Bundesverfassungsgericht gekippt, weil die Bemessungsmaßstäbe verfassungswidrig waren. Aber nicht die Vermögensteuer war verfassungswidrig, wie manche immer wieder behaupten, sondern lediglich die damals gültige Berechnung. Gegner der Vermögensteuer sehen in ihr eine Gefahr für das wirtschaftliche Wachstum. Das ist sachlich falsch. Ein erneuter Hinweis auf die Regierung Roosevelt: Er hat bei seiner Steuerpolitik des New Deal die Steuern für Vermögende drastisch erhöht und löste eher Wachstumsboom aus als eine Krise. Der Grund ist recht einfach: Die Reichen und Superreichen geben bei noch mehr Geld nicht mehr für ihren Konsum aus, sondern spekulieren mit ihrem Geld auf den Finanzmärkten, sie treiben damit bestenfalls Börsenkurse und Immobilienpreise in die Höhe, bis die Blase platzt. Selbst wenn wir das Geld der Reichen und Superreichen z.B. für eine soziale Klimapolitik und andere Vorhaben gar nicht benötigten, wäre eine Vermögensteuer ein Instrument gegen die Börsenspekulation.

Kapitalertragsteuer, auch Abgeltungssteuer genannt, weil seit 2009 mit 25% des Kapitalgewinns alles abgegolten ist. Sie wird auf Zinserträge, Dividenden, Gewinne aus Fonds etc. erhoben. Während ein Facharbeiter auf seinen Lohn einen Steuersatz von mehr als 25% bezahlen muss, kommt der Kapitalanleger für sein leistungsloses Einkommen günstiger weg. Es wäre also dringend geboten, Kapitaleinkünfte wieder nach dem Steuersatz der Einkommensteuer zu berechnen. Und mit einem höheren Einkommensteuersatz für Reiche würde auch ihre Kapitalertragsteuer wieder ansteigen.

Finanztransaktionssteuer, auch Tobinsteuer nach dem US-amerikanischen Wirtschaftswissenschaftler James Tobin genannt, erhebt eine geringe Steuer auf Geschäfte auf dem Finanzmarkt, also z.B. den Kauf und Verkauf von Aktien. Schon der bekannte Ökonom Sir Maynard Keynes hatte sie vorgeschlagen. Aber die Widerstände aus der Finanzwelt ließen die Forderung »vergessen«. Erst durch die Gründung von attac, eine Vereinigung, die sich in ihren Anfängen die Propagierung der Tobinsteuer zum Hauptanliegen machte, und mit der Finanzmarktkrise 2008 kam wieder Fahrt in die Debatte. In Frankreich wurde eine begrenzte Finanztransaktionssteuer 2012 eingeführt und in Italien 2013. In der EU gab es immer wieder Verhandlungen, aber es kam nie zu einer allgemeinen Übereinstimmung. In Deutschland gibt es immer mal wieder Absichtserklärungen der Regierungsparteien, dann wieder will man die Steuer nur EU-weit einführen, was zur Freude der Finanzindustrie nicht gelingt.

Unternehmenssteuern: Die Körperschaftsteuer liegt pauschal bei 15% des Gewinns. Dies gilt für Kapitalgesellschaften (AG, GmbH). Sogenannte Familienbetriebe bezahlen Einkommensteuer. Hinzu kommt eine Gewerbesteuer. Deren Höhe ist unterschiedlich, weil die Kommunen die sogenannten Hebesätze festlegen, sie liegt meist zwischen 10,5 und 17,5%.

Lagen die Unternehmenssteuern 1996 im europäischen Durchschnitt noch bei 38%, sanken sie bis 2018 auf 21,3%. In Deutschland fielen sie unter der rot-grünen Regierung von Gerhard Schröder von 52,3% (1999) auf etwa 30%. Die neoliberale Devise war: Geht es den Unternehmen gut, geht es auch den Bürgern (Arbeitern) gut – Trickle-down-Effekt, ist das, was vom Tisch der Reichen als Brotkrümel nach unten fällt! Eine andere Ursache kam dazu: In der EU wurde zwar die Länge der Bananen oder die zulässige Krümmung der Gurke festgelegt, aber nicht ein gemeinsamer Unternehmenssteuersatz. Das führte dazu, dass jeder Staat bemüht war, seine Steuern zu senken, um Firmen ins Land zu locken. Ein desaströser Wettlauf nach unten! Erst jüngst hat man sich geeinigt, eine Unternehmenssteuer von mindestens 15% zu erheben – was für ein Zufall, dass dies genau der Steuersatz in der Bundesrepublik ist.

Erbschaftsteuer: Bei den bisher genannten Steuern gibt es eine gewisse Einigkeit in fortschrittlichen Kreisen, zumindest was die Richtung der Schritte betrifft und eine ebenso große Uneinigkeit zwischen den Reichen und den »Habenichtsen«. Schwierig wird es für viele, wenn es um die Erbschaftsteuer geht. Beim Erbe handelt es sich um ein leistungsloses Einkommen, das besonders bei der üblichen Generationennachfolge viel geringer besteuert wird als

ein hart erarbeitetes Einkommen. Firmenerben sind von der Erbschaftsteuer befreit, wenn sie den Betrieb 7 Jahre lang führen und
nicht zu viele Arbeiter und Angestellte entlassen. Wir haben heute
eine Freibetragsgrenze für Kinder bei 400.000 € und den Ehegat-
ten bei 500.000 €. Das braucht nicht wesentlich verändert zu werden. Wer also als Arbeitnehmer gespart hat und seinem Partner/
seiner Partnerin oder seinen Nachkommen seine Ersparnisse hin-
terlassen möchte, ist in keiner Weise betroffen. Auch für selbst be-
wohnte Immobilien in teuren Großstädten gibt es bei Eigennut-
zung Lösungen. Es geht um die Progression der Erbschaftsteuer
über diese Freigrenze hinaus. Hier ist zu überlegen, wo genau der
Freibetrag enden soll und wie der Verlauf der Progressionskurve
gestaltet wird. Bei Vermögen über 100 Millionen ist ein Steuersatz
von 90% angemessen. Schwierig wird der Sachverhalt dadurch,
dass diese Vermögen nicht in bar vorliegen, sondern zum größten
Teil in Industriebeteiligungen und Finanzmarktprodukten stecken.
Denkbar wäre, dass der Staat zunächst diese Beteiligung analog zur
Steuerschuld übernimmt.

Es geht nicht nur um die Höhe der Erbschaftsteuer. Es geht auch
um den Grundgedanken des Vererbens, denn das Vererben findet
in der gegenwärtigen Gesellschaft zu einem Zeitpunkt statt, zu dem
der Erbempfänger das geerbte Vermögen häufig nicht mehr benö-
tigt. Und die, die ein Erbe für das Alter angesichts einer geringen
Rente gut brauchen könnten, erben in der Regel nichts. Man könnte
so einen Zustand auch eine »verkehrte Welt« nennen.

Die antifeudale Kritik, die letztlich zur Überwindung der feudalen
Gesellschaft führte, kritisierte u. a. die Legitimierung der Machtausübung durch adelige Geburt bzw. durch die Ableitung von »Gottes Gnaden« anstelle einer demokratischen Legitimation durch das
Volk bzw. durch seine gewählten Repräsentanten. Dass der Sohn
des Königs, des Fürsten, des Grafen das Recht der Herrschaft (mit allen politischen, sozialen, ökonomischen Vorteilen) mit dem Tod des
Vaters übernimmt, galt in aufgeklärten Rechtsauffassungen nicht
mehr als tragbar.

Im Bereich der staatlichen Machtausübung ist in demokratischen
Gesellschaften – selbst bei Fortbestehen einer konstitutionellen
Monarchie – eine Vererbung von Machtpositionen undenkbar. Da-
gegen wird im sozioökonomischen Bereich Macht und Vermögen

wie selbstverständlich vererbt – allen Versprechungen auf Chancengleichheit zum Trotz. Eine Übertragung von Privilegien, die nicht auf Leistung beruhen, ist so gesehen Bestandteil eines feudalen Denkens, einer feudalen Gesellschaftsordnung. Durch Geburt gehört die privilegierte Klasse heute nicht mehr zum »Blutadel«, sondern zum »Geldadel«. Man kann das Erbschaftsrecht auch als Sicherung der Klassenstruktur der Gesellschaft interpretieren. Wer große Vermögen – und damit auch gesellschaftliche Macht – angehäuft oder ererbt hat, darf sie ebenso an seine Nachkommen weitergeben wie der Graf, Baron oder Herzog seine Macht und seinen Besitz in der feudalen Gesellschaft.

Rahel Wieso werden die subventioniert und wieso spricht der Dienstwagen für große Autos?

Deniz Für den privaten Gebrauch von Dienstwagen zahlt man nur wenig Steuern. Wenn man den Wagen vom Lohn kaufen würde, würden eben die deutlich höhere Lohnsteuer sowie Sozialversicherungsbeiträge fällig. Mit dem Dienstwagen haben der Manager und das Unternehmen »gespart« – auf Kosten der Allgemeinheit und der Umwelt natürlich. Und wenn man schon so günstig an das Auto kommt, dann kauft man natürlich ein großes. Abgesehen davon, dass die Unternehmen dicke Kisten als Statussymbol begreifen – man kann doch den Vorstandschef nicht mit einem Renault Kastenwagen losschicken – wie sieht das denn aus?

Max Nun sind wir wieder – jedenfalls auch – bei der Umwelt. Jemand meinte eben, es gehe um die Freiheit der Eigentümer und Unternehmer. Die These lässt sich hoffentlich nicht nur mit dem Tempolimit begründen.

Rahel Natürlich nicht. Die liberale Freiheit ist die Freiheit von Steuern, Freiheit von Umweltgesetzen, Freiheit vor Betriebsräten, Freiheit von allem, was für Linke wichtig ist.

Nina Das ist die negative Freiheit, die Freiheit, in Ruhe gelassen zu werden, aber eben auch die egoistische Freiheit, die Freiheit der Starken ohne Rücksicht auf die Schwachen oder eben: Freiheit im Kapitalismus.

Deniz Kann man dann nicht auch solidarische Freiheit von egoistischer Freiheit unterscheiden?

Max Im Prinzip ja, aber die liberalen Aufklärer haben die Freiheit keineswegs als egoistische Freiheit gedacht. Sie sollte dort aufhören,
wo sie anderen schadet oder Rechte anderer verletzt werden. Das
heißt, die individuelle Freiheit geht nach der Theorie der liberalen
Aufklärer nicht zulasten anderer. Es ist die Freiheit des Individuums,
nicht des Egoisten, der eben keine Rücksicht mehr auf andere nimmt.
Deniz Schöne Theorie! Im Kapitalismus wird die individuelle Freiheit
automatisch zur egoistischen Freiheit und die FDP schreibt sich diese
auch noch auf die Fahnen.
Max Wieso automatisch?
Deniz Weil das Konkurrenzprinzip alle sozialen Bindungen zerstört,
jede Rücksichtnahme als Schwäche auslegt und die Solidarischen
zu den Dummen erklärt.
Max Man wird schon als Kind auf Konkurrenz getrimmt – the winner
takes it all. Soziales Verhalten wird den Menschen abgewöhnt. Sie-
ger ist der Egoist, derjenige, der rücksichtslos seine Interessen durchsetzt.
Nina Aber die Gesetze enthalten explizite und implizite Rücksichtnah-
megebote – oder?
Rahel Klar, es ist nur zu befürchten, dass eine Demokratie es nicht
durchhalten kann, wenn sich Menschen nur deshalb sozial verhalten,
d. h. ihren rücksichtslosen Egoismus zügeln, weil die Gesetze es ver-
langen. Gesetze sind darauf angewiesen, dass die Gebote und Ver-
bote auch eingehalten werden, wenn nicht die Staatsmacht dahinter
steht und mit Strafen droht. Sonst landet man schnell in einer Diktatur.

Scheinbare Freiheit

Max Und auf der anderen Seite sind bei dieser liberalen Freiheit viele
Menschen keineswegs frei. Vor den Toren der Fabrik hört die Freiheit
auf. Da fällt mir ein Zitat von Engels ein:»Der Herr des Leibeignen war
ein Barbar, er betrachtete seinen Knecht wie ein Stück Vieh; der Herr
des Arbeiters ist zivilisiert, er betrachtet diesen wie eine Maschine.«[5]
Deniz Und die Maschine ist bekanntlich unfrei.
Max Nun passen das Maschinenbild und die Fabrik nicht mehr so gut
in die heutige Zeit der Dienstleistungsarbeiter. Aber das Arbeitsrecht
hat einen schönen Ausdruck für dieses Verhältnis, nämlich:»Direkti-
onsrecht des Arbeitgebers«. Will sagen, der Unternehmer kann seinen Beschäftigten Weisungen erteilen, was und wie zu arbeiten ist.

---

[5] Engels, Friedrich: Die Lage der arbeitenden Klasse in England, MEW Bd. 2, S. 405.

Da herrschen keine Gleichheit und auch keine Freiheit, sondern Hierarchie.

Nina Aber die Freiheit und Gleichheit endet in der bürgerlichen Gesellschaft, nicht nur vor dem Fabriktor. Die Menschen werden doch ständig zu irgendetwas gezwungen.

Rahel Was meinst du?

Deniz Ist doch klar: Man muss zur Schule gehen, kann sich seine Arbeit nur selten wirklich aussuchen. Das Gleiche gilt für die Wohnung, man muss nehmen, was es gibt. Nur die Reichen sind wirklich frei, man kann auch sagen: Die bürgerliche Freiheit ist die Freiheit der Reichen.

Max Wie heißt es bei Bobby McGee, also dem Lied, so schön: »Freedom is just another word for nothing left to loose.« Sind Arme also auch frei?

Nina Obdachlose scheinen auf den ersten Blick frei von allen Zwängen zu sein. Am Ende sind sie aber eher vogelfrei.

Deniz Vogelfrei bedeutet aber nicht frei wie ein Vogel. Es kommt aus der frühen Neuzeit und meint: ohne Rechte und ohne Schutz, d. h. schutzloser als z. B. das Wild im Wald. Da achteten die Fürsten schon drauf, dass niemand ihre Hirsche und Wildschweine schießt. Vogelfreie konnte man dagegen ohne Strafe töten.

Max Das gilt für Obdachlose aber wohl nicht, oder?

Nina Na ja, viel Schutz erhalten sie von der staatlichen Gewalt jedenfalls nicht. Das gilt für Diebstahl und Gewalt untereinander, aber auch bei Gewalt durch … Meistens sind es wohl Rechte, die sich an Obdachlosen austoben.

Max Aber wenn ein Obdachloser getötet wird, arbeitet die Justiz schon.

Nina Trotzdem: Schaut euch mal an, wie oft es entsprechende Nachrichten über Mordtaten an Obdachlosen gibt. Da wird einem übel. Schutz wäre vorher nötig, nicht erst, wenn es zu spät ist.

Max Sie sind also unfrei, weil sie nicht geschützt werden?

Nina Das ist doch ein gutes Beispiel dafür, dass negative Freiheit vor allem den Starken nützt. Die Schwachen brauchen positive Freiheit in der Gemeinschaft oder eben den Schutz der Gesellschaft.

Max »Frei wie ein Vogel« war das Stichwort. Das meint ihr, sei keine Beschreibung für die Freiheit in der bürgerlichen Gesellschaft?

Deniz Sag doch Kapitalismus!

Max Okay – gemeint ist das Gleiche. Und nein, im Kapitalismus ist niemand frei, weil die meisten ihre Arbeitskraft verkaufen müssen. Und die Bedingungen, unter denen dies geschieht, kann man sich in den seltensten Fällen wirklich aussuchen.

Deniz Ein Sockel an Arbeitslosigkeit liegt durchaus im Interesse des Kapitals. Die können sich dann aussuchen, wen sie einstellen.

Rahel Das klingt jetzt aber nach Verschwörungstheorie.

Max Nein, nein, das sind die realen Fakten. Ihr erinnert euch sicher nicht. Helmut Schmidt, damals Bundeskanzler, hat mit der Bundesbank genau darum gestritten. Da hat er den berühmten Satz gesagt: »Lieber fünf Prozent Inflation als fünf Prozent Arbeitslosigkeit.« Die Bundesbank hat vorrangig die Inflation bekämpft, Schmidt war dagegen und wollte die Arbeitslosigkeit senken. Die Bundesbank hat gewissermaßen gegen die Regierung bewusst eine Politik betrieben, um die Arbeitslosigkeit zu steigern. Der Sockel, der damals – in den 1970ern – entstanden war, ist bis heute geblieben.

Deniz Was hat das mit Freiheit zu tun?

Max Arbeitslosigkeit wurde bewusst herbeigeführt, um die Freiheit der arbeitenden Menschen zu beschränken. Bei hoher Arbeitslosigkeit kann man sich den Job nicht aussuchen, Lohnkämpfe werden schwieriger usw.

Nina Der rote Großvater erzählt.

Deniz Zurück zur Freiheit: Es gibt also wenig Freiheit in der Arbeit. Das ist unser Ergebnis.

Rahel Übrigens anders als die Juristen mit ihrer Vertragsfreiheit immer behaupten.

Nina Immerhin gibt es die Freiheit der Konsumenten und Konsumentinnen.

Max Schlechter Einwand. Die Konsumentin kann sich zwar entscheiden, etwas zu kaufen oder nicht, aber längst nicht, was sie kaufen kann.

Nina Wieso das nicht? Ich verzweifle jedes Mal, wenn ich vor einem ganzen Regal mit Zahnpasta stehe und eine wählen soll. Bin ich da nicht ungeheuer frei?

Rahel So geht es mir auch. Aber das ist eine Scheinfreiheit. In Wahrheit braucht man viele Informationen und eine entsprechende Bildung, um die Informationen verarbeiten zu können. Erst dann kann man sich im Überangebot zurechtfinden.

Max Und oft ist es eine Freiheit unter dem Diktat der Mode. Versuch mal, eine Röhrenjeans zu bekommen, wenn gerade Schlaghosen angesagt sind oder umgekehrt. Und das betrifft nicht etwa nur die Kleidung.

Nina Soll das heißen, die schöne, bunte Warenwelt müsse noch bunter werden?

Max Nein, das nicht. Es soll heißen: Freiheit lässt sich nicht über den Konsum bestimmen, nicht über die Warenwelt. Aber Werbung und Mode schaffen in Wahrheit Unfreiheit – man muss sich den Vorgaben anpassen, um dazuzugehören.

Deniz Ehrlich gesagt: Mode ist nicht wirklich das Problem von Links-Sein.

Max Im Gegenteil: Diese Form der Konsumfreiheit, die bunte Warenwelt, ist doch Freiheitsersatz. Konsumismus als Ersatz für Glück oder als Ventil für Frustration im alltäglichen Leben.

Rahel Predigst du jetzt Askese?

Max Nein, das nicht, aber wirkliche Freiheit statt Frustrationsabbau durch Konsum. Konsum schafft nur vorübergehende und scheinbare Glücksmomente.

Deniz Das sagen auch nur Menschen, die genug haben.

Rahel Aber für die anderen, die weniger Begüterten, wird der Konsumzwang, sich den Trends anpassen zu müssen, doch erst recht zum Problem, zum Problem für den Geldbeutel und für die Freiheit.

Nina Und was schafft die Frustrationen?

Max Darüber sprachen wir schon: vor allem die Unfreiheit in der Arbeit.

Freiheit und Notwendigkeit

Deniz Aber ist die Unfreiheit in der Arbeit ein Problem des Kapitalismus? War der Mensch in seiner Arbeit nicht schon immer unfrei? Um genug Essen herbeizuschaffen, muss man eben – jedenfalls nach der Vertreibung aus dem Paradies – arbeiten. Das macht nicht immer Spaß oder man musste die Büffel jagen, wenn sie da waren, muss das Korn am besten im Frühjahr säen und nicht im Sommer – wenn ich mich nicht irre. Anders gesagt: Um zu überleben muss man Zwängen der Natur folgen.

Nina Hat doch Hegel schon gesagt: Freiheit ist die Einsicht in die Notwendigkeit.

Rahel So hat er es nicht gesagt, aber dem Sinn nach – nämlich in der Vorrede zur Rechtsphilosophie.

Max Was hat er denn gesagt?

Rahel Die Einsicht in die Notwendigkeit könne den Verfall der Philosophie aufhalten und der Verfall liege im willkürlichen Spekulieren aufgrund zufälliger Wahrnehmungen.[6]

---

[6] »Die Einsicht in die Notwendigkeit einer solchen Verschiedenheit kann es allein sein, was die Philosophie aus dem schmählichen Verfall, in welchen sie in unseren Zei-

Max Oh weh, was sollen wir damit anfangen?

Nina Engels hat es auf die kurze Formel gebracht: »Freiheit ist die Einsicht in die Notwendigkeit.« Er meinte damit: Freiheit sei nicht Unabhängigkeit von Naturgesetzen – die kann es logischerweise nicht geben –, sondern die Erkenntnis und planmäßige Nutzung der Naturgesetze.[7]

Rahel Und haben wir keine planmäßige Nutzung der Naturgesetze? Manchmal hat man den Eindruck, sie werden zu planmäßig genutzt, etwa wenn über climate-engineering nachgedacht wird.

Max Was ist das nun wieder?

Rahel Versuche, den Klimawandel künstlich aufzuhalten bzw. abzumildern, indem man es z.b. in Trockenperioden durch Beschießen der Wolken regnen lässt. Oder man schießt Teilchen in die Stratosphäre, um künstliche Schatten zu erzeugen, also die Sonneneinstrahlung zu reduzieren.

Max Kurz: Die Menschen spielen Gott?

Rahel Besser muss man wohl sagen, dass man die Technik eigentlich nicht beherrscht. Die Risiken und Folgewirkungen solcher Techniken sind weitgehend unbekannt. Es ist eben keine Einsicht, sondern Herrschaft über die Natur – der Mensch macht mit ihr, was er will.

Nina Trotzdem scheint das doch eine planmäßige Nutzung zu sein, oder?

Rahel Ja aber doch nur, nachdem man sich vorher ökonomischen Gesetzen unterworfen hat. Es ist eigentlich genau das Gegenteil von dem, was Engels meinte. Man versucht, die Naturgesetze zu ändern, weil man gegen die selbst produzierten menschlichen Gesetzmäßigkeiten nicht mehr ankommt.

Deniz Welche menschlichen Gesetzmäßigkeiten sind das denn?

Rahel Ist doch klar: Die Gesetze der Ökonomie. Die kapitalistische Ökonomie braucht Wachstum; das zerstört die Umwelt und anstatt das Wachstum zu stoppen oder zu steuern, will man die Umwelt umgestalten – marktkonform eben.

---

ten versunken ist, herauszureißen vermögen wird. Man hat wohl die Unzulänglichkeit der Formen und Regeln der vormaligen Logik, des Definierens, Einteilens und Schließens, welche die Regeln der Verstandeserkenntnis enthalten, für die spekulative Wissenschaft erkannt, oder mehr nur gefühlt als erkannt, und dann diese Regeln nur als Fesseln weggeworfen, um aus dem Herzen, der Phantasie, der zufälligen Anschauung willkürlich zu sprechen.« (Hegel, Grundlinien der Philosophie des Rechts, Vorrede).

[7] Engels, Friedrich: Herrn Eugen Dührings Umwälzung der Wissenschaft. MEW Bd. 20, S. 106.

Max Jetzt driften wir wieder zur Umwelt ab, liegt ja auch nahe. Das besprechen wir später. Aber was heißt das für die Freiheit?

Nina Offenbar ist der Mensch ein Sklave seiner eigenen Wirtschaft. Er kann sich deren Gesetzen nicht entziehen. Die Wirtschaft muss im Kapitalismus wachsen – das ist das oberste Prinzip.

Rahel Man kann auch sagen: Gesetzmäßigkeit oder struktureller Zwang, der die individuelle Freiheit und die gesellschaftliche Freiheit einschränkt.

Max Man spricht auch vom Primat der Ökonomie. Dem muss sich alles unterordnen.

Nina Wie äußert sich das, werdet mal konkret!

Max Im Konkurrenzkampf, der sowohl zwischen den Lohnabhängigen besteht wie zwischen den Unternehmern.

Rahel Aber man kann doch einfach nicht mitmachen – gleichsam aussteigen aus der Konkurrenz.

Deniz Wenn der Unternehmer aussteigt, riskiert er, Pleite zu gehen. Die Konkurrenz zwingt ihn, zu rationalisieren, um billiger oder besser zu produzieren. Wenn er das verpasst, aber seine Konkurrenten rationalisieren, ist er weg vom Fenster. Das würde ich als Zwang der Konkurrenz bezeichnen.

Max Dann ist der Unternehmer auch nicht frei?

Deniz Genau. Marx sprach von der Charaktermaske des Kapitalisten.[8] Auch der Unternehmer muss funktionieren, muss seine Rolle in der Ökonomie spielen.

Max Marx sprach auch von den Zwangsgesetzen der Ökonomie, welche die Konkurrenz auch dem Kapitalisten aufnötigt.

Rahel Und wieso kann der Arbeiter oder die Arbeiterin nicht aussteigen?

Morgens Fischer, abends Philosoph

Nina Dumme Frage. Weil sie in der Regel von ihrer Arbeit leben, wenn sie keine mehr haben, wird es eben schwierig, sich zu ernähren.

Rahel Aber es gibt doch Aussteiger – sogar so eine Sendung im Trash-TV.

---

[8] »Die ökonomische Charaktermaske des Kapitalisten hängt nur dadurch an einem Menschen fest, dass sein Geld fortwährend als Kapital funktioniert.« (Marx, Karl, Das Kapital Bd. 1, MEW Bd. 23, S. 591).

Deniz Du meinst »Die Auswanderer«?

Rahel Stimmt, aber Aussteiger gibt es halt auch – gerade unter den Auswanderern.

Nina Aussteigen heißt dann aber meist nicht, dass sie nicht arbeiten, nur möglicherweise anders als in der Fabrik: So als Töpfer, Künstler oder Pferdeflüsterer. Aber erstens ist das auch Arbeit, die allerdings zumeist freier ist, und zweitens geht das nur in Nischen der kapitalistischen Produktion. Es geht nur, weil andere die große, weite Warenwelt produzieren.

Rahel Aber könnte man aus der Arbeit in einer anderen Gesellschaft aussteigen? Auch wenn man den Zwang der Konkurrenz beseitigt, müssen Menschen doch arbeiten, oder?

Deniz Aber möglicherweise anders und weniger. Und beides ist mit einem Gewinn an Freiheit verbunden. Arbeitszeit müsste man drastisch reduzieren.

Max Die Gewerkschaften sollten für die 30-Stunden-Woche kämpfen?

Deniz Genau das!

Rahel Außerdem gibt es doch das schöne Bild von Marx und Engels. In einer kommunistischen Gesellschaft kann ich heute dies, morgen jenes tun: Ich kann morgens jagen, nachmittags fischen, abends Viehzucht treiben und nach dem Essen kritisieren, wie ich gerade Lust habe, ohne je Jäger, Fischer, Hirt oder Kritiker zu werden.[9]

Nina Wer ist denn heute noch Fischer, Jäger oder Hirte?

Rahel Das ist ja nur ein Bild, das man auf die Gegenwart übertragen muss. Abstrakt gesagt geht es doch darum, die strenge Arbeitsteilung zu überwinden und verschiedene Talente auszuleben.

Deniz Aber geht das in einer komplizierten Welt, wo es viele Spezialisten braucht?

Nina Braucht man denn so viele Spezialisten? Und können Spezialisten nicht oft trotzdem sehr unterschiedliche Dinge? Also montags Com-

---

[9] »Soweit nämlich die Arbeit verteilt zu werden anfängt, hat jeder einen bestimmten ausschließlichen Kreis der Tätigkeiten, der ihm aufgedrängt wird, aus dem er nicht heraus kann: er ist Jäger, Fischer oder Hirt oder kritischer Kritiker und muss es bleiben, wenn er nicht die Mittel zum Leben verlieren will – während in der kommunistischen Gesellschaft, wo jeder nicht einen ausschließlichen Kreis der Tätigkeiten hat, sondern sich in jedem beliebigen Zweige ausbilden kann, die Gesellschaft die allgemeine Produktion regelt und mir eben dadurch möglich macht, heute dies, morgen jenes zu tun, morgens zu jagen, nachmittags zu fischen, abends Viehzucht zu treiben und nach dem Essen zu kritisieren, wie ich gerade Lust habe, ohne je Jäger, Fischer, Hirt oder Kritiker zu werden.« (Marx/Engels, Die deutsche Ideologie, MEW 3, S. 33 = MEaW I; S. 225.).

puter programmieren und dienstags als Schauspieler arbeiten. Das schließt sich doch nicht aus. Und das wäre sicher ein Freiheitsgewinn.

Rahel Viele Menschen haben ja keineswegs nur ein Talent. Sie können Steuererklärungen bearbeiten und Musik machen oder als Richter arbeiten und Gedichte schreiben.

Max Aber das würde sicher zu einer Reduzierung des Wohlstandes führen, weil die Spezialisten weniger als Spezialisten, sondern eben in anderen Berufen arbeiten würden.

Nina Das ist ja die Frage. Einerseits kommt es natürlich auf die Verteilung des Wohlstandes an. Wenn sich oben nicht so viel Reichtum anhäuft, muss sich unten möglicherweise gar nicht so viel ändern.

Deniz Genau: Bei einer gerechten Verteilung des Wohlstandes müssten die oben Reichtum abgeben, den sie eh nie im Leben aufbrauchen könnten, und die unten könnten weniger oder anders arbeiten.

Max Über die ungleiche Verteilung des Reichtums haben wir ja schon bei der Diskussion der Gleichheit gesprochen.

Nina Geht noch weiter: Man muss den Wohlstand nicht zwingend in Konsumgütern messen, sondern in den Möglichkeiten, sich zu entfalten, also den Möglichkeiten, seinen Lebensentwurf zu verwirklichen.

Deniz Das haben wir ja schon bei der Gleichheit diskutiert. Was können wir also festhalten?

Max Im Kapitalismus gibt es Zwänge der Ökonomie, man könnte auch sagen strukturelle Zwänge. Eine vernünftigere Organisation der Gesellschaft könnte mehr Freiheit ermöglichen.

Rahel Aber wie soll diese vernünftige Organisation denn wohl aussehen?

Armut und Reichtum

Armut

In der Diskussion wird immer wieder darauf verwiesen, dass es denen, die man bei uns »arm« nennt, doch viel besser gehe als den Menschen in Burkina Faso oder in Afghanistan. Ja, wenn wir diesen Maßstab anwenden, können wir das Schreiben und sie das Weiterlesen beenden. Natürlich ist Armut relativ. In der EU wurde festgelegt, dass als arm gelten muss, wer über weniger als 60% des Durchschnitts seines Landes als Einkommen verdient. Im Jahr 2020 waren das 1.126 €. Im Durchschnitt sind in Deutschland ca. 20% der Menschen arm. Aber Armut ist ungleich verteilt. Bestimmte Gruppen haben ein besonders großes Armutsrisiko, sie liegen also über dem Durchschnitt von 20%.

- Die Erwerbslosen liegen mit etwa 57% an der Spitze, und dies unter Einrechnung der ALG-II-Leistungen.
- Es folgen die Menschen ohne Schulabschluss mit 46,7%,
- die Alleinerziehenden mit Kind(ern) mit 42,7%,
- Menschen ohne deutsche Staatsangehörigkeit mit 35,7%,
- 18 bis 25-Jährige in Ostdeutschland mit 34%,
- Erwachsene mit 3 oder mehr Kindern mit 30%,
- Kinder unter 18 mit 20%.
- Alte Menschen über 65 mit 15,7%, alte Frauen 18,2% – steigende Tendenz!
- Zum Vergleich: Menschen mit hohem Bildungsgrad 6,2%.
- Menschen mit Migrationshintergrund haben ein mehr als doppelt so hohes Armutsrisiko (27,8%) im Vergleich zu »Bio-Deutschen« 11,7%.[1]

Wenn man die Armutsentwicklung auf der Zeitachse analysiert, stellt man fest, dass sich seit 1973 bis 1998 das Armutsrisiko[2] der westdeutschen Bevölkerung von etwa 5% auf etwa 20% vervierfachte. Dies war weitgehend die Folge ökonomischer Entwicklungen: Ölkrise, »Aufstieg« des Neoliberalismus, Schwächung der Gewerkschaften.

---

[1] Zahlenmaterial von 2019. Die Zahlen sind so zu verstehen, dass die Höhe der Prozentzahl angibt, wie stark die genannte Gruppe betroffen ist. Der Bevölkerungsdurchschnitt liegt bei 20%.

[2] Armutsrisiko bedeutet das Unterschreiten der Armutsgrenze, für alleinstehende Personen derzeit 1.216 €.

In der Zeit danach nahm die Armut weiter zu, diese Zunahme war sehr stark auch durch politische Entscheidungen bedingt: Schröders Agenda 2010, die Hartz-Gesetze, die bis heute fortwirken.

Der Arbeitsmarkt wurde »reformiert«. Hat bis dahin das Normalarbeitsverhältnis (unbefristet, sozialversichert, Vollzeitbeschäftigung) für eine gewisse soziale Sicherheit gesorgt, gab es nun zunehmende Unsicherheiten und Armutsrisiken. Leiharbeit, Minijobs,[3] Scheinselbstständigkeit,[4] Arbeit auf Werkvertrags- oder Honorarbasis, Outsourcing von Tätigkeiten,[5] unbezahlte Praktikantentätigkeit und Zeitarbeit, sie wird von sogenannten Leiharbeitsfirmen organisiert, wobei der Leiharbeiter bei gleicher Tätigkeit schlechter bezahlt als Angestellter im Normalarbeitsverhältnis wird. Es war nicht der technologische Fortschritt, der diese Änderungen bewirkte, es waren das ökonomische Interesse der Firmen gepaart mit den politischen Entscheidungen, »Arbeitsmarktreformen«, angestiftet durch die Lobby der Unternehmen.

Die Betroffenen übernehmen oft die Ursachenzuschreibung aus der Gesellschaft. Sie kommen sich als Verlierer vor, als Versager. Sie schämen sich. Das ist kein Wunder, gibt es doch in den vorherrschenden Medien genug »victim blaming«, die Beschämung und Demütigung der Opfer. Das Selbstbewusstsein, das Selbstwertgefühl tendieren ins Negative.

Reichtum

Wann ist man reich? Wenn man mehr hat, als man braucht? Es gibt keine feste Grenze, zumal auch noch die weiteren Begriffe wie »wohlhabend« und »superreich« zusätzliche Abgrenzungen erfordern könnten.

---

[3] Zeitlich begrenzte Jobs bis zu einem Monatseinkommen von 520 €; man spricht auch von Geringfügig Beschäftigten (ohne Alters- und Krankenversicherung).

[4] Beispiel: Ein bisher normal angestellter Lkw-Fahrer wird entlassen und als »Selbstständiger« mit Speditionsaufträgen versehen. Er wird nur für die beauftragten Fahrten bezahlt. Wenig Aufträge, wenig Einkommen.

[5] Hat z.B. eine Firma mit internationalen Kontakten früher Übersetzer/Übersetzerinnen beschäftigt, wurden diese nun entlassen und sogenannte selbstständige Übersetzer bekamen pro Übersetzung eine Bezahlung auf Honorarbasis oder Werkvertragsbasis. Die Tätigkeit des Übersetzers wurde nun unsicher, weil sich die beauftragende Firma immer den günstigsten Übersetzer aussuchen konnte.

Der Spitzensteuersatz von 42% wird ab einem Einkommen 58.600 Euro im Jahr für Singles fällig, bei Ehepaaren ist die Einkommensgrenze doppelt so hoch. Bis 1999, also unter der schwarz-gelben Kohl-Regierung gab es einen Spitzensteuersatz von 53%. Die rot-grüne Regierung unter Gerhard Schröder hat den Spitzensteuersatz dann auf 42% gesenkt. Diese niedrige Zahl geriet als sozial ungerecht in die Kritik. So wurde zusätzlich zum Spitzensteuersatz im Jahre 2007 eine Reichensteuer eingeführt. Ab einem Einkommen von 279.000 Euro wird seitdem eine Reichensteuer von 45% fällig. Gemeint ist damit immer, dass jeder Euro, der mehr verdient wird, zu 42 bzw. 45% versteuert werden muss. Die Reichensteuer ist – man ahnt es – weitgehend Makulatur, sie trifft nur wenige und bewirkt nicht viel. Den Spitzensteuersatz zahlten 2020 ca. 4,4 Millionen Menschen, die meisten kamen aber nur knapp über die entsprechende Einkommensgrenze. Die Reichensteuer mussten dagegen nur sehr wenige Menschen zahlen. Im Jahr 2009 waren es nur rund 57.942 Personen, also 0,22% der Steuerpflichtigen. Diese Anzahl stieg bis 2017 auf ca. 156.000 Steuerpflichtige an, bis 2018 auf ca. 163.000. Mindestens ebenso interessant wie die Ungleichheit beim Einkommen ist die Ungleichheit der Vermögen.

Für Deutschland kam die Hans-Böckler-Stiftung des DGB zu folgender Reichtumsverteilung im Jahre 2016:

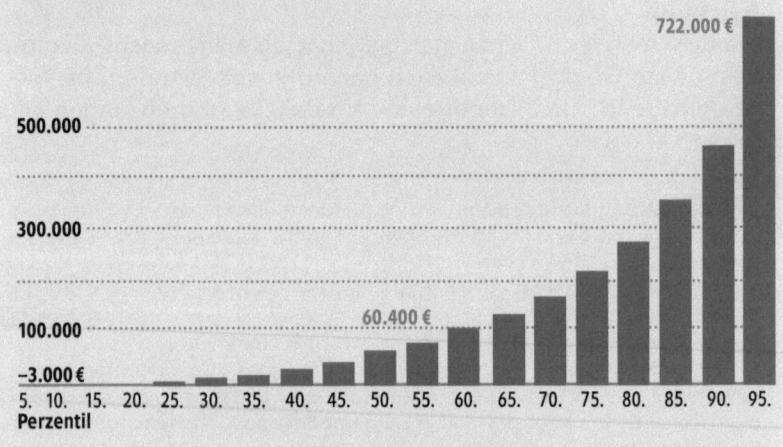

Quelle: WSI-Verteilungsmonitor 2016 der Hans-Böckler-Stiftung

Das heißt: Die reichsten 10% besitzen 60% des Gesamtvermögens in Deutschland. Im Weltmaßstab sind die Differenzen noch größer. Oxfam kommt zu dem Ergebnis: Das reichste Prozent besitzt weiterhin mehr Vermögen als der gesamte Rest der Weltbevölkerung.

Innerhalb der Gruppe der Reichen lässt sich differenzieren. Da gibt es die Superreichen, die zum Klub der Milliardäre gehören und die, was Macht und Einfluss betrifft, in einer anderen Klasse spielen als die Millionäre. Die Klasse der Superreichen wurde auch in der Finanzmarktkrise (2008) oder Corona-Krise (2020) reicher. Während sich das Vermögen der zehn reichsten Milliardäre zwischen März 2020 und November 2021 verdoppelt hat, lebten mehr als 160 Millionen Menschen zusätzlich in Armut. Der Großinvestor und Aktienspekulant Warren Buffett hat es in der Corona-Krise geschafft, die 100-Milliarden-Grenze zu überschreiten.

Damit man eine bildliche Vorstellung gewinnen kann, wie sich die Unterschiede auswirken: In den USA wird eine Luxuslimousine produziert, ein E-Auto namens Lucid Air. Der Preis beginnt bei 100.000 € und endet bei 150.000 €. Die beiden Motoren bringen es auf 1.111 PS und in 2,5 Sekunden von 0 auf 100 km/h. Höchstgeschwindigkeit 260 km/h. Der Beitrag zur Verkehrswende? Da lag in St. Tropez eine Megayacht, 53 Meter lang, Kosten: 40 Millionen US-$. Allein die glänzende weiße Lackierung kostete 5 Millionen. Eine 12-köpfige Crew (muss auch bezahlt werden!) ist an Bord. Der Kahn frisst oder trinkt 500 Liter Diesel pro Stunde. Die Versicherung kostet jährlich 1,5 Millionen $, der Liegeplatz in St. Tropez 11.000 € am Tag.

In Deutschland gab es wegen der großen Vermögensunterschiede seit den 1950er-Jahren bis 1997 eine Vermögensteuer. Das hieß, dass Eigentümer großer Vermögen für dieses Vermögen eine Steuer zahlen mussten. Die Substanz wurde besteuert, nicht der Gewinn. Das Bundesverfassungsgericht erklärt das Steuergesetz für verfassungswidrig, nicht weil die Vermögensteuer verfassungswidrig sei, sondern weil sie falsch berechnet wurde. Immobilienbesitz wurde – so das Gericht – im Vergleich zu niedrig besteuert. Statt nun das Gesetz zu reformieren, wurde die Steuer seitdem ausgesetzt und keine Bundesregierung konnte sich bisher durchringen, das Gesetz neu zu beschließen. Das wäre aber sinnvoll, um der ungleichen Vermögensverteilung entgegenzuwirken.

Solidarität macht stark

Max Diese Frage sollten wir auch noch mal verschieben auf die Diskussion zur Demokratie. Zunächst noch mal zum Grundsätzlichen, zur Bedeutung von Links-Sein. Linke wollen also die Bewahrung der negativen Freiheit und die Erweiterung zur positiven Freiheit?

Nina Ganz so wie man in der Dialektik das Aufheben begreift, nämlich als Bewahren, Zerstören und auf eine höhere Stufe heben.

Rahel Wieso kommt nun das Zerstören dazu, wenn wir bisher nur über das Bewahren gesprochen haben?

Nina Weil negative Freiheit und positive Freiheit sich zum Teil widersprechen.

Rahel Wieso denn? Das musst du erklären.

Nina Um möglichst Vielen möglichst viele Möglichkeiten zu schaffen, muss man in bestimmten Fällen die negative Freiheit der Starken einschränken zugunsten der Freiheit der Schwächeren.

Max Also zum Beispiel das Eigentumsrecht wird durch höhere Steuern eingeschränkt, um für die weniger Begüterten öffentliche Verkehrsmittel bereitzustellen und vieles andere. Deshalb gehen Konservative oder Neoliberale auch davon aus, dass sich Freiheit und Gleichheit ausschließen. Die Freiheit werde zugunsten der Gleichheit eingeschränkt oder das Eigentum zugunsten des Sozialstaates.

Rahel Und Rechte setzen sich dann für die Freiheit der Starken oder Reichen und gegen die Gleichheit und Freiheit der Armen oder Schwächeren ein?

Nina Genau so! Gegen höhere Steuern und für den schlanken Staat – jedenfalls in der Rhetorik. Der Staat darf nie so schwach werden, dass er das Eigentum nicht mehr effektiv schützen kann.

Max Auf der Linken meint man dagegen, dass die Gleichheit Voraussetzung der Freiheit ist, weil Freiheit nicht das Privileg einiger weniger sein darf. Freiheit ist für Linke ohne Solidarität nicht zu denken.

Deniz Wenn ich das richtig verstehe, schließt positive Freiheit die Solidarität mit ein. Weil Freiheit für alle oder möglichst viele die Solidarität der Starken oder Reichen erfordert, die zum Teil auf ihre negative Freiheit verzichten.

Nina Es ist eben eine Freiheit der Gleichen oder eine gleiche Freiheit.

Max Man könnte positive Freiheit auch als solidarische Freiheit und negative Freiheit als individualistische, wenn nicht egoistische Freiheit bezeichnen.

Offene Grenzen

Ist Unbeschränkte Zuwanderung Freiheit?

Max Aber was heißt das praktisch? Nehmen wir doch mal die Migration. Zielt es auf positive oder negative Freiheit ab, alle Grenzen zu öffnen oder besser, dies zu fordern?

Rahel Heikles Thema. Da gibt es bekanntlich keine Einigkeit in der Linken.

Deniz Deshalb darf oder muss man die Frage sogar stellen. Ich würde sagen, dass offene Grenzen auf positive Freiheit abzielen, nämlich auf die Freiheit möglichst Vieler, ihren Wohnort oder Aufenthaltsort selbst zu bestimmen.

Rahel Das sehe ich anders. Die freie Wahl des Wohnortes ist doch ein Privileg von Menschen, die sich die Reise auch leisten können. Sie verwirklichen ihre Freiheit auf ein besseres Leben und lassen andere, denen es schlechter geht, zurück.

Deniz Du meinst also, die Auswanderer z. B. aus Irland, aber auch aus Deutschland, die vor der Armut flüchteten und im 19. Jahrhundert in die USA zogen, waren die Reicheren? Ist doch ein Widerspruch in sich. Nur weil jemand die Schiffsreise zahlen konnte, war er doch nicht schon reich.

Rahel Wir reden aber nicht abstrakt, sondern von heute und da scheint es so, dass diejenigen, die sich Migration leisten können, nicht zu den Ärmsten ihres Landes zählen – natürlich immer nur im Durchschnitt. Eine Studie eines Instituts der Bundesagentur für Arbeit hat ergeben, dass eine Flucht nach Deutschland im Durchschnitt 7.000 Euro kostet. Geht natürlich auch billiger, aber eben auch teurer. Das sind doch nicht die Ärmsten, die sich da auf den Weg machen. Und die Solidarität müsste doch eher den Ärmsten gelten.

Nina Da landet man bei der Bekämpfung von Fluchtursachen. Da sind sich alle einig und nichts passiert.

Max Die Beseitigung von Fluchtursachen wäre doch sicher als Schaffung von positiver Freiheit zu verstehen, oder?

Deniz Ja klar, es könnte für Menschen im globalen Süden oder den wenig entwickelten Ländern Möglichkeiten geschaffen werden. Dabei geht es zunächst oft um das nackte Überleben, nicht mal um positive Freiheit, also um möglichst viele Möglichkeiten. Da müsste viel geschehen und es geschieht zu wenig.

Nina Ganz im Gegenteil, die Situation wird schlimmer. Afrika ist inzwischen völlig abgehängt. Da passiert wenig. Die Boom-Staaten der Nuller- und Zehnerjahre aus Südamerika, Brasilien, Argentinien und Chile sind längst nicht mehr auf der klaren Gewinnerstraße. Eine weitere Insolvenz von Argentinien wurde im März 2022 gerade noch mal verhindert – durch Umschuldung.

Rahel In China ist zwar der Hunger beseitigt, aber die sozialen Spannungen sind größer geworden. Außerdem: Das Wachstum wird auch in China langsamer und das Bildungsniveau hält anscheinend nicht mit der wirtschaftlichen Entwicklung mit. Der »Westen« ist längst von der Kooperation weg und auf dem Konkurrenztrip.

Deniz Auf der einen Seite wurde das angestrebte Ziel bei der Entwicklungshilfe von 1% des BIP auf 0,7% runter definiert. Und auch die 0,7% werden nur manchmal erreicht. Auf der anderen Seite gibt es Druck, die Ausgaben für Rüstung auf 2% des BIP zu steigern. So lassen sich Fluchtursachen nicht bekämpfen.

Nina Und was heißt das jetzt für die Flüchtlingspolitik und unser Thema, die Freiheit?

Max Das spricht – so pervers es ist – gegen offene Grenzen, weil die Flucht der Mittelschicht, vor allem der besser Ausgebildeten aus den armen Ländern dazu führt, dass diese sich erst recht nicht weiter entwickeln können und aus der Armutsfalle rauskommen. Man spricht von einem Braindrain – einem Abfluss von Intelligenz. Schlimmer noch: Die Länder zahlen für die Ausbildung und der reiche Westen nutzt diese.

Deniz Spricht das nun gegen offene Grenzen im Interesse der Solidarität mit den Armen der Welt? Hört sich komisch an, auch wenn es bei der nur individuellen Freiheit der Wenigen bleibt, denen die Flucht gelingt.

Rahel Es wird ja auch umgekehrt argumentiert: Es fände eine Zuwanderung in die europäischen Sozialsysteme statt und es gäbe eine Konkurrenz der Migranten um schlecht bezahlte Jobs und billige Wohnungen. Deshalb sei es eine Frage der Solidarität mit den Armen hierzulande, die Einwanderung zu begrenzen.

Nina Na ja, alle Untersuchungen, die ich kenne, besagen, dass die Zuwanderer am Ende ein Plus für die Sozialkassen bringen und kein Minus. Die Konkurrenz um Wohnungen und Jobs ist natürlich schwer zu fassen. Ich höre nur, dass gerade bei unangenehmen und schlecht bezahlten Jobs zurzeit eher händeringend nach Arbeitskräften gesucht wird. Aber diese Frage ist ebenso wenig wie die Konkurrenz um Mietfläche eine Frage, die individuell zu lösen ist. Die Mieten sind allgemein zu teuer, weil zu viel Geld in Beton angelegt wird – konkreter: weil mit Immobilien spekuliert wird. Man kann allenfalls von Übergangsproblemen sprechen oder von Problemen der Infrastruktur. Bei wachsender Bevölkerung besteht natürlich Anpassungsbedarf und nicht nur bei den Wohnungen.

Max Und wächst die Bevölkerung denn?

Deniz Die Bevölkerung in Gesamtdeutschland ist von etwas unter 70 Mio. im Jahre 1950 auf etwas über 80 Mio. heute angewachsen. Allerdings mit dem schnellsten Wachstum in den 1950er und 60er-Jahren. Da gab es auch Zuwanderung – die sogenannten Gastarbeiter. Und es war kein Problem, Wohnungen zu besorgen und die Infrastruktur anzupassen. Das Problem gibt es erst heute, seitdem der Staat kaputtgespart wurde. Mit Problem meine ich, dass Autobahnbrücken gesperrt werden müssen, in Schulen regnet es rein, die Unis platzen aus allen Nähten und die Krankenhäuser haben nicht genug Personal.

Max Okay, das ist aber ein anderes Thema. Zuwanderung führt aber offenbar nicht notwendig zu Problemen, gerade bei den wenig Begüterten in der heimischen Gesellschaft.

Deniz In der Tat: Zu Problemen führt eine falsche Politik oder ein falsches Wirtschaftssystem, das Ungleichheiten produziert. Übrigens werden diese Ungleichheiten auch global produziert.

Max Was meinst du damit?

Deniz Das kapitalistische Wirtschaftssystem oder auch das nachkolonialistische und die Freihandelsregime führen doch dazu, dass der Süden nicht hochkommt und produziert die Armut im Süden, die erst dazu führt, dass Menschen fliehen wollen.

Max Ungleichheit produziert also Unfreiheit?

Rahel Genau, bei bitterer Armut kann man von Freiheit nicht mehr sprechen, die Menschen haben eben keine Möglichkeiten, schon gar nicht die Möglichkeit, ihren Lebensentwurf zu verwirklichen.

Freiheit und Asylrecht

Deniz Wenn man das Thema diskutiert, muss man außerdem bedenken, dass eine ungebremste Migration im Augenblick auch nicht stattfindet und selbst 2015 – dem Sommer der Migration – nicht stattfand. Im Gegenteil: Mit den EU-Regeln hält sich Deutschland Migranten »vom Hals«. »Wir« verhindern Zuwanderung und selbst politisches Asyl in Deutschland. Wie es bei offenen Grenzen aussähe, weiß man eben nicht. Weder wie viele sich auf den Weg machen würden, noch wie sich das auf die Lebenssituation hier auswirken würde.

Rahel Kommen wir mal wieder zurück zur Freiheit und zum Asylrecht oder dem Recht auf Migration. Zusammenfassend kann man doch sagen: Bei der Migration handelt es sich im Wesentlichen um eine negative Freiheit. Positive Freiheit im Sinne der Bekämpfung von Fluchtursachen ist nicht wirkungsvoll oder gar nicht wirklich gewollt – der Norden würde damit seine Privilegien verlieren. Negative Freiheit wird durch Rechte gesichert – das hatten wir besprochen.

Max Ein solches Recht hatten wir im Grundgesetz.

Deniz Wieso hatten?

Max Das Recht auf politisches Asyl steht zwar noch drin, wurde aber 1993 so verändert, dass nicht viel davon übrig blieb. Ins Grundgesetz wurde das geschrieben, was auch in der EU gilt – jedenfalls eigentlich. Zuständig ist der Staat, den der Flüchtende zuerst betritt. Das sind in Deutschland dann logischerweise wenige – das verrät ein Blick auf die Landkarte.

Rahel Na ja, das Asylrecht war auch vor 1993 sehr selektiv.

Max Wie meinst du das?

Rahel Asylrecht wurde gern Flüchtenden aus »Feindstaaten« gewährt, also vor allem Menschen aus dem Ostblock, den sozialistischen Ländern. Politisch Verfolgte aus befreundeten, kapitalistischen Staaten hatten und haben es da deutlich schwerer.

Nina Wie man z. B. an Julian Assange sehen kann.

Max Wieso?

Nina Der hat doch bekanntlich geheime Dokumente aus den USA veröffentlicht. Dafür wollen sie ihm den Prozess machen und zu erwarten sind sehr hohe Freiheitsstrafen. Er floh nach Europa und saß mehrere Jahre in London in einer Botschaft fest, danach im Gefängnis und er kämpft vor Gericht immer noch dafür, nicht ausgeliefert zu werden.

Deniz Ein ähnlicher Fall aus Russland hätte schnell sicheres Asyl bekommen, da könnt ihr sicher sein.

Max Das glaube ich allerdings auch.

Nina Bevor man also über offene Grenzen für alle streitet, sollte man nicht erst mal dafür sorgen, dass die Genfer Flüchtlingskonvention eingehalten und ein Asylrecht in Deutschland wiederhergestellt wird bzw. eine gerechte Verteilung in der EU stattfindet?

Rahel Insbesondere, weil man nicht abschätzen kann, was bei wirklich offenen Grenzen tatsächlich passiert. So ist der Streit mal wieder einer um Kaisers Bart oder viel Lärm um nichts. Das machen Linke ja gerne: Sie streiten um scheinbar Grundsätzliches, ohne dass es aktuell irgendeine Relevanz hätte und als ob nicht andere Probleme auf der Tagesordnung ständen.

Deniz Das Schlimme ist ja, dass die EU sich nicht einmal an ihr eigenes Recht und die Flüchtlingskonvention hält. Ständig hört man doch von illegalen Pushbacks und Frontex, die EU-Grenzagentur, spielt dabei zumindest eine ausgesprochen zweifelhafte Rolle.

Max Was heißt Pushback?

Deniz Na, wenn Flüchtende an der Grenze wieder zurückgeschickt werden, ohne dass ihr Anspruch auf Asyl oder ein sonstiges Bleiberecht geprüft wurde. Das eben geht nach den internationalen Regeln nicht, ist aber nicht unüblich. An der Grenze zwischen Griechenland und der Türkei, an der polnischen Grenze zu Belarus und an den Grenzen zu Serbien gibt es – so die Berichte von Amnesty International und anderer humanitärer Organisationen – ein Grenzregime, das schlicht rechtswidrig ist.

Max Okay, aber unsere grundsätzlichen Überlegungen zur positiven und negativen Freiheit haben uns auch nicht weitergeholfen, oder?

Deniz Ich meine schon, weil links heißt, über die individuelle, negative Freiheit hinauszugehen und positive Freiheit in der Gesellschaft herzustellen, also eine gerechte Weltordnung. Das funktioniert nicht im Kapitalismus. Der beruht auf Ungleichheit und Ausbeutung.

Max Aber negative Freiheit ist auch von Bedeutung. Das mittelfristige Ziel sind dann nicht offene Grenzen, sondern ein vernünftiges Migrationsrecht, mindestens das Recht auf Asyl, d. h. die Rechte der Genfer Flüchtlingskonvention. Als die geschrieben wurde, nämlich 1951, konnte man sich noch an die Schrecken der Nazi-Verbrechen erinnern.

Rahel Na gut, klingt einleuchtend.

Max Jetzt haben wir für einen Bereich geklärt, was negative Freiheit praktisch heißt oder impliziert. Aber die Bedeutung der positiven Freiheit müssen wir wohl noch genauer unter die Lupe nehmen.

Nina In der Tat, im Vergleich zum liberalen Begriff der Freiheit ist das viel komplizierter. Jemanden, vor allem den Staat, aus der Sphäre der individuellen Freiheit raushalten, ist einfacher zu erklären als die Ermöglichung der freien Entfaltung für möglichst viele. Darauf zielt doch positive Freiheit.

More than nothing left to lose

Soziale Sicherheit

Deniz Das würde ich auch sagen und ein Beispiel, wie individuelle Freiheit erreicht werden kann, ist Sicherheit.

Rahel Wieso Sicherheit? – Sicherheit schränkt Freiheit doch ein. Um Kriminalität zu bekämpfen, werden beispielsweise Telefone abgehört, also in das Fernmeldegeheimnis eingegriffen. Das sind klassische Freiheitsrechte, die beschränkt werden.

Deniz Das ist wieder die liberale Sichtweise. Sicherheit kann auch soziale Sicherheit meinen.

Nina Genau, über die Absicherung vor Krankheit, Arbeitslosigkeit oder allgemeiner vor Armut ermöglicht man den Menschen erst die Entwicklung ihrer Persönlichkeit. Das Leben wird halbwegs planbar. Das eröffnet erst die Chance, sich frei zu entfalten.

Max Aber diese Form der Sicherheit findet sich doch auch in den Grundrechten der Verfassung, nämlich im Grundrecht auf ein soziokulturelles Existenzminimum und im Sozialstaatsprinzip. Das sind dann auch liberale Rechte.

Rahel Dann wäre Links-Sein nur ein gradueller und kein prinzipieller Unterschied. Will sagen: Linke sind für mehr soziale Sicherheit und Liberale und Konservative eher für weniger, aber sie sind nicht prinzipiell dagegen. Man kann es ja fast nicht mehr hören den Spruch: Das ist ein Schritt in die richtige Richtung, aber er ist zu klein oder zu wenig usw.

Max Na ja, das Sozialstaatsprinzip ist ja kein ursprünglich liberales Anliegen, sondern es korrigiert die liberalen Abwehrrechte. Der Sozialstaat wurde von der Arbeiterbewegung erkämpft – gegen heftige Gegenwehr seitens der Rechten.

Nina In der Tat, die Konservativen, insbesondere bei den Juristen, haben den Sozialstaat immer kleingeredet und als Angriff auf die Freiheit verstanden, nicht als Voraussetzung der Freiheit.

Rahel Wieso als Angriff auf die Freiheit?

Nina Weil der Sozialstaat in Richtung ökonomischer Gleichheit tendiere und Gleichheit und Freiheit bilden in deren Kopf einen Widerspruch.

Rahel Warum das denn?

Nina Um die ökonomischen Verhältnisse anzugleichen oder um einen Sozialstaat zu etablieren, muss der Staat Steuern erheben. Damit greife er in die Freiheit der Reichen ein, mit ihrem Geld zu machen, was sie wollen.

Deniz Das andere für sie erarbeitet haben – das Geld meine ich.

Max Moment, Moment – das sind zwei Fragen: Wie ist das Verhältnis von Gleichheit und Freiheit im linken Verständnis? Und wieso haben andere den Reichtum erarbeitet?

Nina Das Verhältnis von Freiheit und Gleichheit im Sozialstaat lässt sich doch so beschreiben: Ein gewisses Maß an Gleichheit braucht es für die Freiheit. Bei vollständiger Ungleichheit ist eben der eine Herr, der andere Sklave. Bei vollständiger Gleichheit werden Unterschiede oder Differenzen, wie wir in der Diskussion um Gleichheit gesagt haben, ignoriert, d. h. sie können nicht ausgelebt werden. Missachtung der Differenzen ist deshalb mit der Freiheit nicht vereinbar.

Reichtum und Arbeit

Max Und wieso erarbeiten andere den Reichtum?

Nina Reichtum entsteht durch Arbeit, nur durch Arbeit können Lebensmittel erzeugt, Swimming-Pools gebaut und auch Gold und Diamanten geschürft werden. In der Erde kann man mit Diamanten nichts anfangen. Deshalb erzeugt die Arbeit den Reichtum.

Max Da waren Adam Smith, David Ricardo – also liberale Vordenker der Wirtschaftswissenschaften – und Karl Marx einer Meinung. Heute wird das geleugnet, eben weil Marx die richtigen Konsequenzen daraus gezogen hat.

Nina Und Marx sagt, richtiger Reichtum entstehe meistens nicht durch eigene Arbeit, sondern indem sich einige die Arbeit anderer aneignen. Bei Aktien ist das offensichtlich: Die arbeiten ja nicht selbst. Die Dividenden und auch Wertsteigerungen werden durch die Arbeit anderer erzeugt.

Rahel Ich dachte durch Spekulation.

Deniz Ja, auch durch Spekulation, aber es gab Zeiten mit viel weniger Finanzspekulation als heute. Schau dir mal den Aktienindex der 1950er- und 60er-Jahre an, die Schwankungen sind viel geringer und hatten etwas mit der Wertsteigerung oder auch vermuteten Wertsteigerung des Unternehmens zu tun.

Max Aber die Aktionäre geben ihr Geld. Sie werden für das Risiko entschädigt, dass sie das Geld verlieren könnten.

Rahel Das stimmt nur bedingt. Obwohl Aktionäre natürlich kurzfristig verlieren können, im Ganzen, auf lange Sicht gewinnen sie eher. Da ist nicht viel Risiko.

Nina Mal abgesehen davon: Die Arbeiterinnen und Arbeiter müssten in der Rechnung für das Risiko entschädigt werden, dass sie ihren

Job verlieren können. Werden sie aber nicht, sondern ihre Arbeitskraft wird bezahlt. Die schafft den Reichtum und einen Teil eignen sich die Unternehmer an – bei Marx heißt dieser Teil »Mehrwert«. Der Kapitalist eignet sich den Mehrwert an.

Deniz Übrigens ist das ja nichts, was nur im Kapitalismus gilt. Im Kapitalismus wird durch den Vertrag und Lohn nur verschleiert, was in anderen Gesellschaften offensichtlich war. Der Bauer im Feudalismus musste zwei oder drei Tage auf den Feldern des adligen Grundbesitzers arbeiten. Noch offensichtlicher ist das bei Sklaven.

Rahel Okay, und was hat das nun mit Freiheit oder Sicherheit zu tun?

Nina Das ist doch klar: Wenn der Sozialstaat bezahlt werden muss, greift man nicht in die Freiheit der Reichen ein, sondern verteilt um, was vorher umverteilt wurde.

Max Wie bitte?

Nina Der Kapitalist eignet sich den Mehrwert an, verteilt damit den Reichtum in einer Weise, die ihm passt. Und mit dem Sozialstaat wird eben in einer Weise verteilt, die nicht dem Kapitalisten passt, sondern den Beschäftigten oder besser noch der Gesellschaft, die demokratisch über die Verwendung des Reichtums entscheidet.

Max Mit dem Sozialstaat wird das Prinzip der Aneignung fremder Arbeit aber nicht infrage gestellt.

Nina In der Tat wird es das nicht. Die Aneignungsrechte der Eigentümer beschneiden in diesem System immer die Freiheit der Arbeitenden.

Deniz Ich gieße mal etwas Wasser in den Wein: Wahrscheinlich werden sich auch gerechtere und freiere Gesellschaften einen Teil des Arbeitsproduktes oder dessen Wert aneignen müssen, um z.B. Schulen zu finanzieren oder Krankenhäuser. Auch in einer freien und gerechten Gesellschaft kann niemand völlig frei über sein Arbeitsergebnis oder -produkt verfügen.

Rahel Nur Jeff Bezos von Amazon kann das, der zahlt fast keine Steuern.

Nina Im Ernst: Es stimmt doch, auch in freien Gesellschaften muss ein Teil des erwirtschafteten Reichtums für die Gesellschaft zur Verfügung stehen, für allgemeine Zwecke verwendet werden. Es kommt aber darauf an, wie das bestimmt wird, wer das bestimmt und wie verteilt wird.

Max Da ist sie wieder die Verteilungsfrage. Sie hängt offenbar davon ab, wie die Wirtschaft organisiert ist.

Rahel In der Tat. Traditionell spricht man von der Eigentumsfrage. Das Recht, sich fremde Arbeit anzueignen, hat mit dem Eigentum zu tun, dem Eigentum an Produktionsmitteln. Wer über die Fabriken und Maschinen verfügt, wer Eigentümer des Unternehmens ist, bestimmt – das kommt uns im Kapitalismus fast logisch vor –, was mit dem Gewinn passiert. Deshalb forderte der österreichische Marxist Otto Bauer die Expropriation der Expropriateure, die Enteignung der Enteigner.[10] Die Unternehmen sind die Enteigner, die die Beschäftigten um die Produkte ihrer Arbeit bringen, sie also enteignen.

Deniz Das nennt Marx dann Ausbeutung.

Nina Aber subjektiv fühlen sich doch nur wenige ausgebeutet, weil das Unternehmen sich den Profit aneignet.

Deniz Aber natürlich, weil der Lohn zu niedrig ist.

Rahel Klar, da wird gejammert, aber in die Gewerkschaft geht trotzdem niemand.

Nina Na ja, zu wenige, aber niemand stimmt natürlich nicht. Für viele stehen auch andere Probleme des Arbeitsalltags im Vordergrund.

Max Nämlich welche?

Nina Ärger mit dem Chef oder schlicht Stress.

Max Stress entsteht aber keineswegs nur direkt bei der Arbeit. Das ist meist die Gesamtsituation. Lange Arbeitswege, verspätete Züge oder Staus auf den Straßen, Aggressivität in der Rushhour und vieles mehr – am Ende ist der Mensch gestresst.

Rahel Deshalb sind Depression und Burn-out die Krankheiten unserer Zeit. Burn-out entsteht durch Arbeitsüberforderung und Depression durch Stress, sagt das Robert Koch-Institut und fast 10% der Erwachsenen sind von Depressionen betroffen.

Nina Und viele werden deshalb auch krankgeschrieben. Die DAK kommt zu dem Ergebnis, dass sich zwischen 1997 und 2019 die Anzahl der Fehltage im Betrieb wegen psychischer Störungen verdreifacht hat.

Max Dann müssten doch Gewerkschaften und Unternehmen beide ein Interesse daran haben, den Stress zu reduzieren, oder?

---

[10] »Der Sozialismus will dem Volke wiedergeben, was sich Kapitalisten und Grundherren auf Kosten des Volkes angeeignet haben. Die Enteignung derer, die bisher das Volk enteignet haben, die Expropriation der Expropriateure, ist darum die erste Voraussetzung einer sozialistischen Gesellschaft.« (Bauer, Otto, Der Weg zum Sozialismus, Berlin 1919, Kap. 9). Und bei Marx heißt es: »Jawohl, meine Herren, die Kommune wollte jenes Klasseneigentum abschaffen, das die Arbeit der vielen in den Reichtum der wenigen verwandelt. Sie beabsichtigte die Enteignung der Enteigner. Sie wollte das individuelle Eigentum zu einer Wahrheit machen, indem sie die Produktionsmittel, den Erdboden und das Kapital, jetzt vor allem die Mittel zur Knechtung und Ausbeutung der Arbeit, in bloße Werkzeuge der freien und assoziierten Arbeit verwandelt.« (Marx, Der Bürgerkrieg in Frankreich, MEW Bd. 17, S. 342).

Nina Im Prinzip ja, aber stattdessen steigt die Arbeitsbelastung, weil rationalisiert wird, also Stellen gestrichen werden und das gleiche Output von weniger Leuten erbracht werden muss.

Der Sozialstaat der Bundesrepublik

Max Kommt doch noch mal zum Verhältnis von Freiheit und Sozialstaat zurück. Wenn ich das richtig verstanden habe, schafft soziale Sicherheit die Voraussetzung von Freiheit?

Nina Hast du richtig verstanden.

Rahel Und der Sozialstaat des Grundgesetzes oder der Bundesrepublik schafft diese Sicherheit?

Deniz Natürlich nicht – jedenfalls nicht in der Wirklichkeit. Der Sozialstaat fängt ja nur das auf, was vorher in der Arbeitswelt versaubeutelt wurde.

Max Versteh ich nicht.

Deniz Da wird die überschüssige Bevölkerung versorgt, die in der kapitalistischen Verwertung nicht gebraucht wird. Die Freiheit des Lohnarbeiters, von der Marx spricht, ist eben eine Illusion – sie besteht nur da, wo die Arbeitskraft überhaupt verwertet werden kann. Und soziale Sicherheit schafft unser Sozialstaat schon lange nicht mehr.

Rahel Stimmt: Hartz IV schafft ja nun keine Sicherheit, die mit Freiheit verbunden wäre, mit der Chance, seinen Lebensentwurf zu verwirklichen. Das verweist wieder auf das Thema Gleichheit.

Nina Und dabei ist es gleich, ob Hartz IV nun Bürgergeld genannt wird oder sonst wie – auf die reale Höhe kommt es an.

Deniz Das haben wir ja schon besprochen: Positive Freiheit hat Gleichheit zur Voraussetzung. Und der reale Sozialstaat ist eben weit entfernt von Gleichheit, wie wir sie verstanden haben.

Rahel Vor allem hat er sich in den letzten Jahrzehnten, als die neoliberale Ideologie bestimmend war, weiter von der Gleichheit entfernt als vorher.

Deniz Wie meinst du das?

Rahel Durch Kürzungen im Sozialbereich, z.B. Hartz IV, Kürzungen bei den Renten, bei den Leistungen der Krankenkassen und durch die Privatisierung, die meist mit Kostensteigerungen verbunden waren, hat eine Umverteilung von unten nach oben stattgefunden, statt umgekehrt. Die Reichen wurden reicher, die Armen ärmer. Die Gleichheit nahm ab.

Max Darf ich zusammenfassen: Positive Freiheit ist eine gesellschaftliche Freiheit, eine, die von der Gesellschaft hergestellt wird. Und ich ergänze: Wenn das in einem Verfahren geschieht, bei dem die Bürgerinnen und Bürger ihre Selbstbestimmung nicht zugunsten eines anderen aufgeben, spricht man wohl von Demokratie. Darüber sollten wir als nächstes sprechen.

Bedingungsloses Grundeinkommen

Was ist damit gemeint? Die Befürworterinnen eines bedingungslosen Grundeinkommens verstehen darunter eine soziale Sicherung, die allen – ungeachtet ihres Einkommens oder Vermögens – ausgezahlt wird, auch ungeachtet, ob die Bereitschaft zur Arbeitsaufnahme besteht. Bei anderen Grundsicherungsmodellen gibt es diese zwei Einschränkungen: Es muss eine Bedürftigkeit vorliegen und es muss eine Bereitschaft zum Arbeiten bestehen. Auch wer gut verdient, soll ein bedingungsloses Grundeinkommen bekommen, muss dann aber höhere Steuern bezahlen, sodass das ausgezahlte Grundeinkommen vom Finanzamt wieder einkassiert wird.

Es gibt ein schönes Märchen von geradezu paradiesischen Zuständen, das Märchen vom Schlaraffenland. In diesem Land muss man nicht arbeiten, vielmehr kann jeder nehmen, was er braucht, und die leckeren Tauben sind sogar schon gebraten und überall herrscht Überfluss. Das Schlaraffenland ist quasi das Gegenbild zur sozialen Realität in der Frühen Neuzeit, in der Armut und Hungersnöte das Leben vieler Menschen schwer machten. Aber die herrschende Moral jener Zeit, in welcher der Kapitalismus entstand, war geprägt von der Tugend der Arbeit und der Sparsamkeit. Die Askese stand hoch im Kurs und Völlerei zählte zu den schweren Sünden, Müßiggang war ein Laster.

Das Märchen hat eine gewisse Ähnlichkeit mit der kommunistischen Utopie: Jede und jeder bekommt nach ihren und seinen Bedürfnissen, was sie oder er braucht – unabhängig von der Leistung, ja sogar ohne eine eigene Leistung. Aber es gibt auch einen gewaltigen Unterschied zwischen dem Schlaraffenland und der kommunistischen Utopie: Nahezu alle sozialistischen Klassiker wie Marx, Engels, Bernstein, Bebel, Lenin u.a. gingen davon aus, dass der Mensch arbeitet. Arbeit gehörte für Marx zum Reich der Notwendigkeit – sie muss halt sein. Marx sah aber gleichzeitig auch ein Potenzial zur Entfaltung der Persönlichkeit in der Arbeit – wenn auch nicht in der knechtenden Lohnarbeit im Kapitalismus. Bebel forderte eine Arbeitspflicht für alle, wobei sich diese Idee gegen die herrschende Bourgeoisie richtete, die ein arbeitsloses, leistungsloses Einkommen erzielte. Erst wenn der gesellschaftliche Reichtum durch den Fortschritt der Arbeitsproduktivität groß genug ist, kann der Konsum von der Arbeitsleistung abgekoppelt werden. Nach Ansicht aller sozialistischen Klassiker wäre dies erst im Kommunismus möglich.

Der Wunsch nach einem bedingungslosen Grundeinkommen bekommt Zuspruch durch die Bedingungen der Hartz-IV-Sicherungen, die neuerdings Bürgergeld genannt werden. Jeder muss offenlegen, was er in der Zeit seiner Erwerbstätigkeit angespart hat – nur ein Teil wird nicht angerechnet. Damit verlieren viele ihre Ersparnisse fürs Alter, was auch deshalb als ungerecht empfunden wird, weil andere das Geld für Urlaub und Konsum ausgegeben haben. Anstoß bei Hartz IV erregt auch die Regelung, dass nicht ein Individualanspruch besteht, sondern der Antragsteller in einer Bedarfsgemeinschaft gesehen wird. Verdienen die anderen in der Bedarfsgemeinschaft »zu viel«, gibt es Abzüge vom Hartz-IV-Satz oder auch gar nichts. Zieht ein/e Hartz- IV-Bezieher/in zu einem/r Partner/in, der/die ein Erwerbseinkommen hat, verliert er/sie ihre Ansprüche teilweise oder ganz. Und da der Staat oft überprüft, ob die betreffende Person allein oder mit anderen zusammenlebt, kommt es zu »peinlichen Überprüfungen«, ob da irgendwo eine Zahnbürste zu viel herumsteht.

Die Befürworter des bedingungslosen Grundeinkommens kritisieren das Hartz-IV-System und wollen die entwürdigenden Prozeduren durch das Grundeinkommen beseitigen. Manche sehen darin auch eine Ausstiegsmöglichkeit aus der kapitalistischen Lohnarbeit, eine partielle Aufhebung der Klassenherrschaft, den Aufbruch ins Reich der Freiheit. Die Anhängerinnen eines bedingungslosen Grundeinkommens argumentieren außerdem mit der Erwartung, dass in den modernen Gesellschaften durch Rationalisierung, Automatisierung, Digitalisierung allmählich die Arbeit ausgehe und ein Heer von Arbeitslosen entstehe, das durch ein Grundeinkommen unterstützt werden müsse.

Ob der Ausstieg aus der »kapitalistischen Knechtschaft« dann eher Armut und materielles Elend oder Freiheit für ein erfülltes Leben mit sich bringt, hängt natürlich sehr stark von der Höhe des Grundeinkommens ab. Da sich auf absehbare Zeit die Machtverhältnisse nicht total verändern dürften, ist eher mit einem unzureichenden Grundeinkommen zu rechnen. Das hätte zur Folge, dass viele Betroffene versuchen würden, durch Arbeit ein zusätzliches Einkommen zu erwirtschaften. Das ist aus dem Hartz-IV-System bekannt: Man nennt solche Menschen »Aufstocker«. Für die Besitzer der Produktionsmittel hat das den großen Vorteil, dass diese Menschen bereit sind, für weniger Geld zu arbeiten, da sie ja von der Arbeitsagentur Geld für das Grundeinkommen beziehen. Mit anderen Worten: Die kapitalistische Lohnarbeit würde nicht abgeschafft, sondern die Arbeitskraft verbilligt.

Wird dagegen ein auskömmliches Grundeinkommen eingeführt, stellt sich die Frage, wie viele Menschen es dann vorziehen, nicht mehr zu arbeiten. Zur Finanzierung des Grundeinkommens werden ja durch die Steuererhöhung auch die Mittelschichten herangezogen. Und je höher das Grundeinkommen, umso höher die Steuerbelastung. Umso geringer der Unterschied, den der Mensch beim normalen Arbeitseinsatz netto erhält. Je höher die Steuerbelastung, desto mehr Menschen werden aus dieser Erwerbsarbeit aussteigen, und das erhöht wieder die Notwendigkeit, die Einkommensteuer anzuheben. Es wäre ein Teufelskreis, was die Finanzierung betrifft, die auch ohne diesen Aspekt schwer vorstellbar ist – mal abgesehen von den realen Machtverhältnissen. Allein deshalb ist es unwahrscheinlich, dass die Menschen, die keine Arbeit finden oder keine Arbeit unter den gegebenen Bedingungen aufnehmen wollen, einen hohen Einkommensersatz erhalten.

Es gibt noch weitere Gründe, warum es schwierig ist, ein bedingungsloses und armutsfestes Grundeinkommen zu finanzieren. Wenn die Bedürftigkeit unbeachtet bleibt und jedem Menschen als Grundeinkommen ein fester Betrag ausgezahlt wird, ergeben sich folgende Probleme: Wer allein in einer Stadt mit hohen Mieten wohnt und eine unökologische Heizung vom Vermieter gestellt bekommt, wird mit einem solchen Fixum möglicherweise nicht zurechtkommen. Wer aber in einer WG oder Familie zu fünft wohnt, bekommt das Fixum fünf- mal (eventuell etwas weniger, wenn auch

Kinder dabei sind). Wenn wir nun von einem Fixum von 1.200 € für Erwachsene und 650 € für Kinder ausgehen, bekäme diese Familie 4.350 € (netto). Das ist absehbar unrealistisch. Legen wir aber das Fixum viel niedriger fest (z.B. 800 €), dann hätte eine alleinstehende Person in München, Köln oder Frankfurt ein großes Problem, denn damit kann sie ihren Lebensunterhalt (einschließlich Miete, Heizkosten etc.) nicht bestreiten.

Das zeigt, es geht nicht bedingungslos, sondern nur bedarfsgerecht. Linke Kräfte müssen dafür sorgen,

■ dass die Regelung wirklich bedarfsgerecht und damit armutsfest wird. Konservative und wirtschaftsnahe Autoren weisen darauf hin, dass eine Grundsicherung in ihrer Ausgestaltung das Lohnabstandsgebot berücksichtigen müsse. Es könne nicht sein, das Arbeitslose gleich viel oder gar mehr Geld bekämen als arbeitende Menschen. Sie verschweigen dabei, dass im Niedriglohnsektor bisher Löhne bezahlt wurden, für die der Satz »Arm trotz Arbeit« gilt. Wenn die Grundsicherung noch unter diesem Niveau bleiben soll, kann Armut nicht verhindert werden. Die Lösung kann nur darin bestehen, dass durch eine deutliche Erhöhung des Mindestlohns der Niedriglohnsumpf trockengelegt wird;

■ dass die Bereitschaft zur Arbeitsaufnahme nicht schikanös gehandhabt wird. Damit ist u.a. gemeint: Arbeitsplätze in großer Entfernung, Arbeit mit gesundheitlichen Folgen, z.B. Spargel stechen für fast 60-jährige Arbeiterinnen unter miserablen sonstigen Bedingungen. Die Arbeit sollte der Qualifikation des Arbeitssuchenden angemessen sein. Dieser Bereich muss im größeren Zusammenhang einer allgemeinen Verbesserung der Arbeitsbedingungen gesehen werden. (vgl. gewerkschaftliche Forderungen nach »guter Arbeit«);

■ dass Menschen mit einer Erwerbsbiografie länger ALG-I erhalten und das alte ALG II zumindest für einen weiteren Zeitraum bezahlt wird, bevor die Grundsicherung eintritt. Gegenwärtig fällt der Arbeitslose nach einem Jahr auf das Hartz-IV-Niveau, wobei noch nicht einmal feststeht, ob er überhaupt etwas bekommt, wenn sein Vermögen zu groß ist. Die bis zur Agenda 2010 geltende ALG-II-Regelung, man nannte sie »Arbeitslosenhilfe«, sah vor, dass der Arbeitslose nach Ablauf von ALG-I (»Arbeitslosengeld«, in der Regel 36 Monate) die im Vergleich zu ALG I etwas reduzierte Arbeitslosenhilfe bekam, die in Beziehung zu seinem früheren Einkommen stand. Mit dieser Regelung kam die Arbeitslosenversicherung fünf Jahrzehnte lang klar, obwohl die Wirtschaftsleistung früher geringer war;

- dass Ersparnisse in einem viel höheren Maße anrechnungsfrei bleiben. Bisher darf der Arbeitslose 150 € für jedes Lebensjahr zurückstellen, das ist sein »Schonvermögen«. Das wären für einen 40-jährigen Arbeitslosen 6.000 €, d. h. 6.000 € für das Alter, für einen Auto-Kauf oder für irgendwelche Schicksalsschläge im Leben. Ein Haus kann der Antragsteller behalten, wenn es nicht zu groß ist (90 m² für zwei Personen). Wenn er der Oma »ihr klein Häuschen« geerbt hat, kann er es nur behalten, wenn er darin wohnt. Braucht es ein neues Dach, hat er Pech. Aber er kann einen Kredit beantragen. Das Schonvermögen muss beim Bezug einer Grundsicherung gewaltig erweitert werden. Das muss ergänzt werden durch eine Umverteilung der Arbeit durch Arbeitszeitverkürzung.

Nach Fertigstellung dieses Textes gab die Bundesregierung ihren Plan bekannt, das Hartz-IV-System durch ein Bürgergeld zu ersetzen. Verabschiedet war das neue Gesetz noch nicht, aber es zeichnete sich ab, dass die Modifikationen bei Höhe und Schonvermögen nicht annähernd den hier angestellten Überlegungen entsprechen werden.

3. Demokratie – Alle Staatsgewalt geht vom Volke aus, aber wo geht sie hin?

Freiheit, Gleichheit, Marktwirtschaft

Scheinbare Freiheit des Marktes

Max Wir haben lange über Freiheit gesprochen und ich habe vorgeschlagen, dass positive Freiheit Demokratie braucht. Das müssen wir jetzt begründen.

Nina Ich habe erst noch eine weitere Frage.

Deniz Schieß los!

Nina (ironisch): Oh, vielen Dank. Also: Wir sind ja zu dem Ergebnis gekommen, dass im Kapitalismus zwar formale Gleichheit existieren kann, aber niemals materiale Gleichheit. Die Freiheit bleibt Freiheit der Monade, d. h. des isolierten Einzelmenschen.

Deniz Und was ist jetzt die Frage?

Nina Geduld, Geduld! Wieso treten denn Freiheit und Gleichheit als normative Prinzipien in der bürgerlichen Gesellschaft auf? Wieso hat die große Französische Revolution von 1789 die Losung: »Freiheit, Gleichheit, Brüderlichkeit«?

Rahel Weil die damals mit Gleichberechtigung noch nicht viel am Hut hatten.

Max Versteh ich nicht, deshalb fordern sie Freiheit?

Rahel Nein, aber deshalb fordern sie Brüderlichkeit und nicht Schwesterlichkeit oder Solidarität.

Nina Geschenkt – darum geht es mir jetzt nicht. Wieso sind Freiheit und Gleichheit so zentral? Und zumindest die Freiheit wird ja bis heute propagiert, um die bürgerlichen Gesellschaften mit parlamentarischer Demokratie von autoritären Regimen zu unterscheiden.

Deniz Die Marktwirtschaft hat Freiheit und Gleichheit zur Voraussetzung. Auf dem Markt herrschen Freiheit und Gleichheit.

Max Wieso denn das? Der Vermieter ist doch in einer deutlich stärkeren Position als der Mieter – jedenfalls, wenn es wenige Wohnungen gibt. Das ist doch keine Gleichheit.

Rahel Okay, die Freiheit und Gleichheit beim Vertragsschluss sind zum Teil auch Ideologie. Aber die ist so erfolgreich, weil sie auf realen Voraussetzungen beruht.

Max Inwiefern?

Deniz In vielen Bereichen können sich die Käufer schon aussuchen, ob sie beim Händler A oder B einkaufen. Die Verkäufer haben theoretisch die Möglichkeit, den Geschäftsabschluss zu verweigern. Sie begegnen sich als freie und gleiche Marktteilnehmer oder Warenbesitzer, die Verträge schließen können oder eben auch nicht.

Max Das ist doch die Ideologie der Juristerei.

Rahel Ich finde auch, sie ist deshalb so erfolgreich, weil sie dem Alltagsverstand entspricht. Ich kann als Käufer zwischen vielen verschiedenen Automarken und -fabrikaten wählen und ich kann mich auch entscheiden, überhaupt kein Auto zu kaufen. Da gibt es schon eine Freiheit der Konsumenten.

Nina Mir leuchtet das ein. Das ist ein Unterschied zur feudalen Gesellschaft. Das war eine Gesellschaft der Privilegien, d. h. von Vorrechten für den Adel, die anders waren als die Marktfreiheit der bürgerlichen Gesellschaft. Überhaupt gab es eine Ideologie der standesmäßigen Unterschiede. Der Adel unterschied sich von Geburt vom Bürger und vom Bauern.

Deniz Aber wir hatten doch schon festgestellt, dass auch der Kapitalismus Ungleichheit produziert und dass man schwer aus seiner sozialen Lage herauskommt: Arme bleiben arm, Reiche bleiben reich.

Nina Aber sie sind nicht rechtlich gehindert aufzusteigen, reich zu werden. Das ist natürlich auch Ideologie: »Jeder ist seines Glückes Schmied«, heißt es. Aber die Grenzen sind faktisch, nicht rechtlich. Deshalb haben wir ja zwischen materialer und formaler Gleichheit unterschieden.

Rahel Okay, leuchtet mir ein. Aber was hat das mit dem Markt zu tun? Einen Markt gab es doch auch in feudalen Gesellschaften – jedenfalls in Form von Bauernmärkten.

Max In der Tat und die ersten rechtlichen Regeln waren solche über den Austausch von Waren zwischen den Marktteilnehmern. Da galt auch das Äquivalenzprinzip, also das Verbot, andere übermäßig übers Ohr zu hauen. Ein ganz frühes Dokument ist die berühmte Soester Kuhhaut.

Deniz So berühmt ist sie auch wieder nicht, höchstens bei Leuten, die aus Soest kommen – da darfst du nicht von dir auf andere schließen.

Max Ja, ja, ist schon gut, also die weitgehend unbekannte Soester Kuhhaut. Jedenfalls enthielt sie Regeln zum Handel auf dem Markt.

Rahel Zurück zur Frage von eben. Es gab im Mittelalter zwar Märkte, aber die hatten eher eine Nebenrolle, waren für die Wirtschaft nicht bestimmend oder dominant. Zum Beispiel gab es kaum einen Arbeitsmarkt. Die Arbeitskraft wird erst im Kapitalismus so richtig zur Ware.

Deniz Na ja, die italienischen Städte, vor allem Venedig, hatten schon früh ein ziemlich umfangreiches Handelssystem. Man spricht deshalb auch vom Handelskapitalismus – ähnlich die Holländer.

Rahel Das ist aber schon frühe Neuzeit. Das goldene Zeitalter Venedigs war zur Zeit der Renaissance, als man die antike Kunst und Philosophie wiederentdeckte – also ab dem 15. Jahrhundert. Da setzten sich Elemente der bürgerlichen Gesellschaft im alten feudalen System durch, traten neben das alte System oder überlagerten es.

Max Das sollten wir im Hinterkopf behalten für die Frage, wie sich eine demokratische und umweltfreundliche Wirtschaftsordnung entfalten könnte oder wie sie aussehen könnte.

Rahel Ist abgespeichert. Aber es gibt noch einen wichtigen Unterschied zwischen feudaler und frühbürgerlicher Wirtschaft und bürgerlicher Gesellschaft.

Deniz Nämlich?

Rahel Was bist du heute drängelig? Es gab keine Gewerbefreiheit. Der Markt wurde im Wesentlichen von Zünften geregelt, die bestimmten, wer, was und wieviel produzieren durfte. Die Gewerbefreiheit war ein zentrales Anliegen des Bürgertums – gegen die Zünfte und gegen den Adel. Die Arbeitskraft wurde insofern frei, als die Bauern nicht mehr an den Grund und Boden gebunden waren, nicht mehr Untertanen des Landbesitzers waren, sondern oft von ihrem Boden verjagt wurden.

Deniz Marx spricht vom doppelt freien Lohnarbeiter als typisch für den Kapitalismus. Er ist frei von den Produktionsmitteln, nämlich von Boden und Maschinen und frei von rechtlichen Verpflichtungen einem Herrn gegenüber. Will sagen: Er kann und muss seine Arbeitskraft frei verkaufen. Und schon klar: Er ist nur formal frei. Marx nennt die Periode die ursprüngliche Akkumulation.

Freiheit und Gleichheit der Staatsbürger

Max Wir wollen jetzt aber keine Wirtschaftsgeschichte betreiben. Was hat das mit Freiheit und Gleichheit und mit Demokratie zu tun?

Rahel Nur wer die Geschichte versteht, kann auch die Gegenwart verstehen!

Max Ja ja…

Rahel »Ja, ja« heißt: »Leck mich«…

Max Nein, nein…

Rahel Auch nicht besser! Im Ernst: Die Freiheit und Gleichheit des Marktes wird in der bürgerlichen Gesellschaft Europas und Nordamerikas zur Basisideologie. Und aus der Freiheit und Gleichheit auf dem Markt folgt dann die Freiheit und Gleichheit der Staatsbürger, die nicht nur im Gewerbe frei sein wollen, sondern auch politisch, also Selbstbestimmung und Demokratie fordern.

Nina Wie bitte? Was ist mit der Sklaverei, die es nicht nur in den USA gab, trotz der Menschenrechte in der Verfassung? Auch in England wurde beispielsweise die Sklaverei erst 1807 verboten mit dem »Slave-Trade Act«.

Deniz Hier gilt, was eben schon gesagt wurde. Es geht um die dominante Wirtschaftsform. Daneben gibt es immer Reste oder Begleiterscheinungen, die nicht richtig passen.

Nina Es gibt Menschen, die behaupten, der Kapitalismus brauche Rassismus und Sexismus, z.B. um die Arbeiterklasse zu spalten.

Max Aber »der Kapitalismus« ist kein handelndes Subjekt, da müssen ja Kräfte oder Interessen von Personen wirken, die ein Verbot der Sklaverei verhindern. Das ist etwas zu funktionalistisch: Weil es das gab, muss es auch eine Funktion für den Kapitalismus erfüllen.

Deniz Tatsächlich müsste man Sklaverei im oder neben dem Kapitalismus historisch erklären. Die Sklaverei im Süden der USA bestand ja beispielsweise neben der »freien« Lohnarbeit im Norden. Und man kann sicher darüber streiten, ob die Produktionsweise auf den Baumwollfeldern vorkapitalistisch war oder nicht.

Nina Übrigens gibt es immer noch Formen mehr oder weniger faktischer Sklaverei. Die Arbeiter werden mit Gewalt gezwungen, zu arbeiten, und verdingen sich nur formal vertraglich für Lohn zu arbeiten. Auf vielen Schiffen gibt es so etwas, schreibt Heide Gerstenberger.[1]

Max Aber das ist schon wieder ein anderes Feld, das uns jetzt nicht interessieren muss. Lassen wir es doch zunächst beim Kapitalismus als der dominanten Wirtschaftsweise.

Rahel Ich verstehe noch nicht, wieso aus der Freiheit und Gleichheit auf dem Markt auch die Freiheit und Gleichheit der Staatsbürger folgt.

Nina Weil die Rechtfertigung der Standesunterschiede nicht mehr hält. Schon gar nicht, wenn die Bürgerlichen reicher und für die Wirtschaft wichtiger werden als der Adel, der nur noch leistungsloses Einkommen bezieht. Als natürliche Ordnung erscheint die Ordnung

---

[1] Gerstenberger, Heide: Markt und Gewalt (Münster 2017).

des Marktes und nicht die alte Ordnung der mittelalterlichen Gesellschaft.

Max Und wieso folgt daraus die Forderung nach Demokratie?

Rahel Ist doch logisch: Wenn alle auf dem Markt frei und gleich sind, dann gibt es keinen Grund, warum die einen die Regierung stellen und die wichtigen Entscheidungen für die Gesellschaft treffen und die anderen nur gehorchen sollen. Dann sind sie in der Politik nicht frei und gleich. Freiheit und Gleichheit als Basisideologie haben also gewissermaßen eine überschießende Tendenz, weisen über den Markt hinaus und führen zur Forderung nach Demokratie.

Deniz Ich gieße mal wieder Wasser in den Wein. So demokratisch ist der Kapitalismus ja nicht zwangsläufig. Mal wird geputscht und Diktatoren nehmen sich die Macht im autoritären Staat, mal gibt es faschistische Bewegungen, die die Demokratie in Grund und Boden stampfen und den Führer bejubeln – völlig ungleich und unfrei.

Max Man kann überhaupt fragen, ob Parlamentarismus und Rechtsstaat nicht Produkte der europäischen Geschichte sind, also eher einen Sonderweg darstellen. Im Rest der Welt scheint der Kapitalismus gut mit autoritären Staaten zurechtzukommen und sogar prächtig zu gedeihen – wie beispielsweise in China.

Rahel Die Chinesen bezeichnen sich doch selbst als sozialistisch. Und der Staat hat doch eine wichtige Rolle im Wirtschaftsleben.

Deniz Und deshalb ist das dann sozialistisch? Wenn ein Esel sich Pferd nennt, ist er noch längst keins.

Max Die Frage, wie man das System in China beschreiben soll, ist schwierig zu beantworten. Da macht man schon wieder ein neues Fass auf, das sollten wir jetzt nicht. Ich fürchte nämlich, das können wir nicht entscheiden. Da ist auf allen Seiten viel Ideologie im Spiel.

Nina Im Ergebnis sind Freiheit, Gleichheit und Markt doch auch Ideologie und keineswegs zwingend miteinander verbunden – weder im »freien« Westen noch sonst wo auf der Welt.

Deniz Andrerseits geben sich auch autoritäre Regime fast immer den Anschein, dass sie demokratisch sind. Das galt für die »realsozialistischen« Staaten – die DDR nannte sich demokratische Republik. Und es gilt für den gegenwärtigen autoritären Staat von Russland über die Türkei bis Ungarn.

Rahel Offenbar kommt man ohne die Ideologie von Freiheit und Gleichheit nicht aus, wenn diese in der Welt ist oder der Markt die entsprechende Illusion schafft.

Zwei Begriffe von Ideologie

Max Was heißt eigentlich immer Ideologie? Hier sind doch wohl falsche Behauptungen oder eine Verdrehung der Tatsachen gemeint. Aber was ist Basisideologie? Stimmt die Vorstellung von der Wirklichkeit mit ihr überein?

Rahel In der Tat. In der linken Diskussion gibt es zwei Begriffe von Ideologie. Einmal ist damit das »falsche Bewusstsein« gemeint, im Sinne eines Irrtums über wahre Zusammenhänge. Das andere Mal, z.b. mit dem, was wir Basisideologie genannt haben, ist das Selbstverständnis der Gesellschaft von sich selbst gemeint. Das erkennt zwar nicht zwingend die tieferen Strukturen, Widersprüche und Schönfärbereien. Es reflektiert aber dennoch den Zustand der Gesellschaft. Als Basisideologie lässt sich das Selbstverständnis der Gesellschaft von sich selbst bezeichnen.

Deniz Den doppelten Gebrauch des Begriffes findet man schon bei Marx.

Nina Gibt es auch Beispiele?

Deniz Zur Basisideologie der bürgerlichen Gesellschaft gehört die Vorstellung, dass der Mensch an sich egoistisch ist. Das trifft für den Kapitalismus zu, aber wohl nicht zwingend für andere Gesellschaftsformen. In einer Urgesellschaft konnte man sich den heutigen Egoismus wahrscheinlich nicht leisten, wenn man überleben wollte. Die Vorstellung ist also für den Kapitalismus richtig und trotzdem trifft sie nicht zwingend den Kern der Sache.

Rahel Falsches Bewusstsein finden wir beispielsweise im Nationalismus, also der Meinung, die Deutschen seien an sich besser als etwa die Italiener. Richtig ist natürlich, dass sich die kapitalistischen Gesellschaften in Nationen organisieren, was dieses falsche Bewusstsein überhaupt erst ermöglicht.

Max Okay, verstanden: Freiheit und Gleichheit bezeichnen dann so eine Basisideologie der bürgerlichen Gesellschaft, weil sie – eben auf dem Markt – wirklich existieren, aber sie werden überhöht und es wird so getan, als seien sie Grundprinzipien der Gesellschaft.

Rahel Es stimmt ja, dass Freiheit und Gleichheit den Kapitalismus etwa von der feudalen Gesellschaft unterscheiden. Im Feudalismus gab es z.B. keine Gewerbefreiheit. Die Basisideologie trifft also einen wahren Kern: Sie wird falsch, wo von faktischen Ungleichheiten und Zwängen abgesehen wird.

Nina Darüber sprachen wir ja schon.

Demokratie – Was soll das eigentlich sein?

Parlament und Volksgesetzgebung

Max Damit wissen wir aber immer noch nicht, was Demokratie ist.

Rahel Eigentlich ist doch klar, was Demokratie ist, nämlich die Herrschaft des Volkes. Demos ist das Volk und Kratos die Herrschaft.

Deniz Dann haben wir in Deutschland also keine Demokratie?

Max Wir haben eine parlamentarische Demokratie.

Deniz Meinst du etwa, hier herrsche das Volk?

Max Gegenfrage: Wann herrscht denn das Volk?

Deniz Wenn das Volk über alle wichtigen Gesetze selbst abstimmt.

Rahel Demokratie ist also nur direkte Demokratie? Direkte Demokratie meint Volksgesetzgebung. Demokratie hieße also, dass nur das Volk über Gesetze abstimmt. Ein Parlament, eine Volksvertretung braucht man dann nicht mehr.

Deniz Das habe ich ja eben schon eingeschränkt. Das Volk muss nur über die wichtigen Gesetze abstimmen.

Max Wer aber entscheidet, welche Gesetze wichtig sind und welche nicht?

Deniz Natürlich das Volk!

Nina Und wie entscheidet es?

Deniz Indem eine Initiative für die Volksgesetzgebung eingeleitet wird. Wenn sich genügend Unterstützer und Unterstützerinnen finden, wird am Ende vom Volk über das Gesetz abgestimmt.

Nina So wie in der Schweiz?

Deniz Ja, so ähnlich.

Nina In der Schweiz haben wir also die Herrschaft des Volkes, in Deutschland aber nicht, weil wir keine Volksgesetzgebung auf Bundesebene kennen. In den Ländern haben wir wieder Demokratie, weil dort Volksgesetzgebung in den Verfassungen verankert ist.

Deniz Hm, schwierig. So, wie du das sagst, stimmt es auch nicht. In der Schweiz ist vielleicht mehr Demokratie als hier, aber »Herrschaft des Volkes«? Wohl auch nicht wirklich.

Rahel Wieso hat Demokratie eigentlich etwas mit Links-Sein zu tun? Alle sind doch für Demokratie – außer die Nazis in der AfD.

Herrschaft oder Selbstbestimmung

Max Vielleicht müssen wir die Frage etwas grundsätzlicher anfangen. Was spricht eigentlich für Demokratie, wie wird sie begründet?

Deniz Da wird der Unterschied zwischen links und rechts sichtbar. Konservative meinen, Demokratie sei die Legitimation von Herrschaft. An die Stelle des »Königs von Gottes Gnaden« ist nun der »Kanzler von Volkes Gnaden« getreten. Einmal Kanzler darf er oder sie aber herrschen.

Nina Schlimmer noch: Das Volk soll bloß nicht dazwischenfunken. Personalvertretung ist nach dieser Auffassung undemokratisch und nicht ein Mehr an Demokratie, nämlich in der Verwaltung.

Rahel Und was verstehen Linke unter Demokratie?

Nina Eher die tendenzielle Aufhebung von Herrschaft. Es geht um Selbstbestimmung, also die Form, wie sich Freiheit im Kollektiv oder in der Gesellschaft organisieren lässt.

Rahel Wieso nur tendenziell?

Nina Herrschaft lässt sich nie ganz beseitigen, wird – wohl richtig – argumentiert. Immer wieder gibt es jemanden, die sich zur Wortführerin macht, also wegen ihrer Ausstrahlung größeren Einfluss hat als andere. Das wäre eine Form von informeller Herrschaft, die sich nicht beseitigen lässt.

Deniz Mit diesem Argument begründen Konservative, dass Demokratie Legitimation von Herrschaft ist und auch nichts anderes sein könne. Herrschaft lasse sich eben nie vollständig beseitigen.

Rahel Aber es ist natürlich ein Unterschied, ob Demokratie Herrschaft rechtfertigen soll oder sie aufheben soll, auch wenn man realistisch feststellt, dass das nie ganz gelingen kann.

Max Ist die Herrschaft des Volkes dann die Aufhebung von Herrschaft?

Nina Ja, und zwar deshalb, weil das Volk dann über sich selbst bestimmt und wenn alle über sich selbst bestimmen, gibt es ja keine Herrschaft mehr.

Was ist das Volk?

Max Das Volk sind also alle? Aber alle was?

Deniz Alle Staatsbürger eben, die dürfen abstimmen.

Rahel Und wer sind die Staatsbürger?

Deniz Alle, die einen deutschen Pass haben, sind deutsche Staatsbürger – das liegt doch auf der Hand.

Nina Also keine Ausländer, d. h. Menschen mit der Staatsbürgerschaft eines anderen Landes?

Deniz So sieht es aus. Aber da gibt es ein Problem. Es gibt viele Menschen, die arbeiten und zahlen ihre Steuern in einem Land, ohne dessen Staatsbürgerschaft zu haben. In Deutschland sind das viele mit türkischer Staatsbürgerschaft.

Nina Eben, und die dürfen sich nicht selbst bestimmen? Die dürfen sich an der Demokratie nicht beteiligen?

Rahel Dagegen spricht die Losung der amerikanischen Revolution: »No Taxation without representation!« Wer Steuern zahlt, muss auch wählen dürfen und repräsentiert werden.

Deniz Das hört sich schon wieder so egoistisch an: Meine Steuern, mein Land. Dürfen Leute, die keine Steuern zahlen, weil sie zu arm sind, dann etwa nicht wählen?

Nina So wurde wirklich mal gedacht. Kant meinte etwa, dass sich nur wirtschaftlich unabhängige Personen an der Demokratie beteiligen sollen, also keine Lohnabhängigen und keine Frauen.

Rahel Hört sich ja furchtbar an. Was ist dann mit der Gleichheit?

Nina Moment, geht ja weiter. Später haben die Liberalen, z.b. Mills, gefordert, dass die Stimmen nach der Höhe der Steuern gewichtet werden sollten. Sie hatten Angst vor »dem Pöbel« in den Parlamenten, also vor den Arbeitern.

Deniz Macht es ja auch nicht viel besser. Hat aber nicht so gut funktioniert.

Rahel Das ist eben die überschießende Tendenz in der Gleichheit: Man kann nicht mehr rechtfertigen, warum das Wahlrecht nicht gleich sein soll.

Max Eine Beschränkung der Demokratie nach Steuerleistung und Bildung kommt also nicht in Betracht. Bleibt die Frage, warum nur Staatsbürger wählen dürfen.

Rahel Das haben die Verfassungsgerichte so entschieden. Danach darf nur das deutsche Volk wählen und das sind die Staatsbürger. Bremen und Schleswig-Holstein wollten ein kommunales Wahlrecht für Ausländer einführen. Das haben die Verfassungsgerichte aber abgelehnt.

Deniz Das ist aber noch kein Argument dafür, ob es richtig oder falsch ist. Es geht doch darum, was Linke erreichen wollen. Und da scheint es mir schon wichtig zu sein, dass diejenigen, die den Gesetzen gehorchen müssen, auch repräsentiert werden.

Rahel Dann kommt es also nicht darauf an, ob man Steuern zahlt und auch nicht, ob man Staatsbürger ist, sondern darauf, ob man Untertan in dem Land ist.

Nina Na, Untertan würde ich das ja nicht nennen. Wenn die Urheber der Gesetze auch diejenigen sind, die ihnen unterworfen sind, kann man schlecht von Untertanen sprechen.

Rahel War auch eher ironisch gemeint.

Max Dann soll jede Touristin wahlberechtigt sein? Die muss ja, solange sie sich in Deutschland aufhält, auch deutsches Recht befolgen.

Rahel Das ist natürlich Unsinn. Man muss schon eine gewisse Zeit in einem Land leben, bevor man das Wahlrecht erhält.

Deniz Dann wird die Abgrenzung, wer wählen darf, aber willkürlich. Müssen es acht Jahre sein oder reichen zwei Jahre?

Nina Das ist bei Grenzziehungen aber immer so. Ob man mit 21, mit 18 oder mit 16 wählen darf, ist doch eine mehr oder weniger willkürliche Grenzziehung. Umgekehrt kann man Fünfjährige schlecht wählen lassen.

Deniz Halt, wir waren noch bei der Frage: Wer ist das Volk? Linke dürften also bei der Definition nicht auf die Staatsbürgerschaft abstellen, sondern müssten darauf abstellen, ob jemand – längerfristig – den Gesetzen eines Landes unterworfen ist, dort seinen Lebensmittelpunkt hat.

Max Dann sollte er dort auch wählen dürfen?

Rahel Das kommt doch darauf an, wie man die Staatsbürgerschaft ausgestaltet.

Max Wie meinst du das?

Rahel Wenn man die Staatsbürgerschaft leicht erwerben kann, etwa wenn man vier oder acht Jahre in einem Land lebt, kann man als Volk doch über Staatsbürgerschaft bestimmen.

Nina Das Problem ist aber, dass manche ihre alte Staatsbürgerschaft nicht aufgeben wollen, auch wenn sie lange in einem anderen Land leben.

Rahel Dann muss man eben die doppelte Staatsbürgerschaft einführen.

Max Dann können die Leute zweimal wählen – ihre Stimme zählt also doppelt, z.B. in Deutschland und der Türkei.

Deniz Da musst du gar nicht auf die Türkei abstellen – selbst in der EU gibt es so etwas. Da haben Menschen die deutsche und die französische Staatsbürgerschaft und wählen auch zweimal und auch zweimal zum EU-Parlament. Ihre Stimme zählt also doppelt.

Rahel Also muss man doch nicht auf die Staatsbürgerschaft abstellen, sondern darauf, wo ein Mensch lebt?

Deniz Genau! Und damit hat sich dieser dumme Begriff »Volk« erledigt, mit dem die Rechten immer eine homogene Einheit verbinden.

Max Was meinst du? Es gibt kein Volk?

Deniz Das meine ich. Wie willst du denn ein Volk definieren?

Max Etwa über die gemeinsame Sprache oder gemeinsame Kultur.

Rahel Dann sind die Schweizer kein Volk, weil dort vier Sprachen gesprochen werden? Oder was ist mit der Kultur? Gibt es eine gemeinsame Kultur der Bayern und der Ostfriesen? Selbst innerhalb kleiner
Regionen gibt es doch unterschiedliche Kulturen, das haben wir doch
bei der Diskussion über Gleichheit festgestellt: Subkulturen, Hoch-
kulturen, Spießerkulturen und was weiß ich.

Max Dann bleibt immer noch die Schicksalsgemeinschaft eines Volkes.

Deniz Wo bitte haben Herr Krupp und Herr Krause ein gemeinsames
Schicksal?

Rahel Wer sind denn Herr Krupp und Herr Krause?

Deniz Okay, das ist schon älter. Sie waren mal sozusagen das Gleichnis
für den Fabrikanten: Herr Krupp und sein Arbeiter Herr Krause. Es
geht also um den Klassenunterschied – die haben kein gemeinsames
Schicksal, weil sie zu unterschiedlichen Klassen gehören.

Nina Selbst im Krieg unterscheiden sie sich: Herr Krause wird an die
Front geschickt, Herr Krupp bleibt schön zu Hause und wird als un-
abkömmlich eingestuft. Oder aktueller: In der US-Armee dienen vor
allem arme Schwarze, jedenfalls in den unteren Dienstgraden. Die
haben ein ganz anderes Schicksal als der Präsident, der sie in den
Krieg schickt.

Max Das Volk als homogene Einheit gibt es also nicht.

Wir sind das Volk, aber wer sind wir?

Wir-Gefühl und ökonomische Gleichheit

Deniz Aber trotzdem gelingt es den Staaten, ein »Wir-Gefühl« herzustellen, das spätestens bei der Fußballweltmeisterschaft deutlich
sichtbar wird. »Wir haben gewonnen!«, sagt dann die arme Teufelin
und meint die Millionäre, die hinter dem Ball herrennen.

Rahel Mit »Wir« ist dann aber das Land oder die Nation gemeint, nicht
die Fußballer selbst. Man kann sagen: Nationalismus gibt es, auch
wenn nicht so wirklich klar ist, warum.

Max Braucht es so ein »Wir-Gefühl« für die Demokratie?

Deniz Nationalismus braucht man eher nicht, der stört in der Demokratie.

Max Warum?

Deniz Weil er automatisch mit einem Feindbild verbunden wird, meist
auch mit einem inneren Feind, der dann nicht als gleichberechtigt
anerkannt, diskriminiert oder ausgegrenzt wird.

Rahel Im schlimmsten Fall wird der Feind vernichtet. Carl Schmitt hat Politik so definiert, als Freund-Feind-Verhältnis. Der Feind muss für ihn eliminiert werden. Das hat er schon in den 1920ern geschrieben und ein Schelm, wem dabei nicht gleich die Judenvernichtung durch die Nazis einfällt.

Deniz Das Freund-Feind-Verhältnis widerspricht dem Wir-Gefühl oder? Wenn eine Gesellschaft ein »Wir-Gefühl« hat, braucht es keine Politik mehr, weil es ja keinen Feind gibt.

Rahel So könnte man das auch sehen. Aber für Reaktionäre ist der Feind das Inhomogene. Das Volk der Demokratie ist dagegen homogen mit einem einheitlichen Willen. Es ist nicht nur ein Wir-Gefühl, sondern ein »Wir«, die Nation als homogene Einheit, die sich gegen andere richtet.

Deniz Aber das homogene Volk braucht am Ende gar keine Demokratie. Da weiß auch ein Führer, was das Volk will. Auf einen einheitlichen Willen und auf Wahlen, Parlament usw. kann man dann verzichten.

Max Kann man mit Carl Schmitt die Demokratie von links denken?

Deniz Solche Ansätze gab es tatsächlich. Man bezeichnete solche Theoretiker als Linksschmittianer. Sie griffen Teile von Schmitts rechter Theorie auf und versuchten, sie links zu wenden. Aber so richtig ist das nicht gelungen – Politik und Demokratie muss eigenständig von links gedacht werden.

Max Also muss ich präziser fragen: Braucht man für eine Demokratie ein »Wir-Gefühl« trotz Inhomogenität des Volkes oder gerade deswegen? Und was ist eigentlich Politik von links gedacht?

Nina Das Private ist politisch.

Rahel Das war der Slogan der Frauenbewegung – damals. Aber damit ist ja nicht erklärt, was politisch ist.

Nina Ich würde sagen: Politisch ist die soziale Auseinandersetzung um die Frage: »Wie wollen wir leben?«

Rahel Hört sich ganz gut an. Soziale Auseinandersetzung meint eben nicht, dass es eine homogene Einheit gibt, sondern Konflikte zwischen gesellschaftlichen Gruppen. Da ist der Klassenwiderspruch mitgedacht.

Nina Du wieder mit deinen Klassen. Es gibt auch andere Konflikte, z.B. den zwischen Mann und Frau oder auch den zwischen Umwelt und Industrie.

Rahel Genau, aber es geht um Konflikt und nicht um Einheit, schon gar nicht um einen einheitlichen Willen des ganzen Volkes.

Max Die Frage »Wie wollen wir leben?« betrifft dann Überlegungen, wie die Gesellschaft, Wirtschaft, Ökologie, Bildung, Kultur usw. usf. gestaltet werden oder aussehen sollen?

Nina So ist es.

Max Da ist das »Wir« aber mit drin. Braucht Demokratie – trotz unterschiedlicher Interessen und trotz möglicher Konflikte – ein Wir-Gefühl?

Deniz Das muss man ja nicht ideologisch oder nationalistisch als Homogenität denken. Aber Ungleichheit ist ein wirkliches Problem für die Demokratie. Eine Frage ist doch berechtigt: Wie entsteht aus den vielen unterschiedlichen Interessen und Meinungen eine staatliche Entscheidung oder von mir aus ein staatlicher Wille?

Rahel Wenn man Demokratie liberal denkt, erscheint sie als ein Verfahren, um trotz unterschiedlicher Meinungen zu einer staatlichen Willensbildung, d. h. zu einer Entscheidung zu kommen. Die Einheit steht also am Ende des demokratischen Prozesses.

Max Was für ein Prozess ist das?

Deniz Na, Wahlen und Diskussionen in der Gesellschaft, in Parteien und am Ende im Parlament. Da gibt es auch die Vorstellung, dass sich in der Diskussion ein vernünftiges Ergebnis durchsetzt. Da braucht es kein Wir-Gefühl.

Max Wer diskutiert denn da? Das ganze Volk?

Nina In der liberalen Vorstellung waren es schon Individuen, die da beraten, vor allem im Parlament beraten. War halt ein Honoratiorenparlament, da saßen nur die »angesehenen« Bürger, die miteinander diskutierten. Sie sollten durch vernünftige Argumente eine richtige Lösung für ein Problem finden.

Max Und später?

Nina Später hat vor allem Ernst Fraenkel daraus die Diskussion von Parteien und Verbänden, von Gruppen gemacht, die schon die Meinung der Individuen zusammenfassen.

Deniz So vertreten die Gewerkschaften z.B. die Meinung der arbeitenden Menschen?

Nina Genau. Aus der liberalen Demokratie wurde dann die pluralistische Demokratie. Das ist die Pluralismustheorie.

Max Ich nerve etwas: Und braucht man da ein Wir-Gefühl?

Nina Mir scheint, dass man aus dieser Perspektive eher ein Wir-Gefühl der Parteien und Verbände braucht, also innerhalb dieser, aber eben nicht mit den jeweils anderen Gruppen. Die Demokratie versucht dann, den Konsens oder Kompromiss hinzukriegen zwischen den Gruppen mit unterschiedlichen Interessen.

Deniz Mir scheint aber, das funktionierte nur nach dem Zweiten Weltkrieg ganz gut.

Max Warum?

Deniz Weil die gesellschaftlichen Unterschiede nicht mehr und noch
nicht wieder so krass waren. Also, vor allem der Unterschied zwischen Arm und Reich und den Lebenschancen, die sich aus diesem
Unterschied ergeben.

Max Was meinst du mit »nicht mehr« und »noch nicht wieder«?

Deniz Manche sprechen für die Zeit zwischen 1945 und 1980 vom goldenen Zeitalter des Kapitalismus, weil es im weitesten Sinne Wohlstand für alle gab. Viele sprechen auch vom Fordismus. Vorher war die
Gesellschaft ungleicher und nach 1980 mit der neoliberalen Wende
wurde sie wieder ungleicher.

Rahel Darüber sprachen wir ja schon. Demokratie braucht also Gleichheit ebenso wie die Freiheit, auch das haben wir diskutiert. Empirisch
kann man sich die Folgen der neoliberalen Ungleichheit anschauen:
Die Gesellschaft fällt auseinander. Kompromisse werden immer schwerer, statt Verständigung gibt es Hass. Da hat es die Demokratie schwer
– das beste Beispiel sind die USA, da kann seit Trump fast nichts mehr
entschieden werden, weil die Konflikte so grundlegend sind.

Nina Abstrakter formuliert: Ein gewisses Maß an Gleichheit ist notwendig, damit Entscheidungen akzeptiert werden, damit Minderheiten nicht in die Fundamentalopposition gehen und die Spielregeln der Demokratie nicht mehr akzeptieren, weil sie im Grunde eh
nicht mehr mitspielen dürfen.

Max Welches Maß an Gleichheit denn?

Nina Nun kommst du wieder mit den Grenzlinien. Das haben wir doch
schon festgestellt, die lassen sich so allgemein nicht bestimmen. Aber
richtig ist doch, dass gegenwärtig das Maß an Ungleichheit wahrscheinlich wieder zu groß ist für die Demokratie.

Rahel Man kann auch ein theoretisches Argument anfügen. Wenn Gleiche über Gleiche das Gleiche beschließen, kann niemandem Unrecht
geschehen. Wenn eine Gruppe etwas über eine andere sehr ungleiche Gruppe beschließt, kann sie dieser eben ein Unrecht tun, sie diskriminieren, weiter benachteiligen, ihre Rechte einschränken usw.

Deniz Das ist die andere Seite der Medaille. Wer keine Chance mehr
sieht, seine Interessen durchzusetzen, steigt aus, verweigert sich der
Demokratie, geht nicht mehr wählen und akzeptiert Entscheidungen auch nicht mehr.

Max Demokratie braucht also ökonomische Gleichheit? Ist das links?

Deniz Eigentlich nicht, sondern nur vernünftig und die Auffassung hat auch z.b. Kant vertreten,[2] der Vordenker des Bürgertums in Deutschland. Aber trotzdem ist es richtig und vernünftig.

Rahel Hermann Heller hat gemeint, dass »soziale Homogenität« Voraussetzung der Demokratie ist und hat das als linke Position verstanden.[3] Das kann man auch als Wir-Gefühl bezeichnen, das aus der Gleichheit kommt. Nur bei einem gewissen Maß an Gleichheit werden die Spielregeln der Demokratie akzeptiert.

Deniz Ich würde das schärfer fassen: Demokratie funktioniert nur dort, wo nicht Teile der Bevölkerung überflüssig sind.

Max Was meinst du damit?

Deniz Überflüssig in dem Sinne, dass sie für die Arbeit, die Produktion und auch sonst nicht gebraucht werden. Sie sind dann ausgesondert und gehören nicht dazu. Im globalen Süden leben immer noch viele in Slums – die gehören nicht dazu. Demokratie funktioniert dann nicht.

Rahel Das gilt aber zunehmend auch für die entwickelten kapitalistischen Staaten. Man spricht doch von der 2/3-Gesellschaft oder vom Prekariat und meint damit genau diese Menschen, die für das Kapital Überflüssigen.

Deniz Eben, und die gehen entweder nicht mehr wählen oder schlimmer: Sie wählen antidemokratisch, also AfD.

Max Dann braucht es also »soziale Homogenität« in diesem Sinne?

Deniz Aber Homogenität hatten wir doch verworfen.

Rahel Genauer muss man wohl von einem gewissen Maß an Homogenität oder ökonomischer Gleichheit sprechen. Vielleicht spricht man besser von Kohärenz, aber die Begriffe sind egal, auf den Gedanken kommt es an.

Max Noch eine Frage: Wie kommt es denn, dass Trump und andere chauvinistische Politiker ihre Anhänger ja keineswegs nur bei den Reichen haben, sondern auch – eigentlich mehrheitlich – bei den Armen, obwohl sie eine Politik für die Reichen machen?

Deniz Da ist er wieder, der Unterschied zwischen objektiven Interessen und subjektiver Meinung. Um dieses Verhalten zu erklären, muss man wohl in die Sozialpsychologie eintauchen.

---

[2] Kant, Immanuel: Die Metaphysik der Sitten, Frankfurt/M. 1982.

[3] Heller, Hermann: Politische Demokratie und soziale Homogenität (1928), Ges. Schr. II, S. 425ff.

Max Und, was sagt uns die?

Deniz Ich fand die Erklärung von Erich Fromm plausibel. Der sagt so grob: In Zeiten von Unsicherheit und gesellschaftlichen Umbrüchen entwickeln sich autoritäre Charaktere oder kommen zum Vorschein.[4]

Max Und, das heißt was?

Deniz Damit sind Menschen gemeint, die nach oben buckeln und nach unten treten. Sie suchen in der Autorität oben einen Halt in ihrer Verunsicherung, am besten in einer Autorität, welche ihre alten Prinzipien verkörpert, die gerade infrage gestellt werden. Und damit fühlen sie sich auf der Seite der Gewinner und versuchen, das durch Abgrenzung nach »unten« zu zeigen. Sie treten nach unten, diskriminieren Minderheiten und lassen ihre Wut an Schwächeren aus.

Rahel Ja, spannend und das passt, obwohl die Theorie von Fromm ja schon uralt ist.

Deniz Na ja, aus den 1940er-Jahren.

Rahel Sag ich ja, uralt.

Max Das ist wohl eine Frage der Perspektive.

Rahel Trump hat aber den weißen, armen Amerikanern auch wirkliche Vorteile versprochen.

Deniz Eben, versprochen, nicht gehalten.

Rahel Teilweise auch auf Kosten der armen Schwarzen oder Latinos.

Deniz Aber das meint Fromm doch mit autoritärem Charakter – nach unten darf man treten, andere diskriminieren.

Demokratie, Mehrheit und Minderheit

Max Gibt es die Wahlrechtsgleichheit, weil das Wir-Gefühl auf annähernder Gleichheit beruhen sollte und Gleiche Gleiches über Gleiche beschließen sollen?

Deniz Nein, die Wahlrechtsgleichheit ergibt sich nicht aus der faktischen oder materialen Gleichheit, sondern aus der Freiheit.

Rahel Wieso kommt die Wahlrechtsgleichheit aus der Freiheit? Verstehe ich nicht.

Deniz Weil jeder Mensch, ich betone jeder, das Recht auf Selbstbestimmung oder Freiheit hat – und Demokratie ist der Versuch, Freiheit in der Gruppe oder Gesellschaft zu verwirklichen. Es geht also um die gleiche Freiheit jedes Menschen in der Gesellschaft.

---

[4] Fromm, Erich: Die Furcht vor der Freiheit (München 2019).

Rahel Voraussetzung ist aber die gleiche Freiheit oder die Gleichheit der Menschen, ihre Freiheit zu verwirklichen – dann sind Freiheit und Gleichheit die Begründung der Wahlrechtsgleichheit.

Deniz Nun wollen wir mal nicht zu viele Haare spalten. Das ist jetzt auch nicht spezifisch links – die Wahlrechtsgleichheit ist ja unumstritten.

Max Ja heute, aber war sie nicht immer – auch darüber sprachen wir schon.

Nina Mich würde noch etwas anderes interessieren. Jemand sagte eben: Gleiche beschließen über Gleiche das Gleiche. Bei Ungleichheit könne der Minderheit Unrecht geschehen. Nun sind in der Wirklichkeit aber nicht alle gleich, sondern es gibt politische und gesellschaftliche Minderheiten.

Rahel Du meinst, warum in der Demokratie Mehrheitsbeschlüsse gelten?

Nina Ja, auch.

Rahel Ich folge da Kelsen. Der Grund ist wiederum die Freiheit. Mit dem Mehrheitsbeschluss wird Freiheit und Selbstbestimmung eben für die Mehrheit verwirklicht.[5]

Deniz Aber die Minderheit hat das Nachsehen und kann unterdrückt werden – das ist doch mit Freiheit nicht vereinbar.

Deniz Dafür sind die Menschenrechte ein Sicherungsmechanismus, eben die staatsbürgerlichen Rechte auf Meinungs-, Versammlungs- und Vereinigungsfreiheit. Darüber sprachen wir bei der Diskussion um die Freiheit.

Rahel Die staatsbürgerlichen Rechte schützen die politische Minderheit und andere Rechte wie die Religionsfreiheit eben auch andere Minderheiten – jedenfalls theoretisch.

Max Das ist jetzt aber alles nicht spezifisch links!

Deniz Dennoch ist das etwas, das wie die Freiheit der Andersdenkenden für Linke gelten sollte und was gegen rechts zu verteidigen ist.

Nina Und für die Demokratie sind solche Rechte ganz wichtig, nicht nur, weil sie die Minderheit schützen, sondern auch, weil sie der Minderheit überhaupt eine Chance geben, zur Mehrheit werden zu können, also andere zu überzeugen.

Deniz Und das ist wohl ein Kernelement der Demokratie, dass die Minderheit eine Chance hat, Mehrheit zu werden und ihre Politik umzusetzen.

---

[5] Kelsen, Hans: Vom Wesen und Wert der Demokratie, in: Archiv für Sozialwissenschaften und Sozialpolitik (Bd. 47) 1920/21, S. 50 ff.

Halbierte Demokratie?

Demokratie und Verwaltung

Max Wenn es der Linken um Freiheit und Gleichheit geht, müsste doch die Demokratie über die Gesetzgebung hinaus organisiert werden?

Rahel Allerdings, der Spruch von Willy Brandt »Wir wollen mehr Demokratie wagen« bezog sich genau darauf, auf die Demokratisierung der Gesellschaft.

Deniz Und Willy Brandt war links? Der hat auch die Berufsverbote für Linke zu verantworten.

Nina Jedenfalls war das Programm, das mit diesem Spruch verbunden war, links.

Rahel Die Regierung Brandt war jedenfalls von den Personen und von dem, was sie gemacht hat, am weitesten links, verglichen mit allen anderen Regierungen der Bundesrepublik.

Max Linker als Rot-Grün?

Deniz Eindeutig: Rot-Grün unter Schröder und Fischer hat Hartz IV zu verantworten und hat die Bundeswehr in Jugoslawien einmarschieren lassen.

Max Nun übertreib nicht, einmarschiert ist da niemand, aber die Bundeswehr hat dort Krieg geführt.

Deniz Und das war ein Angriffskrieg, meine ich, Deutschland wurde ja nicht von Jugoslawien angegriffen, sodass es sich hätte verteidigen dürfen.

Nina Das ist jetzt aber nicht unser Thema und wir sollten uns nicht benehmen wie die Stiefmutter bei Schneewittchen!

Max Was meinst du?

Nina Spieglein, Spieglein an der Wand, wer ist die Linkste im ganzen Land? Die Frage war: Was meint »Demokratie wagen«?

Deniz Ich würde sagen, die Ausdehnung der Demokratie auf Wirtschaft und Gesellschaft und die Einbeziehung der Zivilgesellschaft, d. h., dass zum Beispiel NGOs an politischen Entscheidungen beteiligt werden.

Max Warum muss denn die Verwaltung demokratisiert werden? Die wird doch durch die Gesetze und durch die Regierung gesteuert.

Deniz Und wovon träumst du nachts? Die Verwaltung steuert eher die Regierung als umgekehrt.

Nina Wie meinst du das denn? Die Regierung ist doch die Verwaltungsspitze und kann Anweisungen geben, die nach unten weitergeleitet werden müssen.

Rahel Im Prinzip ja, aber konkrete Anweisungen gibt es nur selten und bei der Anwendung der Gesetze gibt es einen großen Spielraum der Verwaltung. Da machen die ihre eigene Politik.

Max Mir erzählte eine Behördenmitarbeiterin in einer Kommune, dass sie einen Ratsbeschluss als Anregung verstehen, um ihn zu vernünftiger Politik umzuarbeiten.

Deniz Die Verwaltung hat am Ende die Ressourcen, also das Knowhow und sie beschäftigt sich speziell und ausschließlich mit bestimmten Fragen, die Politiker beinahe nebenbei entscheiden müssen.

Max Und wie soll dann Demokratisierung der Verwaltung genau funktionieren?

Deniz Da gibt es ja Ansätze mit Bürgerbeteiligung, Bürgerversammlungen und auch Personalräten.

Nina In Bremen gibt es immer noch Deputationen. Das sind dem Parlament zugeordnete Ausschüsse, die aber nicht aus Abgeordneten zusammengesetzt sind. Diese Deputationen sind zuständig für jeweils einen Verwaltungszweig, den sie kontrollieren sollen.

Max Und funktioniert das?

Nina Auch nur mittelmäßig, denn erstens sitzen da altgediente oder aufstrebende Politiker drin – also nicht »normale« Bürger und zweitens machen die das natürlich auch nur ehrenamtlich.

Rahel Und die Bürgerbeteiligung hat zwei Probleme: Erstens beteiligen sich daran vorwiegend Bürger und eben nicht Arbeiter und Arbeiterinnen.

Max Und zweitens?

Rahel Nun drängel nicht so. Zweitens dauert es oft sehr lange, etwas umzusetzen, wenn Bürgerinnen und Bürger sich beteiligen.

Deniz Das ist doch nicht schlimm. Es geht doch um gute und nicht um schnelle oder gar ökonomisch effiziente Entscheidungen.

Nina Doch, ist schlimm. Beispielsweise wird der Bau von Windkrafträdern oder auch von Stromleitungen für erneuerbaren Strom typischerweise von Eigenheimbesitzern verzögert. Und die ökologische Wende hat leider nur noch wenig Zeit.

Demokratisierung der Wirtschaft

Rahel Möglicherweise braucht es neue Formen der zivilgesellschaftlichen Beteiligung. Das spricht aber nicht grundsätzlich gegen demokratische Beteiligungen an Verwaltungsentscheidungen. Was ist nun mit der Wirtschaft?

Deniz Die Demokratisierung der Wirtschaft ist nun eine klare linke Forderung.

Max Warum das?

Rahel Weil Entscheidungen – zumindest solche von großen Konzernen – oft viel wichtiger für das Leben der Menschen sind als etwa Entscheidungen einer Kommune und manchmal selbst als solche von Bundes- oder Landtag.

Nina Das stimmt, wenn etwa ein großer Konzern seinen Standort verlagert, heißt das für die Beschäftigten, dass sie ihre Arbeit verlieren und evtl. wegziehen müssen.

Rahel Und nicht nur das, der Bäcker in dem Gebiet verkauft möglicherweise weniger Brot und der Kfz-Händler keine Autos mehr.

Nina Abstrakter gesprochen: So eine Entscheidung wirkt oft auf die wirtschaftliche Struktur einer ganzen Region und es ist ein Unding, dass da einzelne Eigentümer allein entscheiden dürfen.

Deniz Die Ökonomie ist doch längst zu einer Macht geworden, die der Politik ihre Gesetzmäßigkeiten aufzwingt.

Max Was heißt jetzt »die Ökonomie«? Meinst du einzelne Unternehmen?

Deniz Nein, die Gesetze der kapitalistischen Ökonomie haben sich verselbständigt. Die Politik spricht dann von Sachzwängen, denen die Demokratie folgen muss.

Max Und was sind die Gesetze der kapitalistischen Ökonomie?

Deniz Kapital muss sich verwerten.

Max Sehr witzig und was heißt das?

Deniz Das weiß doch jeder. Wer sein Geld zur Bank trägt, will Zinsen haben, wenn die mal gestrichen werden, fangen alle an zu jammern: Wegen der Inflation würde das Geld weniger.

Nina Und genauso will auch der Kapitalist, der sein Geld in Unternehmen anlegt, Geld verdienen, also Profit machen.

Max Das sind die Gesetze der kapitalistischen Ökonomie? Das wollte auch der Kaufmann im Mittelalter.

Rahel Hinzu kommt natürlich, dass die Wirtschaft als Konkurrenzwirtschaft aufgebaut ist. Das zwingt das Unternehmen, mindestens gleich gut und gleich billig zu produzieren, sonst geht es pleite.

Nina Und man kann noch weiterdenken: Um Profit zu erwirtschaften und das zu einem konkurrenzfähigen Preis, muss ein Unternehmen immer weiter wachsen. Wachsen oder Untergehen ist das Gesetz des Kapitalismus.

Deniz Ich würde sagen, die industrielle Produktion gehört auch zum Kapitalismus.

Nina Das gilt sicher für seine Ursprünge. Die Fabrik folgte der Manufaktur, was ein qualitativer Sprung war. Aber der Anteil der Industrie an der Wirtschaftsleistung sinkt in den kapitalistischen Zentren beständig.

Rahel Man spricht von der Dienstleistungsgesellschaft.

Deniz Die ist aber immer noch kapitalistisch oder vielleicht noch kapitalistischer. Jetzt muss nicht der einzelne Unternehmer Gewinn machen, sondern das Unternehmen muss für die Aktionäre und Investoren Gewinn machen.

Nina Aber lässt sich das ändern? Solche Gesetzmäßigkeiten entstehen doch aus der Natur der Sache – Ökonomie funktioniert eben so. Die gesellschaftlichen Systeme folgen halt ihrer eigenen Logik, behauptet Luhmann.[6]

Rahel Natürlich kann die Politik keine Naturgesetze ändern, aber die Gesetze der Ökonomie und der Gesellschaft sind von Menschen gemachte Gesetze und die sollten demokratisch erzeugt werden. Die Kapitulation vor den selbst erzeugten Zwängen wird sonst zur Rechtfertigung der schlechten Wirklichkeit.

Deniz Eben! Eine andere Welt ist möglich. Es gibt Alternativen, Frau Thatcher und die Neoliberalen haben den Menschen nur eingeredet: »There is no alternative.«

Nina Übrigens ist für die Gesellschaft höchst relevant, wer entscheidet, wie und was produziert wird. Daran hängt die Frage der Umwelt, ob man umweltfreundlich produzieren kann oder nicht.

Max Aber das soll der Markt doch regeln.

Rahel Eben nicht! Der Markt hat überhaupt keine Sensoren für Umwelt und Soziales – der Markt reagiert nur auf Preise.

Deniz Da hilft nur eins: Man muss die Unternehmen enteignen.

Max Und wer wird dann Eigentümer?

Deniz Ja die Gesellschaft. Das heißt dann: Vergesellschaftung des Kapitals.

Max Aber wer ist die Gesellschaft am Ende? Wer trifft dann die Entscheidungen im Betrieb?

Deniz Meist hat man bisher gemeint, der Staat vertritt die Gesellschaft.

Rahel Na prima. Die Bahn gehört zu 100% dem Staat und schaut euch mal an, was die für einen Mist machen.

Deniz Aber erst seitdem sie wie eine Aktiengesellschaft funktionieren soll, also vor allem Gewinn erwirtschaften soll. Vorher war die Bahn

---

[6] Vgl. Luhmann, Niklas: Die Gesellschaft der Gesellschaft, Frankfurt 1997.

pünktlich und hat mit dem Spruch geworben: »Alle reden vom Wetter – wir nicht.«

Nina Und was sollte das bedeuten?

Deniz Na, die Bahn fuhr auch bei Regen, Schnee und großer Hitze. Heute hat die Bahn vier große Feinde.

Nina Nämlich welche?

Deniz Frühling, Sommer, Herbst und Winter.

Max Sehr witzig. Aber was hat das mit der Unternehmensform zu tun?

Rahel Ist doch klar: Die Regierung Schröder/Fischer hat aus der Bundesbahn eine Bahn-AG gemacht und die Pappnase von Mehdorn wurde Chef. Der meinte, man könne die Bahn so betreiben wie eine Fluggesellschaft. Seitdem klemmt es überall.

Nina Und statt den Güterverkehr auszubauen, hat die Bahn ein Speditionsunternehmen gekauft, um Güter auf der Autobahn zu befördern – ökologischer Irrsinn war das.

Rahel Es kommt also nicht so sehr darauf an, wer formal Eigentümer ist, sondern nach welchen Prinzipien ein Unternehmen wirtschaftet.

Deniz Allerdings ist es natürlich leichter, ein Unternehmen ökologisch und sozial zu organisieren, wenn der Staat Eigentümer ist.

Max Das allein reicht aber wohl nicht, was gehört denn noch zur Demokratisierung der Wirtschaft?

Rahel Üblicherweise versteht man darunter doch die Unternehmensmitbestimmung und die betriebliche Mitbestimmung.

Max Wo war noch mal genau der Unterschied?

Deniz Betriebliche Mitbestimmung findet – wie der Name schon sagt – im Betrieb statt, nämlich durch den Betriebsrat und nach dem Betriebsverfassungsgesetz. Und dieses Gesetz bestimmt und beschränkt die Angelegenheiten, bei denen der Betriebsrat ein Mitsprache- und manchmal ein Mitentscheidungsrecht hat. Da geht es nie um strategische Entscheidungen des Unternehmens, also was produziert wird und was nicht oder wo produziert wird. Im Wesentlichen geht es um die Arbeitsbedingungen oder um den Schutz der Beschäftigten, z.B. auch vor Kündigungen.

Nina Und Unternehmensmitbestimmung findet – dreimal dürft ihr raten – im Unternehmen statt. Dann sitzen Vertreter der Gewerkschaften im Aufsichtsrat des Unternehmens und entscheiden also auch über strategische Entscheidungen des Unternehmens. Unternehmensmitbestimmung gibt es aber erst in Unternehmen mit einer Größe von mehr als 500 Mitarbeitern. Dann gilt Drittelparität. Bei mehr als 2.000 Mitarbeitern wird der Aufsichtsrat sogar paritätisch zusammengesetzt.

Max Was heißt das?

Deniz Es sitzen genauso viele Arbeitnehmervertreter wie Eigentums-
vertreter im Aufsichtsrat. Allerdings hat der Vorsitzende, der immer
die Eigentümer vertritt, ein doppeltes Stimmrecht. Bei einem Patt
zwischen Kapital und Arbeit entscheidet also das Kapital.

Max Dann gibt es doch Demokratie der Wirtschaft, oder nicht?

Rahel Eben nicht! Jedenfalls nicht ausreichend. Erstens hat das Kapital
immer noch das Letztentscheidungsrecht. Die Arbeitnehmerbank –
so heißt das im Fachchinesisch – lässt sich außerdem gern in die Politik des Kapitals einspannen.

Deniz Arbeiterverräter eben!

Rahel Nein, das geschieht meist, weil sie die Pistole auf der Brust haben.

Max Wie meinst Du das?

Rahel Beispielsweise droht die Kapitalseite mit Schließung oder Produktionsverlagerung, wenn die Beschäftigten keine Lohnkürzun-
gen akzeptieren.

Deniz Dann schießt sich das Kapital doch ins eigene Knie, wenn die Eigentümer wegen einer Schließung nichts mehr verdienen.

Max Das kommt drauf an. Wenn die Konkurrenz mit einem anderen
Unternehmen die Produktion unrentabel macht, also rote Zahlen
geschrieben werden, ist die Schließung die bessere Variante. Das ist
also eine reale Drohung.

Rahel Abstrakter gesagt: Die Vertreterinnen der Beschäftigten haben
die Zwänge der Konkurrenzwirtschaft internalisiert. Alex Demirović
hat dazu eine spannende Studie erarbeitet.[7]

Max Man sollte auch psychologische Mechanismen nicht unterschät-
zen. Es gibt den Effekt, dass man dazugehören will, sich – vielleicht
auch ganz unbewusst – anpasst, das Spiel mitspielt.

Rahel Außerdem werden die Arbeitnehmervertreter im Aufsichtsrat
auch gut bezahlt – da gehören sie plötzlich zu den Besserverdienenden. Das erleichtert die Anpassung.

Nina Darüber hinaus werden durch Entscheidungen von großen Unternehmen nicht nur die Interessen der Beschäftigten berührt, sondern auch die von Verbraucherinnen oder der Umwelt.

Max Was folgt daraus?

Deniz Die Interessen der Umwelt und der Verbraucher müssten bei Un-
ternehmensentscheidungen eine Vertretung im Aufsichtsrat haben.

---

[7] Demirović, Alex: Demokratie in der Wirtschaft, Münster 2007.

Nina Und eben nicht nur im Aufsichtsrat, sondern im Vorstand. Meist nicken die Aufsichtsräte nur ab, was im Vorstand beschlossen wird. Die Vertreter des Kapitals müssen gegenüber Vertretern gesellschaftlicher Interessen außerdem in eine Minderheitenposition rücken – die vertreten eben nur ein Interesse unter vielen.

Rahel Die Gewerkschaften fordern auch schon lange, dass die Mitbestimmung ausgeweitet werden muss. Die betriebliche Mitbestimmung soll sich auf mehr Themen beziehen und die paritätische Mitbestimmung in Unternehmen soll früher eingeführt werden – also nicht erst ab 2.000 Mitarbeitern.[8]

Deniz Ich sage es noch einmal: Das reicht nicht, Beschäftigte, Verbraucher und Umwelt müssen die Mehrheit stellen – man braucht mehr als diese Pseudoparität, bei der sie am Ende doch überstimmt werden können.

Max Aber wer investiert dann noch oder gründet neue Unternehmen? Dann gehen die großen Konzerne alle ins Ausland.

Nina Das kann natürlich nicht für kleine Handwerksbetriebe und Start-ups gelten. Aber wenn die von den großen Konzernen geschluckt werden, was oft passiert, muss eben Mitbestimmung stattfinden.

Deniz Außerdem müssen natürlich Rahmenbedingungen geändert werden, z. B. Kapitalverkehrskontrollen müssten wieder eingeführt werden, damit das Kapital nicht – wie das berühmte scheue Reh – ins Ausland flüchtet. Oder aus dem Aktiengesetz muss die Verpflichtung auf Gewinnmaximierung gestrichen werden – überhaupt muss man diese Gesetze durchforsten.

Max Kommt man da nicht in Schwierigkeiten mit dem EU-Recht?

Rahel Allerdings, das muss geändert werden. Eine sozial-ökologische Transformation geht nicht oder nur schlecht mit einer Verfassung, die auf eine neoliberale Wirtschaftspolitik verpflichtet ist.

Max Okay, das ist ein neues Thema. Das stellen wir mal zurück.

Rahel Es geht darum, den Vorrang der Demokratie vor der Wirtschaft herzustellen, oder? Da kann ich mir noch andere Änderungen vorstellen, die wichtig sind.

Max Nämlich?

Rahel Die Gründung und Arbeit von Genossenschaften müsste gefördert werden.

---

[8] DGB-Bundesvorstand (Hrsg.): Offensive Mitbestimmung – Vorschläge zur Weiterentwicklung der Mitbestimmung, www.dgb.de/themen/++co++75c95b4a-7cbc-11e5-8768-52540023ef1a (3.4.2023).

Deniz Genossenschaften gibt es doch: Wohnungsbaugenossenschaften oder Konsumgenossenschaften. Edeka ist z.b. eine Genossenschaft.

Nina Aber nur zur Hälfte und lediglich eine Genossenschaft der Einzelkaufleute, keine Verbrauchergenossenschaft. Aber es gibt auch viele kleine Genossenschaften, auch z.b. Wohnungsbaugenossenschaften, die speziell für ein bestimmtes Projekt gegründet werden, in dem die Genossinnen dann wohnen. Aber es kann noch viel getan werden, um insbesondere die Gründung kleiner Genossenschaften attraktiver zu machen.

Deniz Die Übernahme von Betrieben durch die Beschäftigten, also die Umwandlung in eine Produktionsgenossenschaft, müsste z.b. leichter werden.

Nina Aber Genossenschaften unterliegen auch dem Zwang zur Konkurrenz und manche Genossenschaften handeln auch nicht anders als Aktien- oder Kapitalgesellschaften. Die Volksbanken unterscheiden sich nur wenig von anderen Banken – übrigens die Sparkassen, die in öffentlicher Hand sind, auch nicht.

Rahel Genossenschaften sind ein Beispiel. Ich habe noch ein anderes: Aus den Gemeindeordnungen müsste die Regelung gestrichen werden, dass Gemeinden sich nur dann wirtschaftlich betätigen dürfen, wenn Private die Aufgaben nicht oder nicht besser erledigen können.

Nina Ich verstehe auch nicht, warum die Gründung eines Dorfladens nicht gemeinnützig sein kann, wenn der nächste Laden nur mit dem Auto zu erreichen ist. Da gibt es viele kleine Rädchen, die gedreht werden könnten.

Deniz Allgemeiner brauchen wir die Rückkehr zu einer eher gemischten Wirtschaft. Das bedeutet, dass die öffentlichen Dienstleistungen, also die Daseinsvorsorge, auch öffentlich erledigt werden muss und nicht nach Kriterien der Gewinnmaximierung.

Max Wie zum Beispiel?

Rahel Zum Beispiel Krankenhäuser – das ist doch ein Unding, dass die privat betrieben werden und vorrangig Profit machen wollen, statt Kranke gut zu versorgen. Das gilt aber auch für den öffentlichen Verkehr, also Bahn und Nahverkehr oder die Post.

Deniz Und die Banken müssen öffentlich sein. Die bestimmen zentral darüber, welche Unternehmen Kredite erhalten, und dabei spielen nur Kriterien der Effizienz eine Rolle.

Max Es gibt aber doch Öko-Banken.

Deniz Aber nur in Nischen, behaupte ich mal. Wichtiger sind die privaten Großbanken.

Nina Insgesamt geht es um mehr Kooperation statt um Konkurrenz. Allmende kann dabei eine Rolle spielen.

Max Was ist denn Allmende?

Nina Früher bezeichnete das meist die Dorfwiese, die von den Dorfbewohnern gemeinsam benutzt wurde. Alle durften ihre Kühe oder Ziegen dort grasen lassen.

Deniz Heute meint man eher die gemeinsame Nutzung von Ressourcen oder kooperative Formen im Bereich der digitalen Produktion wie beispielsweise Wikipedia oder – zu Beginn – Linux. Da entstand etwas durch Kooperation ohne Gewinnstreben.

Max Und die Mischung, also die gemischte Wirtschaft fördert die Demokratie?

Deniz Ja, und zwar deshalb, weil sie die Chance bietet, die Gesetzmäßigkeiten der kapitalistischen Ökonomie aufzuweichen, andere Aspekte in das Wirtschaften einfließen zu lassen, sodass politische Gestaltung nicht den Marktgesetzen unterworfen bleibt.

Nina Eric Olin Wright hat das schön erklärt. Er sagt, dass die Spielregeln des Kapitalismus keine Alternativen zulassen, also auch keine Demokratie. Deshalb gehe es um eine »Erosion des Kapitalismus«, mit der die Spielregeln mittelfristig geändert werden. So entstehe mehr Raum für Emanzipation und auch für Demokratie.[9]

Max Aber Konkurrenz belebt das Geschäft, sagt man doch. Will sagen, durch die kapitalistische Konkurrenz entstand erst der Reichtum, den wir heute haben.

Nina Wir? Haben wir denn Reichtum?

Deniz Natürlich nicht alle gleichmäßig, darüber sprachen wir ja schon. Aber verglichen mit früheren historischen Epochen ist unsere Gesellschaft doch recht reich.

Rahel Das ist ja das Problem. Reichtum wird erstens nur in materiellen Gütern gemessen und zweitens ist diese Form von Reichtum doch genau der Grund, dass wir etwas ändern müssen, um den Ressourcenverbrauch nicht weiter zu steigern.

Deniz Man nennt das neuerdings Humankapital – also die menschliche Arbeitskraft und insbesondere die Kreativität muss anders genutzt werden, nicht um noch mehr Güter zu produzieren, sondern um umweltschonender zu produzieren und um ein gutes Leben zu ermöglichen.

Max Okay, damit sind wir auch wieder bei der Umwelt, eigentlich wollten wir aber über Demokratie sprechen.

---

[9] Wright, Eric Olin: Linker Antikapitalismus im 21. Jahrhundert, Hamburg 2019.

Selbstbestimmung, aber wie?

Nina Mich würde aber noch interessieren, ob Demokratie von links nicht anders organisiert werden kann oder muss als durch Parlamentarismus, ich meine z.b. durch direkte Demokratie, Rätedemokratie oder durch Bürgerräte?

Rahel Direkte Demokratie gibt es ja als Ergänzung zum Parlamentarismus, etwa in der Schweiz oder in Kalifornien. Das ist nicht spezifisch links – darüber sprachen wir ja schon.

Nina Und wieso schreien die konservativen Juristen laut auf, wenn man Volksgesetzgebung auf Bundesebene fordert?

Deniz Sie fürchten das Volk immer noch und besonders fürchten sie ein politisiertes Volk.

Rahel Jedenfalls die Ergebnisse von Volksabstimmungen sind nicht so links und man muss fürchten, dass die Todesstrafe wieder eingeführt wird, wenn das Volk in der richtigen oder falschen Situation abstimmt.

Max Aber vom Ergebnis kann man schlecht auf die Demokratie schließen – auch das Parlament trifft falsche Entscheidungen.

Rahel Es gibt noch ein Problem, das sichtbar wird bei der Volksgesetzgebung auf Landesebene. Besser gebildete und ökonomisch besser gestellte Gruppen haben viel größere Chancen, eine Volksabstimmung zu initiieren und diese Gruppen sind auch bei den Abstimmungen zahlenmäßig stärker vertreten.

Max Und was folgt daraus?

Rahel Ist doch klar, für die »Unteren« funktioniert die Repräsentation durch Abgeordnete oder andere Vertreter besser.

Deniz Andererseits zeigen Übersichten über die eingeleiteten und auch erfolgreichen Volksgesetzgebungsverfahren ein etwa ausgeglichenes Verhältnis zwischen eher linken, sozialen und eher rechten Initiativen.

Nina Grundsätzlich entspricht es eher dem Prinzip der Selbstbestimmung, wenn die Adressaten eines Gesetzes selbst darüber abstimmen und nicht nur Repräsentanten.

Rahel Das geht nur praktisch nicht immer, dann käme niemand mehr dazu, richtig zu arbeiten.

Max Und was ist mit der Rätedemokratie?

Deniz Nach den Revolutionen am Anfang des 20. Jahrhunderts, also 1917 in Russland, aber auch nach der Novemberrevolution 1918 in Deutschland, haben sich überall Räte gebildet, nämlich Arbeiter- und Soldatenräte.

Max Wie funktionieren denn Räte überhaupt?

Rahel Bei Räten wählt eine untere Gliederung, also z.b. die Beschäftigten eines Unternehmens, Delegierte für eine höhere Gliederung. Arbeiterräte wählten etwa in ihrem Betrieb Delegierte, die dann mit anderen z.b. auf kommunaler Ebene den Arbeiterrat bilden und Delegierte für den Bezirk wählen und so weiter bis hinauf auf die nationale Ebene.

Nina Abstrakter gesprochen: Räte wählen sich einen Vorstand und Delegierte für die nächsthöhere Ebene, z.b. die Landesebene und so weiter bis man auf der höchsten Ebene, also bei uns auf der Bundesebene angekommen ist.

Deniz Wenn man die EU mal vergisst.

Max Wir sprechen ja zunächst vom Prinzip.

Nina Aber dann gibt es ja auch rätedemokratische Elemente in der Bundesrepublik.

Deniz Wie bitte? Das nennt sich doch parlamentarische Demokratie!

Nina Aber die Parteien, sagt das Grundgesetz, müssen demokratisch organisiert sein. Und deren Struktur entspricht doch eher einem Rätesystem als einem parlamentarischen System. Die Ortsvereine wählen Delegierte für den Unterbezirk, dort werden welche für den Bezirk gewählt usw.

Deniz Ja, in der SPD ist das so, das heißt ja noch nichts.

Nina In anderen Parteien heißen die Gliederungen nur anders, das Prinzip ist ähnlich, auch wenn manchmal Gliederungsebenen übersprungen werden.

Max Dann haben wir also eine Räterepublik?

Nina Das natürlich nicht, aber auch rätedemokratische Elemente gibt es im Parlamentarismus. Die Modelle sind miteinander vereinbar und schließen sich nicht aus – ebenso wenig wie direkte und repräsentative Demokratie.

Max Und haben jetzt Räte Vorteile gegenüber den Parlamenten?

Rahel Na klar, denn die Delegierten sind viel direkter an die Meinung ihrer Basis gebunden, meist gibt es auch mindestens implizit ein imperatives Mandat. Das heißt, die Delegierten werden von der Wahlversammlung verpflichtet, so und so abzustimmen.

Deniz Wenn man nicht nur an Parteien denkt, sondern an Demokratie insgesamt, gibt es aber auch Probleme. Schließlich sind nicht alle Menschen Arbeiterin oder Soldat.

Max Versteh ich nicht.

Deniz Abstrakter formuliert: Nicht jeder Mensch gehört zu einer Gliederung, die auch einen Delegierten wählt – z.b. Hausmänner oder

Soloselbstständige. Dann muss man wieder auf die territoriale Ebene zurückgreifen.

Max Aber das ginge doch.

Deniz Wäre aber kein Unterschied zu Wahlkreisen und man fängt sich möglicherweise das Mehrheitswahlrecht ein.

Rahel Doch, es gibt einen Unterschied zu Wahlkreisen. Man kann viel weiter untergliedern und im Wahlkreis nicht die Abgeordneten des Bundestages wählen, sondern erst mal Delegierte, die dann irgendwann die Abgeordneten wählen.

Nina Das wäre aber ein indirektes Wahlrecht oder ein Wahlmännersystem. Das Grundgesetz verbietet das. Und man sieht in den USA, dass es nicht gut funktioniert.

Max Warum nicht?

Rahel Weil beim Mehrheitswahlrecht, das man bei Wahlkreisen braucht, immer die Gefahr von Verfälschungen besteht. Also unter den Wahlmännern und -frauen gibt es eine andere politische Mehrheit als bei den Wählern und Wählerinnen. Ein Teil der Stimmen fällt eben unter den Tisch.

Nina Aber das hat nichts damit zu tun, ob man territoriale Einheiten oder funktionale Einheiten – also Arbeiter- und Soldatenräte – bildet, oder?

Rahel Das stimmt allerdings.

Max Dann haben also gemischte Systeme wieder einen Vorteil?

Deniz Das wird man wohl so sagen müssen.

Nina Und was ist mit den Bürgerräten?

Max Was ist das nun wieder?

Deniz Da werden Abgeordnete ausgelost und in den Rat geschickt, um dort zu einem bestimmten Thema zu beraten. Gelost werden repräsentativen Gruppen aus der Bevölkerung – also sind z.B. Männer und Frauen zu gleichen Teilen vertreten, Professoren gibt es aber viel weniger als im Bundestag.

Max Und was beraten die?

Rahel Zu einem bestimmten Thema: Also zum Beispiel, wie die Verkehrswende aussehen könnte. In Irland hat der Bürgerrat für eine Legalisierung von Schwangerschaftsabbrüchen plädiert. Schließlich durften die Iren darüber abstimmen.

Deniz In Deutschland hat der Bürgerrat zur Verteidigungspolitik für eine Erhöhung des Militärbudgets auf 2% des Bruttoinlandsproduktes gestimmt – nicht sehr überzeugend.

Max Jetzt schließt du aber wieder vom Ergebnis auf das Verfahren. Das haben wir doch schon bei der Volksgesetzgebung geklärt, dass man

Demokratie nicht einfach danach beurteilen kann, ob einem das Ergebnis schmeckt.

Rahel Die ausgelosten Bürgerräte sind repräsentativer zusammengesetzt als die Abgeordneten im Bundestag. Außerdem können sie unabhängiger debattieren und sind nicht an die Parteilinie gebunden.

Nina In den Parteien setzen sich bestimmte Leute durch und übernehmen die Posten, werden also Abgeordnete, und das sind vor allem Akademiker. Glaubst du, im Bürgerrat setzen die sich nicht durch?

Rahel Ja, das glaube ich, da gibt es andere informelle Ordnungen.

Nina Ich glaube es nicht.

Max Glaubensfragen sollten wir aber nicht erörtern.

Nina Aber meinst du, dass die Debatten im Bürgerrat rationaler sind als in Parteien, da wird doch über heiße Themen intensiv und lange diskutiert und das von Vollzeitpolitikern und Politikerinnen.

Deniz Aber rational ist das nun überhaupt nicht, da wird immer taktiert. Wen muss man durchsetzen, wen verhindern, bei wem muss man sich einschleimen, um was zu werden? Das hat doch mit rationaler Diskussion nicht viel zu tun. Und dann gibt es noch den »Das hatten wir ja noch nie!« und »steht doch im Programm«-Effekt, der jede Diskussion tötet.

Nina Du übertreibst und außerdem haben Berufspolitiker einen besseren Zugang zu Informationen als ein Bürgerrat.

Deniz Der Bürgerrat kann sich Experten einkaufen und er hört vielleicht auf diese. Die Experten im Bundestag werden nur bestellt, um die Meinung der Partei zu bestätigen.

Nina Dann haben wir immer noch ein Problem mit der Repräsentativität. Auch wenn ausgelost wird, ist so ein Bürgerrat in seiner politischen Meinung nicht repräsentativ.

Deniz Deshalb entscheidet der Rat auch nicht, sondern macht nur Vorschläge. Das allerdings nimmt ihm auch viel seiner Bedeutung – er ist ein Beratungsgremium neben vielen. Und entscheidend ist wohl auch, wer die Fragen stellt, die zu beantworten sind und wer die Experten aussucht, die gehört werden.

Nina Das scheint mir auch so. Die Bürgerräte sind weder per se links oder rechts und auch nicht zwingend eine Erweiterung der Demokratie. Sie lassen sich auch für Public Relations benutzen – je nachdem, wer sie einberuft und wer die Fragen stellt.

Rahel Aber die Beispiele aus Irland zeigen, dass sie auch als Korrektur eingefahrener Debatten im Parlament dienen können.

Max Also ein klares Unentschieden.

Deniz Aber die Bürgerräte werden nicht vom Kapital eingekauft.

Demokratie im real existierenden Kapitalismus

Demokratie und Lobbying

Max Was meinst du damit? Meinst du, die Abgeordneten werden gekauft?

Deniz Genau das! Dafür gibt es doch die ganzen Lobbyisten, die in Berlin und noch schlimmer in Brüssel rumlaufen.

Rahel Aber die Abgeordneten werden nur in sehr wenigen Fällen direkt bestochen, wenn du das mit einkaufen meinst. Also sie erhalten nur selten Geld für ein bestimmtes Abstimmungsverhalten.

Deniz Aber Geld fließt doch in großen Summen.

Nina Aber meistens als Spende an die Partei.

Deniz Und das lässt die Abgeordneten unbeeinflusst?

Rahel Natürlich nicht, deshalb wird ja von der Industrie gespendet. Übrigens am meisten für die FDP, dann CDU/CSU. Nur die Linkspartei bekommt keine Spenden von der Industrie oder von Unternehmen.

Deniz Ach was! Das wundert mich nicht.

Nina Aber die Spenden sind nicht an ein Abstimmungsverhalten geknüpft, es geht um eine allgemeine gute Stimmung oder darum, dass die Partei dem Unternehmen wohlgesonnen ist.

Max Und was treiben die Lobbyisten sonst so? Was ist überhaupt ein Lobbyist? Wenn der DGB sein Büro in Berlin aufmacht, um bessere Kontakte zu Abgeordneten zu haben, ist das dann Lobbying?

Rahel Im Prinzip ja, aber in diesem Sinne gehört Lobbying zur Demokratie. Die verschiedenen gesellschaftlichen Interessen sollen vertreten werden und in die demokratischen Beratungen im Parlament und außerhalb einfließen.

Deniz Dann findest du, dass Lobbying in Ordnung ist?

Rahel Nein, natürlich nicht. Man muss nur genau aufpassen, worüber man redet. Lobbying bezeichnet den ungleichen Einfluss auf die parlamentarische Willensbildung, nicht den demokratischen Prozess des Meinungsstreits.

Deniz Also mit viel Knete und mit großen Spenden hat man einen ungleichen Einfluss und betreibt Lobbying.

Rahel So kann man es auch ausdrücken.

Max Aber warum funktioniert das so gut?

Nina Die Parteien brauchen halt sehr viel Geld für den Wahlkampf. Mit mehr Geld hat man auch größere Chancen, zu gewinnen. In den USA ist das noch viel schlimmer als hier.

Rahel So hat man ein Geschäft auf Gegenseitigkeit. Die Unternehmen geben Geld an bestimmte Parteien, damit die an der Macht bleiben. Dafür garantieren die, dass sie den Kapitalismus nicht abschaffen oder das Geschäft des Unternehmens nicht kaputtmachen werden.

Deniz Deshalb haben wir einen bürgerlichen Staat und nur eine formale Demokratie.

Max Was ist denn eine »formale Demokratie«?

Deniz Ein Staat, wo zwar gewählt wird, aber das Ergebnis schon feststeht. Ihr kennt doch den alten Spruch: »Wenn Wahlen etwas ändern würden, wären sie verboten.«

Nina Aber ist Demokratie nicht immer formal, also ein Verfahren, um Entscheidungen zu treffen – am besten richtige Entscheidungen? Aber der Inhalt wird erst im förmlichen Verfahren der Demokratie bestimmt – deshalb formal.

Rahel Das haben wir auch schon zweimal besprochen, dass man über die Ergebnisse der Abstimmungen und Entscheidungen nicht darauf schließen kann, ob zum Beispiel Volksgesetzgebung und Bürgerräte demokratischer sind als eine parlamentarische Repräsentation.

Deniz Warum sprechen dann Linke vom bürgerlichen Staat oder vom kapitalistischen Staat oder vom Instrument der herrschenden Klasse?

Rahel In der Tat: Das ist mit Lobbying nicht ausreichend erklärt.

Demokratie und die ökonomischen Gesetze des Kapitalismus

Nina Wichtiger scheint mir doch, dass Politiker, wenn sie Erfolg haben wollen, die Gesetzmäßigkeiten der kapitalistischen Ökonomie gleichsam internalisiert haben müssen; das System des Kapitalismus muss ihnen in Fleisch und Blut eingeschrieben sein.

Max Das verstehe ich nicht, welche Gesetze und warum müssen Politiker diese mit der Muttermilch aufsaugen?

Deniz Mit der Muttermilch ja nicht, das lernen die auf dem Weg von links unten nach rechts oben.

Max Trotzdem: Welche Gesetze?

Deniz Kapitalismus ist ein System der Konkurrenz und Geld muss sich verzinsen oder wie Marx sagte: Wert muss sich verwerten.

Nina Wichtig ist, dass der Kapitalismus Wachstum braucht. Wenn die Wirtschaft schrumpft, bedeutet das Krise und die will keiner haben.

Deniz Genau, aus der Notwendigkeit, dass sich Wert verwertet, folgt ein Zwang zu Wachstum.

Max Warum muss sich Kapital denn zwingend verzinsen?

Rahel Ist doch klar: Niemand legt sein Geld irgendwo an, investiert in ein Unternehmen, ohne die Aussicht auf einen Gewinn. Dann kann man sein Geld besser unter der Matratze stapeln, da besteht wenigstens nicht die Gefahr, dass man es verliert.

Nina Auch darüber sprachen wir schon.

Rahel Und wenn der Kapitalist keine Gewinne erwartet, zieht er sein Geld ab, entlässt Leute, stellt die Produktion ein oder was auch immer und die Wirtschaft kommt in die Krise. Und so ein Abschwung beschleunigt sich selbst.

Max Warum das?

Deniz Wenn Menschen entlassen werden, haben sie weniger Geld, etwas zu kaufen, dann lohnt sich die Produktion anderer Unternehmen nicht und wird ebenfalls zurückgefahren oder eingestellt und so hat man eine Spirale nach unten. Die berühmte konjunkturelle Krise.

Rahel Die lässt sich ja auch empirisch beobachten: Die Wirtschaft bewegt sich in Zyklen von Auf- und Abschwung. Manchmal stärker, mal weniger stark.

Max Und warum müssen Politiker diese Gesetzmäßigkeiten internalisieren, um Erfolg zu haben?

Nina Stell dich doch nicht so dumm an. Allein wenn eine Krise nur droht, erst recht, wenn Leute entlassen werden, wird die Politik verantwortlich gemacht und die Regierung wird abgewählt.

Rahel Außerdem werden die Steuereinnahmen geringer, der Staat muss sparen, kann viele Aufgaben nicht mehr wahrnehmen. Das merken die Menschen direkt oder indirekt und wählen anders.

Max Okay, das leuchtet mir ein: Eine Politik gegen das Kapital ist zumindest schwierig im Kapitalismus, deshalb also bürgerlicher Staat.

Nina Man muss etwas Weiteres bedenken. Der ganze Staat, d.h. Verwaltung und Recht, sind auf eine bürgerliche Gesellschaft eingestellt. So bildet sich aus den täglichen Routinen, aus dem »Das war doch schon immer so!«, die Verwaltung. Daraus bilden sich Strukturen, die Veränderungen schwierig machen. Ein Umsteuern ist mit viel Reibungsverlusten verbunden. Ein Autor hat gefolgert, dass sich »Resistenzen gegen Transformationen«[10] herausbilden, die emanzipatorische Reformen so schwer machen.

---

[10] Fisahn, Andreas: Herrschaft im Wandel, Köln 2008.

Rahel Normale Leute würden sagen, dass es im System Widerstände gegen Veränderungen gibt.

Deniz Klar, die Verfassung garantiert beispielsweise das Eigentums- und Erbrecht.

Nina Aber solche Strukturen sind viel feiner ziseliert. Verkehrsrecht, Baurecht und Raumplanungsrecht beispielsweise sind so auf den Autoverkehr zugeschnitten, dass mehrere Gerichte neue Fahrradwege für rechtswidrig erklärt haben – und das stimmte mit den Gesetzen überein. Schon solche Kleinigkeiten zu ändern, wird dann ausgesprochen schwierig, weil man die entsprechenden Gesetzbücher alle umschreiben muss.

Rahel Und auch hier gilt, dass diese Strukturen von den Menschen internalisiert werden. Sie entwickeln eine Lebenseinstellung oder einen Habitus,[11] der diesen Bedingungen angepasst ist und können dann nicht mehr aus ihrer Haut.

Max Okay, das sind Widerstände in den Strukturen – das kann man so sagen. Das erklärt die Schwierigkeiten der Linken, etwas zu ändern. Aber folgt daraus: Der Staat ist kapitalistisch und deshalb kann die Gesellschaft mit diesem Staat nicht verändert werden?

Nina Die linke Theorietradition schwankt dazwischen: Den Staat zerschlagen, damit man zur sozialen Emanzipation weitergehen kann einerseits und die Kommandohöhen in Staat und Wirtschaft übernehmen – dann klappt das schon – andererseits. Rosa Luxemburg plädierte für einen demokratischen Sozialismus, d. h. für die Bewahrung demokratischer Errungenschaften und Rechte, aber dennoch für einen Umbau der Wirtschaft und Gesellschaft, der über den Eigentümerwechsel hinausgeht.

Rahel Wer hat denn was vertreten?

Nina Den Staat zerschlagen, meinte Lenin – jedenfalls manchmal.[12] Auch Marx liest sich manchmal so.[13] Die Kommandohöhen übernehmen folgt aus den Theorien des Sozialdemokraten Hilferding,[14] aber auch der Stamokap[15]-Theorie.

---

[11] Bourdieu, Pierre: Die feinen Unterschiede, Frankfurt/M. 1982.

[12] Lenin, Wladimir Iljitsch: Staat und Revolution, Werke, Band 25, Berlin/DDR, 1972, S.393–507.

[13] Marx, Karl: Bürgerkrieg in Frankreich, MEW Bd. 17, S. 313–365.

[14] Hilferding, Rudolf: Das Finanzkapital. Eine Studie über die jüngste Entwicklung des Kapitalismus, Wien 1910.

[15] Jung, H./Schleifstein, J.: Die Theorie des staatsmonopolistischen Kapitalismus und ihre Kritiker, Frankfurt 1979.

Max Was ist das nun wieder?

Rahel Stamokap meint ausgeschrieben: Theorie des staatsmonopolistischen Kapitalismus. Sie wurde im ehemaligen Sowjetblock entwickelt und gleichsam Staatsdoktrin. Wie Hilferding meinte man, dass der Kapitalismus sich immer mehr zur Planung durch große Konzerne entwickeln würde, die Konkurrenz werde durch Monopole und das Finanzkapital beseitigt, sodass eine sozialistische Revolution nur noch die Spitzen der Macht in Wirtschaft und Regierung übernehmen müsse und die Planung im Interesse des Volkes und nicht des Kapitals betreiben müsse.

Nina Mein Beispiel zur Verkehrswende zeigt, wie weit sie daneben lagen. Man muss sehr viel kleinteiliger denken und umbauen.

Deniz Mit den großen Konzernen oder den Multis ist die Konkurrenz auch nicht gerade beseitigt – sie konkurrieren halt untereinander.

Scheiß Spiel! Oder: Komm, wir spielen Monopoly!

Sie kennen das Spiel? Ausgezeichnet, wir haben nur einige Veränderungen vorgenommen, um es noch mehr der Realität anzupassen. So wie das Leben auf dem Planeten ist das Spiel nie zu Ende. Aber es beginnt immer ein neues Leben, eine neue Runde. In vier Kuverts liegen verborgen die vier (oder mehr) Kegel, sie ziehen damit auch ihr Los, im Sinne von Schicksal. Wer den gelben Kegel bekommt, ist der Erbe des vorherigen Siegers im letzten Monopoly-Spiel. Er erbt als Sohn oder Tochter alles. Er darf alle Straßen, Häuser, Hotels und Bahnhöfe und das »zusammengesparte Bargeld« behalten. Wer den roten Kegel bekommt, ist Kind eines Arbeitslosen, der im letzten Spiel nicht mehr zahlungsfähig war und dessen Schulden erbt (er darf das Erbe aber wie im richtigen Leben ausschlagen). Dieser Spieler hat nur ein knappes Startgeld. Der blaue und der grüne Kegel liegen im Mittelfeld, ihr Kapital könnte noch für ein paar Runden reichen, vielleicht haben sie die Badstraße oder Turmstraße. Außerdem gibt es in unserem Monopoly-Spiel ein paar neue Varianten: Man kann außer den Straßen auch ein Pflegeheim kaufen. Es verspricht ebenso Gewinn wie ein privates Krankenhaus, sofern es von den richtigen zahlungsfähigen Mitspieler-Patienten aufgesucht wird. Außerdem sind private Hochschulen im Angebot, in denen ordentliche Studiengebühren anfallen. Das ist nichts Besonderes in einer Welt, in der das Wasserwerk und das Elektrizitätswerk schon in privater Hand sind.

Sie haben den gelben Kegel gezogen? Sie Glückspilz, sie müssen sich keine Sorgen machen. Die Ereigniskarte, die sie verpflichtet, ihre Häuser und Wohnungen instand zu setzen, haben wir aus dem Spiel entfernt. Es passt nicht mehr in unsere Zeit. Fragen sie mal Mieter:innen von Vonovia, wann und ob dort der Schimmel an den Wänden entfernt wurde! Sie haben den roten Kegel gezogen: Haben sie Lust auf das Spiel? Vermutlich nicht. Aber gehören sie nicht auch zu denen, die das Recht auf Erben nachdrücklich verteidigen? Jetzt müssen sie ihre eigene Suppe auslöffeln! Vielleicht sind sie der Spieler mit dem blauen Kegel, der aus dem vorigen Spiel ein wenig geerbt hat und deshalb auf das Wenige nicht verzichten will.

Wenn es schon im diesem relativ kurzen Spiel – im Vergleich mit einem jahrzehntelangen realen Leben – frustrierend ist, sich auf solche Ungleichheiten einzulassen, wie muss es der empfinden und wahrnehmen, der im Leben »den roten Kegel« gezogen hat. Wenn sie im Spiel wenig oder nichts geerbt haben, brauchen sie viel Frustrationstoleranz. Behalten sie ihren Ärger oder gar ihre Wut im Zaun! Ist ja nur ein Spiel für wenige Stunden. Im wirklichen Leben wäre so eine Regel doch viel schlimmer. Da dauert eine Runde 70, 80 Jahre oder länger!

Der amerikanische Philosoph John Rawls hat ein wichtiges Gedankenexperiment formuliert. Weil jeder Mensch politische Regelungen vom Stand seiner Interessen aus betrachtet, sei es schwierig, zu gemeinsamen, allgemeingültigen Regelungen zu gelangen. Nur wenn man noch nicht wisse, als was man geboren wird, ob als Sohn von Bill Gates oder als Tochter eines Arbeitslosen in Kalkutta, wenn also der Schleier des Nichtwissens (veil of ignorance) vorherrsche, wäre man geneigt, sich auf faire Regelungen zu einigen, die für alle erträglich und gerecht sind. Müssten sie die Regeln des Monopoly-Spiels unter dem Schleier des Nichtwissens festlegen, würden sie es vermutlich so gestalten, wie das Spiel tatsächlich funktioniert. Jeder startet mit den gleichen Bedingungen – aber im wirklichen Leben ist das keineswegs so.

Rahel Die Sozialdemokratie, Vordenker war Eduard Bernstein, meinte dagegen, dass das Endziel, der Sozialismus, nichts und die Bewegung alles sei.[16] Den Satz hat er später bereut – jedenfalls folgerte die SPD, dass Revolution falsch und der Weg zum Sozialismus über parlamentarische Reformen zu gehen sei.

Max Und das meinte Rosa Luxemburg auch?

Nina Nein, natürlich nicht – sie vertrat die These, dass Reform und Revolution zusammen gedacht werden müssen. Die Reform zur Revolution führen müsse, die sie sich aber – als Kind ihrer Zeit – mehr oder weniger als Massenstreik oder Massenaktion vorstellt.

Max Und das stimmt nicht mehr?

Rahel Innerhalb des Kapitalismus können Reformen jedenfalls zu erheblichen Systemänderungen führen. Die neoliberale Revolution beweist das – Antonio Gramsci hat das »passive Revolution« genannt. Er meinte damit eine Revolution von oben. Es dauert halt, weil viele Stellschräubchen gedreht werden müssen. Auch das zeigt die neoliberale Transformation der Gesellschaft.

Nina Umgekehrt ist eine gewaltsame Übernahme der Staatsmacht heutzutage wenig Erfolg versprechend. Systemwechsel finden offenbar statt, wenn das System seine Legitimität verloren hat und seine Unterstützung von innen, wenn es irgendwie morsch geworden ist. Denkt an den Zusammenbruch der DDR oder des gesamten Sowjetblocks oder auch an die arabischen Revolutionen. Das war eher Erosion als Revolution.

Max Was folgt daraus?

Rahel Es scheint nicht besonders sinnvoll zu sein, sich auf ein Modell festzulegen. Die Wege zur Transformation sind offenbar unterschiedlich.

Max Aber was folgt für die Demokratie im Kapitalismus, sind Änderungen mit dem parlamentarischen System möglich?

Rahel Das Problem ist ja nicht das Parlament und der demokratische Prozess, sondern, wenn unsere Überlegungen richtig sind, die Widerstände von außerhalb.

Nina Also ist Emanzipation auch über den Kapitalismus hinaus mit dem parlamentarischen System möglich, aber schwieriger als viele annehmen. Und natürlich muss das staatliche System oder genauer die Verfassung offen sein für Veränderungen über den Kapitalismus hinaus.

---

[16] Bernstein, Eduard: Die Voraussetzungen des Sozialismus und die Aufgaben der Sozialdemokratie. Stuttgart 1899.

Die Armen gehen nicht wählen

Rahel Deshalb gehen die Armen auch nicht wählen.

Max Was soll das denn heißen? Jeder kann doch wählen gehen.

Deniz Ja, aber die Wahlbeteiligung sinkt seit den 1970er-Jahren fast kontinuierlich.

Rahel Das stimmt. Bei der Willy-Brandt-Wahl 1972 sind 91% der Wahlberechtigten wählen gegangen, heute ist man froh, wenn es über 70% sind. Bei den Landtagswahlen in Nordrhein-Westfalen im Jahr 2022 haben nur 55% der Wahlberechtigten auch gewählt.

Max Aber das sagt noch nichts darüber aus, ob die Wählerinnen und Wähler arm oder reich sind.

Nina Stimmt, aber die Wahlforscher haben sich das genauer angeguckt. Und kommen genau zu dem Ergebnis.

Max Wie haben sie das gemacht?

Nina Sie schauen beispielsweise, wie hoch die Wahlbeteiligung in den reichen Stadtteilen und wie hoch sie in den ärmeren Stadtteilen ist. Das Ergebnis ist eindeutig. In ärmeren Stadtteilen wird weniger gewählt.

Deniz Oder man macht Wählerbefragungen, aber das Ergebnis unterscheidet sich nicht.

Nina Ich kenne ein Beispiel aus Österreich, wo die Situation nicht anders ist. Im 15. Wiener Bezirk leben seit 1970 ca. 80.000 Menschen. Bis heute hat sich aber die Zahl der Wahlberechtigten von 67.000 auf 39.000 reduziert. Das heißt, es wohnen heute viele Ausländer dort, die nicht wahlberechtigt sind. Das charakterisiert den Bezirk. Und von den 39.000 Wahlberechtigten nahmen nur noch 26.000 an den letzten Wahlen zum Nationalrat, dem Bundesparlament in Österreich, teil.

Max Und wie erklärt ihr das?

Rahel Den Spruch kennt man doch: »Die da oben machen doch eh, was sie wollen. Das können wir nicht ändern.« Anders gesagt, ärmere Menschen fühlen sich von der Politik nicht mehr repräsentiert.

Deniz Und das mit Recht, wenn man sich den Sozialabbau und die Arbeitsgesetzgebung der letzten Jahrzehnte anschaut.

Nina Außerdem hat sich die Sprache der Politik von der Sprache der Menschen entfernt. Ein Grund: Es sitzen nur noch Akademiker im Parlament.

Deniz Um es klar zu sagen: Den »Politikersprech« versteht oft kein Mensch mehr.

Max Und dann ist es klug, nicht wählen zu gehen?

Deniz Natürlich nicht, eigentlich ist es dumm, aber die Leute interessieren sich einfach nicht mehr für Politik. Das ist ein echtes Problem für die Demokratie!

Max Traurig!

Europäische Union – Markt statt Demokratie

Rahel Noch mal was anderes. Jemand hat eben gesagt, dass Verfassungen für einen Politikwechsel offen sein müssen. Das ist doch klar. Wenn die Verfassung nicht offen für einen Politikwechsel ist, kann man ja wohl kaum von Demokratie sprechen. Aber muss man das betonen? Gibt es eine Verfassung, die einen Politikwechsel nicht zulässt?

Deniz Klar, die Verfassung der EU und deshalb ist die EU ja auch nicht demokratisch.

Max Das verstehe ich nicht, erklär das bitte.

Deniz Die EU-Verträge, also der derzeit geltende Lissabonner Vertrag legt die EU fest auf eine offene Marktwirtschaft mit freiem Wettbewerb und was damit gemeint ist, wird in verschiedenen Vorschriften ausbuchstabiert. Oberstes Prinzip ist, Wettbewerbsverzerrungen – wie es so schön heißt – zu vermeiden. Was wir als gemischte Wirtschaft diskutiert haben, ist mit den Verträgen zumindest schwierig zu machen. Alles muss von der Kommission genehmigt werden oder ist direkt verboten.

Nina Hinzu kommt der Sparzwang, der mit den Verschuldensregeln etabliert wurde. Da wird im Grunde ein neoliberales Wirtschaftsmodell festgeschrieben, das nicht einmal Alternativen innerhalb des Kapitalismus zulässt.

Deniz Man kann auch sagen: Sie haben sich nicht nur den Kapitalismus in die Verfassung geschrieben, sondern auch die neoliberale Form des Kapitalismus.

Rahel Mit der sogenannten Kapitalverkehrsfreiheit steht selbst ein Verbot von Kapitalverkehrskontrollen und -beschränkungen in dem Text. Die braucht man aber manchmal sogar, damit der Kapitalismus reibungslos läuft.

Deniz Und die braucht man erst recht, wenn man die sogenannten Freiheiten der Unternehmen einschränken will, etwa durch Mitbestimmung. Mit Kapitalverkehrsfreiheit können die immer drohen, auszuwandern und das machen sie ja auch.

Max Sind dann die Sachzwänge der Ökonomie, von denen wir eben sprachen, nicht selbst von der Politik gemacht?

Nina Stimmt, und es ist nicht nur eine Frage der EU-Verträge, sondern auch die sogenannten Freihandelsverträge legen die Politik fest.

Deniz Damit werden in der Tat eine kapitalistische Wirtschaftsweise und sogar ein bestimmtes Betriebssystem des Kapitalismus festgeschrieben.

Max Und wo ist das Problem für die Demokratie?

Deniz Selbst, wenn es linke Mehrheiten in der EU oder in einem Mitgliedstaat geben sollte, können die keine andere Politik machen, sie werden sofort vom EuGH zurückgepfiffen.

Rahel Aber da wird es gerade spannend. Der EuGH hat die Ausweitung seiner Kompetenzen wohl überzogen, da folgen nicht mehr alle.

Max Was meinst du damit?

Rahel Man kann eine Trendwende erkennen. Die EU und der EuGH werden sozialer und ökologischer. Mit der Finanzkrise 2008 haben sie bemerkt, dass der Markt nicht alles regelt oder falsch regelt. So bekommt der Staat wieder einen stärkeren Einfluss – aber entschieden ist noch nichts.

Max Und was folgt daraus, sollte man den Austritt aus der EU oder vielleicht dem Euro fordern?

Nina Die Geschichte mit dem Brexit zeigt, dass der Nationalstaat dadurch keineswegs wieder souverän wird.

Deniz Das ist wie mit einem Rührei, einmal verrührt kann man das Eigelb nicht mehr vom Eiweiß trennen.

Rahel Aber das ist nur ein Bild, kein wirkliches Argument. Die Neoliberalen haben eine supranationale Organisation schon sehr früh vorgeschlagen, weil diese die Beschränkungen des Kapitalismus, erst recht dessen Überwindung ausschließe.

Max Wer hat das gesagt?

Deniz Einer der Vordenker des Neoliberalismus: Friedrich August von Hayek,[17] und zwar hat er diese Vision einer unregulierbaren, nur marktgesteuerten Staatengemeinschaft schon 1939 gehabt. Und er scheint recht behalten zu haben: Soziale Reformen sind nur im Nationalstaat möglich, weil der auch demokratisch sein kann.

Max Geht es um die Größe des Staates?

---

[17] Hayek, Friedrich A. von: Die wirtschaftlichen Voraussetzungen föderativer Zusammenschlüsse, in: Hayek, F. A. von (Hrsg.): Individualismus und wirtschaftliche Ordnung, Zürich 1952, S. 324–344.

Nina Nein, auch große Staaten können demokratisch organisiert sein. Bestes Beispiel ist die USA – die älteste parlamentarische Demokratie der Neuzeit. Die sind jedenfalls mehr oder weniger demokratisch, aber riesig.

Max Geht es dann um die Nation als Einheit?

Rahel Das hatten wir schon diskutiert, dass es um die Einheit nicht gehen kann, die gibt es nicht oder entsteht erst im Staat.

Nina Dann bleibt doch nur der Schluss, dass es darauf ankommt, wie ich den Staat – ob national oder europäisch – organisiere, nicht darauf, dass es ein Nationalstaat ist. Die EU ist allerdings nicht demokratisch organisiert – das ist ja klar.

Max Weil die Verfassung nur eine Wirtschaftspolitik zulässt?

Nina Das auch, aber es gibt kein gleiches Wahlrecht in der EU und auch die Stimmen der Bürger unterschiedlicher Länder haben ein unterschiedliches Gewicht – es gibt also keine Wahlrechtsgleichheit.

Max Was heißt das konkret?

Rahel Eine Abgeordnete aus Deutschland vertritt etwa zehnmal so viele Wähler und Wählerinnen wie ein Abgeordneter aus Malta.

Deniz Ein Problem ist auch, dass der Rat das zentrale Gesetzgebungsorgan ist. Da werden nationale Interessen abgeglichen und Kompromisse ausgehandelt und als nationales Interesse gilt meist das wirtschaftliche Interesse. Im Parlament wird oder sollte jedenfalls das Allgemeinwohl diskutiert werden, d. h. es können auch andere, umfassendere Interessen und Gesichtspunkte in die Entscheidungsfindung einfließen.

Max Was ist der Rat in der EU?

Rahel Das sind die Vertreter der Mitgliedstaaten. Die zuständigen Minister, z.B. die Landwirtschaftsminister treffen sich und machen die Gesetze für ihren Bereich.

Max Ich denke, das macht das Parlament?

Rahel Falsch gedacht. Zuerst kommt der Rat, meist muss das Parlament dann noch zustimmen, aber nicht immer. Über Steuern entscheidet das Parlament beispielsweise nicht, das macht nur der Rat.

Deniz Schlimmer noch, das EU-Parlament hat nicht mal ein Initiativrecht. Das heißt, es kann keine Gesetze vorschlagen. Das darf nur die Kommission.

Max Was ist die Kommission nun wieder?

Nina Das ist quasi die Regierung der EU.

Max Und was ist jetzt das Problem, wenn Gesetze zuerst im Rat und dann im Parlament beschlossen werden?

Nina Wo Regierungsvertreter verhandeln, stehen vor allem nationale Interessen im Vordergrund und das sind meist Wirtschaftsinteressen. Das kann man immer wieder beobachten.

Deniz Wo Wirtschaftsinteressen verhandelt werden, fällt das Soziale durchs Raster, solange es nicht auf die ökonomische Konkurrenz zurückwirkt. Genauso hatte Hayek sich das vorgestellt.

Rahel Aber ich sage noch mal, dass es nicht darauf ankommt, ob der Staat national oder europäisch ist, sondern wie er organisiert ist. Die EU muss nicht zwingend ein Demokratieproblem haben.

Deniz Hat sie aber. Deshalb müssen Linke für den Austritt werben.

Nina Das ist eine komische Diskussion. Nach der Gründung des Deutschen Reichs 1871 aus den vielen deutschen Kleinstaaten haben weder Marx und Engels noch die deutschen Sozialdemokraten für eine Separation der fortschrittlicheren Staaten plädiert, sondern für das allgemeine Wahlrecht, für ein demokratisches Deutschland.

Rahel Das gilt übrigens auch für die marxistischen Sozialdemokraten im Vielvölkerstaat Österreich. Sie waren für Demokratie und Autonomie der Volksgruppen, nicht für die Abspaltung.

Nina Außerdem kann eine größere wirtschaftliche Einheit die politischen Handlungsräume auch erweitern, nicht nur, weil die Macht größer ist, sondern auch, weil man eigenständiger, ökonomisch autonomer sein kann.

Deniz In den 1970er-Jahren hat die Linke diskutiert, dass emanzipatorische Politik in kleinen Nationalstaaten in einer globalisierten Ökonomie und vor allem globalen Finanzwirtschaft nicht mehr möglich sei, deshalb größere staatliche Einheiten erforderlich seien. Das war die Begründung für die EU von links.

Max Das spricht also für eine Reform der EU, nicht für deren Auflösung oder für einen Austritt?

Deniz Aber eine Reform ist so gut wie unmöglich. Dafür kriegt man keine Mehrheiten.

Rahel Für einen Austritt in Deutschland aber genauso wenig. Und man verbündet sich – wie man beim Brexit sehen konnte – möglicherweise mit den Rechten, den Nationalisten.

Nina Außerdem machen die Nationalstaaten auch keine linke Politik oder genauer: Sie organisieren auch den Kapitalismus. Eine demokratische EU würde das nicht anders machen als die Nationalstaaten vor der Gründung der EU.

Rahel Aber die EU schafft durch ihre Wirtschaftsverfassung noch einmal besondere Hürden für linke Politik. Darüber sprachen wir ja. Sie gibt dem Kapitalismus Verfassungsrang. Das Grundgesetz ist dagegen wirtschaftspolitisch neutral.

Nina Man muss auch bedenken: Ein ökologischer Umbau des Kapitalismus ist mit diesen Verträgen schwierig, deshalb werden sie selbst von der Kommission neu interpretiert.

Max Verstehe ich das richtig, auch ein ökologischer Kapitalismus ist mit den Verträgen nicht vereinbar?

Nina Jedenfalls stößt er schnell an Grenzen.

Max Damit wären wir über die Demokratie hinaus bei der Frage der Ökologie, die wir im nächsten Schritt diskutieren sollten.

4. Umwelt und System Change

Nicht nur Klimawandel

Max Wir sind bei der Diskussion über Freiheit, Gleichheit und Demokratie immer wieder auf die Probleme des Umweltschutzes und der Ökologie gestoßen. Das müssen wir jetzt also besprechen. Ich frage also: Ist es links, für Klimaschutz zu kämpfen?

Deniz Das nervt mich an der Diskussion, dass die ökologischen Probleme auf den Klimaschutz reduziert werden. Da gibt es doch viel mehr.

Max Ja, stimmt: Es gibt auch das Artensterben. Die Bienen sterben aus und können Pflanzen nicht mehr befruchten.

Nina Meine Güte, wie furchtbar – du denkst wie jeder konservative Egoist oder liberale Utilitarist: Es geht immer nur um den Menschen; was den Menschen und der Wirtschaft nützt, das muss geschützt werden. Dann schützt man die Bienen, die man braucht, damit Menschen sich ernähren können. In der Logik muss man Elefanten oder Nashörner nicht schützen, sondern man könnte sie abknallen.

Max Wieso abknallen?

Nina Beide Arten sind gefährdet, weil Wilderer hinter dem Elfenbein und den Hörnern her sind. Das lässt sich im reichen Norden gut verkaufen: Das Elfenbein z.B. als Schmuck. Und einige Menschen meinen, das Nashorn-Horn steigere – zu Pulver verarbeitet – die Potenz.

Deniz Irre – und sie zahlen viel Geld, um an das Pulver zu kommen.

Nina Eigentlich schützt man die Tiere dann doch, weil Menschen ein Interesse an ihnen oder Produkten aus ihnen haben.

Deniz Nein, das ist nur sehr mittelbar ein anthropozentrischer Ansatz. Zunächst wird ihre Nutzung eingeschränkt: Elfenbein kann nur noch verkauft werden, wenn das von den Einfuhr- und Ausfuhrstaaten genehmigt wurde.

Max Was heißt anthropozentrisch?

Deniz Anthropozentrisch heißt, dass der Mensch im Mittelpunkt oder Zentrum steht. Der Schutz der Natur erfolgt nach diesem Ansatz, um dem Menschen zu nützen. Das Gegenteil ist ökozentrisch. Dann wird die Natur um ihrer selbst willen geschützt.

Max Und man muss ökozentrisch denken?

Nina Selbstverständlich – schon weil man in Ökosystemen denken muss. Einfach gesagt hängt da alles mit allem zusammen. Fällt ein Baustein raus oder ändert sich fundamental, kann das ganze System in die Knie gehen.

Max Und das System als Ganzes ist für das Leben der Menschen erforderlich? Das ist doch wieder anthropozentrisch.

Rahel Das lässt sich halt schwer trennen. Oder anders: Wenn man in Ökosystemen denkt, ist die Unterscheidung problematisch, weil jedes Element für sich notwendig ist, also auch dann zu schützen ist, wenn der unmittelbare Nutzen – für den Menschen natürlich – nicht ersichtlich ist. Aber ein mittelbarer Effekt auf das menschliche Leben besteht möglicherweise immer.

Nina Dann muss man also auch Schlangen, Schnecken oder Tiefseefische schützen.

Rahel So ist es.

Max Aber Ökosysteme ändern sich doch kontinuierlich und in der Erdgeschichte hat es gewaltige Verschiebungen und Veränderungen der weltweiten Ökosysteme gegeben.

Deniz Allerdings und nicht selten war der Mensch die Ursache solcher Veränderungen. Den alten Römern und Griechen ist es beispielsweise gelungen, für ihre Schiffe Griechenland fast vollständig abzuholzen.

Max Dann haben wir gegenwärtig gar keine besonders problematische Situation?

Deniz Doch, die Geschwindigkeit, mit der Industriegesellschaften in die natürliche Umwelt eingreifen, ist gewaltig gestiegen.

Nina Und das führt dann logischerweise dazu, dass sich auch die Auswirkungen gigantisch verstärkt haben. Wenn wir so weitermachen, kriegen wir es möglicherweise hin, die Erde für Menschen unbewohnbar zu machen. Davon waren Griechen und Römer weit entfernt.

Max Nun übertreib aber nicht.

Deniz Denk nur mal an die Vermüllung der Meere oder das Mikroplastik selbst in der Arktis. Das sind alles Formen der Umweltbelastung jenseits des Ausstoßes von Klimagasen, aber mit ebenso weitreichenden Folgen.

Rahel Über die Mikroplastikteilchen werden wir am Ende zu Plastikfressern und Fresserinnen.

Max Wieso das?

Deniz Erst fressen die Fische das Mikroplastik und dann fressen wir die Fische.

Nina Also ich esse Fische immer noch.

Deniz Aber vielleicht nicht mehr lange. Man kann es ja kaum glauben, aber die Meere sind überfischt. Der Fischfang muss begrenzt werden, damit bestimmte Arten überhaupt überleben. Das sind auch keine kleinen Kutter mehr, die aufs Meer rausfahren, sondern ganze Fischfabriken.

Nina Oder denk an das Zubetonieren der Landschaft. Täglich werden beispielsweise in NRW zwischen zehn und zwanzig Fußballfelder neu versiegelt, also bebaut und mit Beton zugeschüttet – für Straßen, Wohnhäuser und Gewerbe. Manchmal staunt man, dass da überhaupt noch Wald und Feld übrig bleibt.

Deniz Vom Artensterben sprachen wir schon am Beispiel der Bienen. Die Vereinten Nationen haben vor ein paar Jahren ermitteln lassen, dass die Zahl natürlich vorkommender terrestrischer Arten seit 1900 um mindestens 20% gesunken ist. Mehr als 40% der Amphibienarten, fast 33% der riffbildenden Korallen und mehr als ein Drittel aller marinen Säugetierarten sind nach diesem Bericht bedroht.[1]

Ausbeutung der Natur

Max Okay okay, es geht also nicht nur um Klimaschutz. Aber ist der Einsatz für die Umwelt nun besonders links? Inzwischen sind doch fast alle für Umweltschutz, auch FDP, CDU und Unternehmer – nur die AfD hat den Schuss nicht gehört.

Deniz Es wird dann links, wenn man Umweltschutz mit einer Kritik der Wirtschaftsweise verbindet, also mit einer Kritik des Kapitalismus.

Max Liberale würden aber sagen, gerade der Kapitalismus macht Umweltschutz möglich, weil er ständig mit Innovationen verbunden ist. Und Innovationen bringen neue Techniken hervor, die die Effizienz steigern und so die Umwelt schützen können. Außerdem produziert er Reichtum und Überschuss, der für den Umweltschutz genutzt werden kann.

Deniz »Können« ist in dem Satz das wichtigste Wörtchen – eigentlich müsste es »könnten« heißen, also Konjunktiv Irrealis.

Max Wieso?

Nina Weil Innovationen in der Marktwirtschaft nicht erfunden werden, um die Umwelt zu schützen, sondern um die Gewinne zu steigern.

---

[1] www.forschung-und-lehre.de/forschung/ausmass-des-artensterbens-noch-nie-so-gross-wie-heute-1740/ (22.7.2022).

Max Kapitalismus ist also Marktwirtschaft? Gab es nicht schon Märkte vor dem Kapitalismus?

Nina Da hast du recht, das ist zu einfach. Im Kapitalismus werden die Märkte ausgedehnt, werden wichtiger als vorher und auf alles erweitert – vor allem auf die Arbeitskraft. Aber Märkte für Waren sind natürlich viel älter.

Deniz Der Kapitalismus ist eine marktvermittelte Konkurrenzwirtschaft. Das unterscheidet ihn von anderen Wirtschaftssystemen. Die Unternehmen konkurrieren mit anderen um Kunden und die Arbeiter konkurrieren mit anderen um gut bezahlte Jobs. Die Konkurrenz dringt in alle Poren der Gesellschaft.

Rahel Die Neoliberalen haben das in den 1990er-Jahren geradezu absurd werden lassen. Universitäten sollten um Studierende konkurrieren und die Verwaltung sollte von Kunden und Kundinnen sprechen – selbst die Gefängnisse.

Nina Und dann sollten die Gefängnisse um Kunden, also Strafgefangene, konkurrieren?

Rahel Das nicht, aber man hoffte, dass man über Konkurrenz und durch freie Mittelverwendung der einzelnen Knäste zu einem billigeren Strafvollzug kommen könnte.

Max Das ist jetzt aber wirklich nicht mehr unser Thema. Allerdings zeigt es wohl, dass die Konkurrenz zur zentralen Ideologie des Wirtschaftsliberalismus gehört. Aber im Monopolkapitalismus ist die Konkurrenz doch beseitigt – oder nicht?

Rahel Großunternehmen haben sicher mehr Macht als kleine Firmen und sie können z.b. die Zulieferer bis zu einer bestimmten Grenze erpressen, zu ihren Bedingungen zu liefern. Aber auch wenn man von Monopolen spricht, gemeint sind meist Oligopole, also Riesenkonzerne, die aber kein Monopol haben, sondern untereinander konkurrieren. Denkt mal an die Autoindustrie. Das sind Großkonzerne, aber trotzdem gibt es Konkurrenz zwischen Mercedes und BMW oder VW und Renault.

Nina Und je globaler die Wirtschaft ist, umso mehr Konkurrenz existiert zwischen unterschiedlichen Unternehmen überall auf der Welt. VW konkurriert ja nicht nur mit Mercedes, sondern auch mit Ford und Opel. Das sind bekanntlich amerikanische Konzerne.

Deniz Und ganz verrückt wird es, wenn innerhalb der Konzerne konkurriert wird. Ford hat beispielsweise die Standorte in Valencia und in Saarlouis intern konkurrieren lassen, wer ein E-Auto günstiger herstellen kann. Da konkurrieren die Belegschaften gegeneinander.

Max Und wer hat gewonnen?

Deniz In dem Fall Valencia. Kapitalismus ist eben Konkurrenz auf allen Ebenen.

Nina Außerdem funktioniert der Kapitalismus nur, wenn sich das eingesetzte Kapital verzinst. Das kennt ja jeder: Wer sein Geld zur Bank bringt, will möglichst hohe Zinsen bekommen. Das Geld soll mehr werden.

Rahel Geld soll arbeiten.

Deniz Hast du schon mal Geld mit 'ner Schüppe in der Hand gesehen? Da arbeitet nicht das Geld, sondern mit dem Geld wird Arbeitskraft gekauft, die einen Mehrwert produzieren soll. Daraus entsteht dann der Gewinn des Unternehmens und des Geldbesitzers oder der Geldbesitzerin. Und wenn sie das Geld selbst anlegen, heißen sie eben Kapitalisten. Es geht im Kapitalismus um die Verwertung von Wert. Ein Schatz bleibt gleich groß. Kapital muss mehr werden.

Nina Da liegt der Unterschied zwischen Feudalismus und Kapitalismus. Der Feudalherr betrieb Schatzbildung, der Kapitalist will Profit erwirtschaften.

Max Gut, aber was hat das nun mit der Umwelt zu tun?

Deniz Ist doch klar. Wenn das investierte Geld mehr werden soll, braucht man Wachstum. Und Wachstum bedeutet, dass mehr Produkte hergestellt werden, für die man mehr Ressourcen einsetzen muss.

Max Verstehe ich nicht. Als Unternehmer könnte ich doch sagen: Mein Unternehmen soll nicht mehr wachsen. Ich produziere täglich 10.000 Hemden, da bleiben mir am Ende des Jahres 100.000 Euro Gewinn und das reicht mir, warum soll ich weiterwachsen?

Deniz Das Problem ist die Konkurrenz. Wenn ein Konkurrent seine Produktion verbessert, also effizienter produzieren kann, indem er etwa neue Maschinen kauft oder weniger Lohn zahlt, dann kann er dich aus dem Markt drängen

Max Wie das?

Rahel Ist doch klar, er kann billiger produzieren und damit auch billiger verkaufen. Dann kaufen die Menschen eher die Hemden des Konkurrenten und du bleibst auf deinen sitzen.

Deniz Voraussetzung ist aber, dass nicht alle Hemden – also auch die teureren – gebraucht und deshalb verkauft werden. Abstrakter gesagt: Es müssen zu viele Produkte ungefähr gleicher Qualität auf dem Markt sein, dann wird der Hersteller der teureren Produkte diese nicht los.

Nina Aber meist gibt es nicht zu wenig angebotene Produkte und meistens lassen sich mit einer verbesserten Produktion auch mehr Produkte herstellen, um so den Konkurrenten zu verdrängen.

Max Und was mache ich dann mit meiner Hemdenfabrik? Ich will ja gar nicht mehr verdienen als die 100.000 Euro.

Deniz (ironisch): Wenn der Kapitalist mal so wäre.

Max Ich als fiktiver Kapitalist meine eben, dass eine gemeinwohlorientierte Wirtschaft gut ist, und bin von Natur aus bescheiden.

Deniz Wer soll dir das glauben? Im Ernst: Wenn der Konkurrent dank neuer Maschinen billiger produzieren kann, wirst du deine Produktion auch umstellen und rationalisieren, also billiger produzieren wollen. Wenn die Hemden aber billiger werden, werden meist auch mehr gekauft. Also braucht man mehr Baumwolle oder andere Stoffe, Energie usw., um die Hemden herzustellen.

Max Na gut, für Hemden gilt das, aber wird etwa mehr Bier getrunken, weil es billiger wird?

Nina Bei Bier bin ich mir nicht sicher. Aber es gilt sicher nicht für alle Produkte, dass der Verbrauch z.B. in Deutschland steigt, weil das Produkt billiger wird. Was macht der Unternehmer oder die Unternehmerin, die mehr produziert hat, als sie im Inland loswerden kann?

Max Sie suchen sich Märkte im Ausland?

Nina Genau.

Rahel Man kann es auch allgemeiner sagen: Die Konkurrenz zwingt zur Rationalisierung und damit zu einer beständigen Erweiterung der Produktion. Schon Marx sprach von der »Reproduktion auf erweiterter Stufenleiter«. Das ist ein ökonomisches Gesetz der kapitalistischen Ökonomie. ─────────────────────────

Deniz In anderen Gesellschaften war das anders. Die alten Römer wollten nicht unbedingt ihr Geld vermehren, aber ihren Landbesitz und ihre Ehre. Die Produktionsmittel wurden nicht ständig revolutioniert. Und im Mittelalter legten die Zünfte fest, wie viel produziert werden durfte. Sie schrieben etwa dem Bäcker vor, wie viele Brote er backen darf, damit es kein Überangebot gibt.

Rahel Dann wächst der Ressourcenverbrauch natürlich auch nicht.

Deniz Eben, und die meisten Gesellschaften vor dem Kapitalismus führten technische Neuerungen – wenn überhaupt – sehr langsam ein und wuchsen deshalb auch nur sehr langsam. Der Kapitalismus hat über die marktvermittelte Konkurrenz die Entwicklung der Produktivkräfte ungeheuer beschleunigt und damit auch den Naturverbrauch oder wie man bei Linken sagt: den Stoffwechsel mit der Natur.

Eine Frage der Technik?

Max Aber kann man es nicht vermeiden, mehr Ressourcen zu verbrauchen, indem man umweltfreundlichere Technologien einsetzt?

Deniz Gleichzeitig Wachstum und einen geringeren Ressourcenverbrauch? Ein schöner Traum.

Rahel Es gibt aber ernst zu nehmende Menschen, die genau auf diese Strategie setzen. Sie unterscheiden zwischen relativer und absoluter Entkopplung von Wachstum und Umweltverbrauch.

Max Was meint denn dieser Unterschied?

Rahel Relative Entkopplung meint, dass das Wachstum größer ist als der hinzukommende Ressourcenverbrauch. Absolute Entkopplung meint, dass die Wirtschaft wächst, ohne dass mehr Ressourcen oder sogar weniger Ressourcen verbraucht werden.

Nina Die Welt braucht jetzt wohl eine absolute Entkopplung, und zwar in der zweiten Variante, also Wachstum und weniger Ressourcenverbrauch.

Deniz Ich sag ja: Ein schöner Traum.

Nina Wieso? Bei der Produktion von Strom funktioniert das doch. Über erneuerbare Energien produziert man Strom und braucht viel weniger Ressourcen, als wenn man Kohle oder Gas verfeuert, um Strom zu produzieren.

Max Aber erst einmal muss man Windturbinen, Solarzellen oder Wasserkraftwerke bauen.

Nina Nun werd' aber nicht komisch. Wenn sie einmal stehen, brauchen sie keine Ressourcen mehr und Kohlekraftwerke muss man auch bauen.

Max Aber natürlich, die Sonne oder Sonnenstrahlen sind doch auch eine Ressource – schon gut, schon gut, ich weiß: Die ist quasi unendlich.

Deniz Erneuert werden müssen auch Solarzellen und Windkrafträder, aber in der Tat, im Normalbetrieb werden – anders als zum Beispiel bei Kohlekraftwerken – keine zusätzlichen Ressourcen gebraucht.

Nina Aber die Entkopplung funktioniert nur dort, wo man wirklich nachhaltig wirtschaften kann.

Max Was heißt nun wieder nachhaltig? Reden alle drüber, über Nachhaltigkeit, aber verstanden habe ich es nie.

Deniz Der Begriff kommt aus der Forstwirtschaft und bedeutet, dass man immer nur so viele Bäume fällt, wie auch wieder nachwachsen. Wenn ein Baum z.B. 100 Jahre braucht, um groß zu werden, dann darf man pro Jahr nur ein Hundertstel des Waldes, also ein Prozent fällen. Und dort muss man natürlich neue Bäume pflanzen. Dann bleibt der Wald erhalten.

Nina Das kommt aus einer anderen Zeit, als man noch für Generationen plante.

Rahel Das stimmt wohl, aber das Prinzip versucht man aus der Forstwirtschaft auf andere Bereiche der Wirtschaft zu übertragen.

Deniz Dann erklär mir doch mal, wie eine nachhaltige Kohle- oder Ölförderung aussehen soll.

Rahel In der Tat, das ist Unsinn. Mit nicht oder sehr, sehr langsam nachwachsenden Ressourcen kann man nur sparsam umgehen. Nachhaltig ist da das falsche Wort. Das ist der typische Nonsens, den die Politik verbreitet.

Deniz Bei Strom aus erneuerbaren Energien kann man also nachhaltig wirtschaften oder besser: Wachstum und Ressourcenverbrauch entkoppeln, bei Kohle und Strom nicht. Da kann man nur sparsam wirtschaften.

Rahel Genau!

Max Aber nehmen wir doch die Hemdenfabrik von eben. Wenn ich mehr Hemden produzieren will oder muss, brauche ich mehr Baumwolle, mehr Wasser, Farbe, Energie und was weiß ich noch. Ich sehe nicht, wie sich das Wachstum vom Ressourcenverbrauch entkoppeln lässt.

Rahel Aber denk mal an Computer oder Handys. Die sind immer schneller und besser geworden, können immer mehr, ohne mehr Ressourcen pro Handy zu verbrauchen.

Deniz Das Beispiel zeigt tatsächlich das genaue Gegenteil. Viele Menschen wechseln alle zwei Jahre das Handy, weil sie durch ihren Vertrag ein neues bekommen können. Und alle fünf Jahre sind die Programme so groß geworden, dass sie auf den alten Geräten nicht mehr laufen.

Rahel Du übertreibst!

Max Aber nur wenig und die Entwicklung ist erst in letzter Zeit etwas langsamer geworden.

Deniz Jedenfalls gibt es kaum einen Bereich, in dem die Geräte so schnell veralten und ersetzt werden müssen, wie im Bereich der EDV. Und die alten Kisten werden ja nicht etwa recycelt oder aufgemotzt, die kommen meist schlicht weg. Da wächst zwar die Leistung ohne nennenswerten Ressourcenverbrauch. Den haben wir dafür bei der Hardware, die verschrottet wird.

Nina Übrigens braucht auch der Betrieb der Handys Ressourcen, allein der Stromverbrauch von Datenzentren ist gigantisch.

Deniz Es gibt ein weiteres Problem bei der Effizienzrevolution. Wenn der Kapitalismus auf unendliches Wachstum angelegt ist, müsste auch die Technik unendlich so verbessert werden, dass jedes Wachstum ausgeglichen wird, also nicht zu mehr Naturverbrauch führt. Das mag theoretisch denkbar sein, praktisch halte ich es für Unsinn.

Nina Hinzu kommen noch Rebound-Effekte.

Max Was ist das nun wieder?

Nina Das beste Beispiel für Rebound-Effekte sind Autos. Die Motoren sind immer effizienter geworden. Das heißt, mit den kleinen, leichten und langsamen Autos der 1970er-Jahre könnte man mit den Motoren von heute erheblich an Sprit sparen. Aber die Autos sind immer größer, schneller und schwerer geworden. Ergebnis: Der Flottenverbrauch hat sich keineswegs reduziert. Die größere Effizienz führte nicht zu einem geringeren Naturverbrauch.

Max Aber Recycling wäre doch eine Lösung, wie die Wirtschaft ohne oder mit einem geringeren Ressourcenverbrauch wachsen kann.

Rahel Das muss man aber weiterdenken, nämlich als Kreislaufwirtschaft. Nach diesem Konzept sollen bestehende Materialien und Produkte so lange wie möglich genutzt, wiederverwendet, repariert, aufgearbeitet und erst am Ende recycelt werden. So soll die Lebensdauer der Produkte verlängert werden. Recyceln ist dabei nur ein Element, das nicht mal an erster Stelle steht, weil recycelt wird ja der Abfall. Es geht zunächst aber um die Erhaltung nutzbarer Produkte.

Nina Keine Frage: Das ist sinnvoll, um den Ressourcenverbrauch zu verringern. Aber man muss es organisieren und das macht nicht oder nur selten der Markt. Das wäre eine öffentliche Aufgabe.

Deniz Übrigens war die DDR darin viel besser – im Recyceln, meine ich – als die Bundesrepublik, einfach weil die Rohstoffe teuer waren und Devisen kosteten. Wenn Reparieren oder Wiederverwenden billiger werden, als neue Rohstoffe zu kaufen, dann klappt das auch im Kapitalismus. Aber es geht darum, vorher umzusteuern, bevor die Rohstoffe so knapp sind, dass sie sehr teuer werden.

Rahel Andere argumentieren auch, dass es Wachstum ohne Ressourcenverbrauch geben kann, wenn der Dienstleistungssektor wächst. Das Bruttoinlandsprodukt wird ja aus dem Geldtransfer berechnet. Mehr Dienstleistungen führen zu mehr Zahlungen, also zu Wachstum, ohne dass Ressourcen verbraucht werden.

Max Wenn sich alle gegenseitig die Haare schneiden, wächst also die Wirtschaft.

Nina Im Prinzip ja, aber man ahnt, dass der Reichtum der Gesellschaft nicht wirklich wächst. Für Marx war auch klar, dass Dienstleistungen keinen Mehrwert schaffen. Das war für ihn keine produktive Tätigkeit.

Rahel Aber die Gesellschaft braucht absehbar mehr Dienstleistungen. Insbesondere braucht es mehr Menschen, die in der Gesundheitsversorgung arbeiten. Da muss doch etwas getan werden.

Nina Keine Frage, da muss vor allem besser bezahlt werden. Aber es stimmt schon, über Dienstleistungen wird der produzierte materielle Reichtum nur anders verteilt.

Max Aber der Kapitalist und die Kapitalistin wollen doch, dass ihr Geld mehr wird. Das kann es doch auch, ohne dass der materielle Reichtum in Form von mehr und neuen Produkten wächst – oder nicht?

Rahel Aber das funktioniert nur begrenzt, fürchte ich. Die Dienstleistungsgesellschaften des reichen Nordens haben die Produktion zum Teil einfach in den Süden verlagert. China galt lange als verlängerte Werkbank des Westens. Die Reichtumsproduktion und der Ressourcenverbrauch finden dort statt, aber der Norden eignet ihn sich an, also den materiellen Reichtum.

Umweltgesetze – ein Flopp?

Deniz Die Verlagerung der Produktion ins Ausland, in den globalen Süden, findet übrigens auch statt, weil dort die Umweltregeln meist nicht so streng sind.

Max Das musst du erklären.

Deniz Nehmen wir Luft und Wasser. Die Wasserqualität hat sich in Deutschland in den letzten Jahrzehnten deutlich verbessert. Ähnliches gilt für die Luft.

Nina Willy Brandt hat Wahlkampf gemacht mit dem Slogan: »Der Himmel über der Ruhr muss wieder blau werden.«

Rahel War das ein Plädoyer für den Klimawandel – für mehr Sonnenschein?

Nina Natürlich nicht, es ging um die Luftverschmutzung. Wenn jemand Wäsche zum Trocknen nach draußen gehängt hatte, wurde die zwar trocken, aber auch schmutzig. Kohle und Stahlindustrie haben im Ruhrgebiet die Luft so übel verdreckt. Das ist inzwischen besser geworden.

Rahel Genau, weil unter der Regierung Brandt das Immissionsschutz-gesetz eingeführt wurde mit Grenzwerten für verschiedenste Ab-gase, die eben nur noch in kleinen Mengen in die Luft geblasen wer-den dürfen.

Nina Aber das gilt vor allem für Fabrikanlagen und Ähnliches, oder?

Max Ja, das stimmt im Wesentlichen. Das müssen wir uns jetzt aber nicht genau ansehen. Entscheidend ist, dass die Emissionen im Ruhr-gebiet oder in Deutschland reduziert wurden, aber gleichzeitig die Produktion verlagert wurde.

Deniz Der größte Stahlproduzent ist heute China. Die EU produzierte 2021 insgesamt 152 Millionen Tonnen Stahl, China 1.032 Millionen Tonnen. China produziert mehr als die Hälfte des Rohstahls, des Ze-ments und des Aluminiums der Welt.[2]

Nina Das Verlagern geschieht natürlich nicht nur, weil die Umweltge-setze andernorts lascher sind, sondern z.B. auch, weil die Unterneh-men den Stahl andernorts weiterverarbeiten oder verkaufen wollen – etwa in China. Aber eine Verlagerung gibt es auch, weil Umwelt- und Arbeitsschutz vermieden werden sollen.

Rahel Man darf eben nicht monokausal denken. Es ist eine Gemenge-lage, welche Unternehmen dazu veranlasst, im Süden zu produzie-ren, aber billige Arbeitskräfte und Rohstoffe sowie laschere Umwelt-gesetze sind auch eine Motivation.

Nina Schlimm sind auch die legalen, aber insbesondere die illegalen Müllexporte. Ihr kennt die Bilder von Kindern auf den Müllkippen in Indonesien, die dort in giftigen Gasen und Substanzen waten, um Kupfer oder andere verwertbare Rohstoffe zu sammeln. Lange leben die nicht. Und der Müll kommt nicht aus Indonesien, das ist unser Müll.

Rahel Der Norden beutet den Süden nicht nur dadurch aus, dass er bil-lige Rohstoffe importiert, sondern auch, indem er seinen Müll und Dreck in den Süden exportiert.

Max Man braucht also weltweiten Umweltschutz?

Nina Allerdings, den bräuchte man. Aber da gibt es bisher nur Ansätze mit vielen Kompromissen.

Max Gibt es positive Beispiele?

Rahel Ich meine, das Washingtoner Artenschutzabkommen funktio-niert halbwegs und hat dazu geführt, dass sich jedenfalls einige Ar-ten erholen konnten.

---

[2] Müller, Wolfgang: Kann die VR China die Klimaziele erreichen?, in: Sozialismus 6-2022, S. 20/22.

Max Was regelt das Abkommen denn?

Rahel Es verbietet vor allem den Handel und Besitz bestimmter Arten oder von Teilen dieser Arten. Beispielsweise ist der Handel mit Elfenbein verboten. Um Elfenbein zu gewinnen, wurden Elefanten getötet, nur um die Stoßzähne herauszubrechen. Und wenn der Handel verboten ist, wird man das Elfenbein und Produkte, die daraus gemacht werden – etwa Schachfiguren – nicht mehr los.

Nina Das heißt, das Abkommen greift nicht nur in den Ursprungsländern des Südens, sondern auch in denen des Nordens, wo die Überwachung etwas besser funktioniert. In Deutschland kontrolliert etwa der Zoll die illegale Einfuhr geschützter Arten.

Max Und das läuft?

Deniz Ich meine: eher so mittelprächtig. Das Abkommen wurde 1973 geschlossen. Schaut man auf Afrika im Ganzen, gehen die Bestände kontinuierlich, wenn auch langsamer zurück. Im Jahre 1900 geht man von einem Bestand von 10 Mio. Elefanten aus. Bis 1979 hatte er sich auf 1,3 Mio. reduziert. In den folgenden 10 Jahren schrumpfte der Bestand noch mal um die Hälfte. Dann ging es etwas langsamer. Zwischen 1989 und 2016 schrumpfte der Bestand von 600.000 auf 350.000. Das ist kein wirklicher Erfolg.

Rahel Andererseits: Kenia hatte 1989 nur einen Bestand von 16.000. Im Jahre 2016 gab es wieder 26.000 Elefanten in Kenia.[3]

Max Das nenne ich wirklich ein eher bescheidenes Ergebnis. Immerhin: Der Schwund hat sich verlangsamt.

Deniz Trotzdem ist der illegale Handel mit geschützten Arten noch immer ein Bombengeschäft. Dort werden Umsätze von fast 200 Milliarden Dollar gemacht. Damit erreicht dieses Geschäft Spitzenwerte im Bereich der illegalen Geschäfte.[4]

Rahel Ähnlich sieht es aus beim Klimawandel. Trotz Kyoto-Protokoll und Emissionshandel werden immer wieder neue Höchststände beim weltweiten CO_2- Ausstoß gemeldet. Der Ausstoß an Treibhausgasen ist zwischen 1990 und 2020 weltweit um 47% gestiegen und nicht etwa gesunken, was ja beabsichtigt war.[5]

---

[3] www.reaev.de/wordpress/elefantenbestaende-in-afrika/ (11.7.2022).
[4] Neues Deutschland v. 11.7.2022, S. 7.
[5] https://public.wmo.int/en/media/press-release/greenhouse-gas-bulletin-another-year-another-record (11.7.2022).

Max Aber in Deutschland sind die Klimagase doch weniger geworden.[6]

Deniz Ja, das stimmt, ist aber im Wesentlichen auf grünen Strom zurückzuführen, also auf Windkraft- und Solaranlagen. Heute wird fast die Hälfte des Strombedarfs durch Öko-Strom gedeckt, 1990 waren es gerade mal 4%.[7]

Rahel Das hat so gut funktioniert, weil es den Emissionshandel gibt, oder?

Deniz Eben nicht, den gibt es auch für Emissionen der Industrie. Der Ausstoß von Treibhausgasen hat sich da aber nur geringfügig reduziert. Im Bereich der Stromversorgung hat der Bund erheblich subventioniert, also z.b. bei Solarzellen und er hat die rechtlichen Voraussetzungen verbessert.

Max Was ist denn der Emissionshandel?

Nina Unternehmen müssen für den Ausstoß von CO_2 Berechtigungen, sogenannte CO_2-Zertifikate, erwerben und können mit diesen handeln. Das sollte dazu führen, dass die Unternehmen in neue Technik investieren, um Treibhausgase zu senken, weil das billiger sein sollte, als Zertifikate zu kaufen. Und die Menge der Zertifikate sollte von Jahr zu Jahr weniger werden. Das heißt, es hätte immer weniger CO_2 produziert werden dürfen.

Deniz Das blieb aber viel zu lange erfolglos, weil die Zertifikate viel zu billig waren. Lobbys hatten dafür gesorgt, dass in der EU immer viel zu viele Zertifikate auf dem Markt waren. Wegen der Marktideologie der Neoliberalen haben wir mindestens 25 Jahre verloren, um den Klimawandel aufzuhalten.

Max Jetzt bin ich verwirrt. Funktioniert die Steuerung durch Recht nun oder nicht?

Deniz Jedenfalls besser als durch den Pseudomarkt, den die Neoliberalen mit dem Emissionshandel erfunden haben.

Rahel Ich würde sagen: Mal so mal so. Es kommt eben darauf an, was, wie geregelt wurde und vor allem, wie die Regelung durchgesetzt wird. Im Umweltrecht spricht man auch von einem Vollzugsdefizit. Das bedeutet, dass die rechtlichen Regeln gegenüber den Bürgern und Bürgerinnen, aber vor allem gegenüber den Unternehmen nur unzureichend durchgesetzt werden.

---

[6] www.umweltbundesamt.de/daten/klima/treibhausgas-emissionen-in-deutschland/kohlendioxid-emissionen#herkunft-und-minderung-von-kohlendioxid-emissionen (3.4.2023).

[7] www.wechsel-werk.de/energieentwicklung/entwicklung-stromproduktion-in-deutschland-1990-bis-2010.html (3.4.2023).

Max Versteh ich nicht, warum nicht?

Nina Manchmal fehlen dem Staat ausreichend Kontrollmöglichkeiten. Denk mal an den Elfenbeinschmuggel. Das weißt du doch selbst. An den Flughäfen steht zwar immer ein Zollbeamter, aber wer wie ein normaler Tourist aussieht, wird einfach durchgewunken. Es lässt sich einfach nicht hundertprozentig kontrollieren, ob da nicht jemand verbotenes Elfenbein oder verbotene Korallen schmuggelt.

Rahel Aber es ginge wohl mehr, also eine bessere Kontrolle. Man hat wohl nicht zu Unrecht den Eindruck, dass im Interesse »der Wirtschaft« gern mal auf Kontrollen verzichtet wird.

Nina Schlimmer ist aber, dass das Recht eben nicht immer eindeutig ist und die Unternehmen mit der Verwaltung feilschen, ob sie die Vorschriften einhalten oder nicht. Und du musst dir vorstellen, da sitzt beispielsweise ein Verwaltungsjurist einer kleinen Gemeinde, der für alle Rechtsgebiete zuständig ist, also alles können müsste, vom Kindergartenrecht bis zum Umweltrecht – der Arme sitzt nun einem ganzen Stab von Juristinnen und Juristen eines Unternehmens gegenüber. Da lässt man sich schon mal auf Kompromisse oder Vergleiche ein, weil man gegen die nicht ankommt.

Rahel Das setzt sich übrigens in der Justiz fort, wenn völlig überforderte und fachfremde Amtsrichter und -richterinnen über Bußgeldbescheide wegen der Verletzung von Umweltrecht entscheiden sollen.

Max Nun lass die Verwaltungsrichterin mal nicht so raushängen.

Rahel Im Ernst: Die Gemeinden haben ein Interesse, dass sich Unternehmen auf ihrem Gebiet ansiedeln oder dort bleiben. Das bringt nämlich Steuern. Also schauen sie auch schon mal nicht so genau hin oder lassen sich auf Kompromisse ein. Insgesamt wird dann das rechtlich Mögliche nicht voll ausgeschöpft.

Nina Und außerdem steckt der Kompromiss meist schon im Gesetz. Eine der Regierungsparteien vertritt garantiert Unternehmerinteressen, die dann die Umweltgesetze aufweichen.

Deniz Aber grundsätzlich sind Verbesserungen durch rechtliche Regeln schon möglich. Darüber sprachen wir schon: Wasser und Luft sind sauberer geworden.

Max Heißt das: Unternehmer sind grundsätzlich gegen Umweltschutz? Das ist doch Unsinn.

Deniz Wieso ist das Unsinn? Wo es um Profit geht, muss die Umwelt weichen.

Rahel Ich würde da unterscheiden: Als Privatperson ist ein Unternehmer oder eine Unternehmerin natürlich genauso an Umweltschutz interessiert wie jeder andere Mensch auch; genießt sauberes Wasser, klare Luft und unverbaute Natur. Aber als Leiter eines Betriebes haben sie natürlich ein Interesse, dass sie die Umweltmedien möglichst umsonst nutzen können.

Max Was sind denn Umweltmedien, die genutzt werden?

Nina Natürlich nicht Fernsehen oder Internet, sondern Wasser, Luft, Erde, Fauna und Flora.

Deniz Ein einfaches Beispiel: Für die Papierproduktion braucht man viel Wasser. In Deutschland werden im Jahr 250 Millionen Kubikmeter Frischwasser für die Papierproduktion gebraucht. Fast Dreiviertel wird aus Flüssen und Seen entnommen. Und verschmutztes Wasser muss wieder entsorgt werden.[8]

Rahel Nun komm mal zu Potte! Was willst du sagen?

Deniz Ist doch klar. Das Unternehmen oder die leitenden Personen haben ein großes Interesse, das Wasser möglichst kostenlos zu nutzen und möglichst billig zu entsorgen. Die Funktion im Unternehmen zwingt ihnen eine gewisse Logik auf.

Nina Wie Marx schon sagte: Kapitalisten sind auch nur Charaktermasken, die den Gesetzmäßigkeiten der kapitalistischen Ökonomie folgen müssen.[9]

Rahel Aber eben nur in ihrer Funktion als Manager oder Managerin eines Unternehmens. Zuhause kann der gleiche Mensch durchaus für die Erhaltung des Kammmolches kämpfen.

Max Was ist das nun wieder?

Rahel Eine geschützte oder gefährdete Molchart.[10]

Max Was lernen wir jetzt daraus?

Deniz Ich würde sagen: Der Kapitalismus kann zwar grüner werden – eben durch neue umweltfreundliche Techniken und durch gesetzliche Regulierungen. Aber gleichzeitig hinken Technik und Gesetzgebung immer dem durch Wachstum erzeugten Ressourcenverbrauch hinterher.

---

[8] www.papierfakten.de/papierfakten/papier-und-wasser (13.7.2022).

[9] »Die ökonomische Charaktermaske des Kapitalisten hängt nur dadurch an einem Menschen fest, daß sein Geld fortwährend als Kapital funktioniert.« (Marx, Das Kapital, MEW Bd. 23, S. 591).

[10] www.bund-naturschutz.de/tiere-in-bayern/amphibien/schwanzlurche/kammmolch (13.7.2022).

Hört auf die Wissenschaft, aber wer entscheidet?

Rahel Wir brauchen eine Postwachstumsgesellschaft, in der die planetarischen Grenzen beachtet werden und nachhaltig gewirtschaftet wird.

Max Hört sich ja gut an, aber was sind die planetarischen Grenzen?

Rahel Da gibt es beispielsweise das Konzept des ökologischen Fußabdrucks, mit dem festgestellt wird, ob jeder einzelne Mensch, eine Region oder eine Nation die Grenzen der Belastbarkeit der Ökosysteme unseres Planeten überschreitet.

Nina Der WWF gibt seit 20 Jahren den »Living Planet Report« heraus und zeigt, dass die Menschheit die Ressourcen des Planeten übermäßig belastet.[11]

Max Was ist der WWF?

Nina Der »World Wide Fund for Nature« – das ist eine Umweltschutzorganisation. Aber das Konzept des ökologischen Fußabdrucks stammt ursprünglich von Wackernagel und Rees.[12]

Deniz Nun gib mal nicht so an. Was sagt das Konzept denn?

Nina Mich lässt ja keiner ausreden. Der ökologische Fußabdruck berechnet, wie viel Biokapazität von einzelnen Menschen oder Gesellschaften in Anspruch genommen wird.

Deniz Das sagtest du schon.

Nina Und damit lässt sich ausrechnen, ob die Erde insgesamt überlastet ist oder nicht, also ob zu viel Biokapazität gemessen in Hektar verbraucht wird, sodass eine Regeneration der Erde nicht mehr möglich ist.

Max Versteh ich nicht.

Deniz Mal ganz praktisch: Der Report des WWF kam zu dem Ergebnis, dass die Menschheit 60% mehr Ressourcen verbraucht als die Erde bereithält. Setze sich dieser Verbrauch ungebremst fort, seien 2030 zwei komplette Planeten nötig, um den Bedarf an Nahrung, Wasser und Energie zu decken.

Rahel Immer wieder wird im Frühjahr gemeldet, dass die Ressourcen für dieses Jahr aufgebraucht sind. Anfang Mai 2022 meldete das ZDF: »Ab heute lebt Deutschland auf Pump. Es ist Anfang Mai und Deutschland hat schon jetzt den ihm zustehenden Ressourcen-Vor-

---

[11] https://livingplanet.panda.org/de-at/what-is-the-living-planet-index (13.7.2022).
[12] Wackernagel, M./W. Rees: Unser ökologischer Fußabdruck – Wie der Mensch Einfluß auf die Umwelt nimmt, Basel 1997.

rat für 2022 verbraucht. Würden alle Länder so haushalten, bräuchte es drei Erden.«[13]

Deniz Übrigens hat die Ölfirma BP den »ökologischen Fußabdruck« von der Gesellschaft auf das Individuum übertragen. Jeder Mensch konnte mit dem von BP entwickelten CO_2-Rechner seinen individuellen Fußabdruck berechnen. Damit hat der Konzern die Verantwortung von der Industrie oder vom System auf individuelles Verhalten verschoben. Da steckte – soweit ich weiß – eine geschickte Werbekampagne dahinter.

Max Und die Grenzen der Belastbarkeit des Planeten kann man so genau ausrechnen?

Rahel Das frage ich mich auch. Man muss doch wissen, welchen Zustand des Planeten man erhalten will, bevor man ausrechnen kann, wie viel dann jeder und jede verbrauchen darf.

Deniz Bestimmte Grenzen lassen sich naturwissenschaftlich bestimmen oder jedenfalls die Folgen, wenn sie nicht eingehalten werden. Der Club of Rome hat schon 1972 einen Bericht mit dem Titel »Die Grenzen des Wachstums« vorgelegt, der damals für viel Furore sorgte.

Nina Man kann beispielsweise ausrechnen, wann Peak Oil erreicht ist.

Max Was ist das nun wieder?

Nina Peak Oil ist erreicht, wenn die Ölvorkommen so ausgebeutet sind, dass in Zukunft nur noch weniger Öl gefördert werden kann als vorher. Es ist der Höchststand der Fördermenge. Das gilt natürlich nicht nur für Öl, sondern für alle nicht nachwachsenden Ressourcen.

Deniz Aber über Öl wird seit Langem gesprochen und Peak Oil beschworen. Allerdings schwanken die Prognosen in den Jahreszahlen. Einige nahmen schon für 2007 den Peak Oil an.[14] Jedenfalls wurde dieser durch Fracking deutlich nach hinten verschoben.

Rahel Aber dennoch bleibt die Tatsache, dass die Ölreserven irgendwann kleiner werden dürften.

Deniz Der ökologische Fußabdruck darf sich logischerweise auch nicht auf Ressourcen beziehen, die sich nicht selbst in absehbarer Zeit regenerieren.

Max Warum nicht?

---

[13] www.zdf.de/nachrichten/politik/klima-ressourcen-deutschland-erdueberlastungstag-100.html (19.7.2022).

[14] www.bpb.de/kurz-knapp/zahlen-und-fakten/globalisierung/52761/peak-oil/ (13.7.2022).

Deniz Weil die Erde Öl überhaupt nicht in absehbaren Zeiten reproduziert. Die Grenzen der Belastbarkeit beziehen sich immer nur auf nachwachsende Ressourcen. Sonst würde jeder Ölverbrauch die Grenzen überschreiten.

Max Dann gibt es solche absoluten Grenzen nicht?

Nina Beim Klimawandel kann man sehen, dass die Wissenschaft zwar Berechnungen anstellen und warnen oder auch erklären kann, dass der Planet ab einer bestimmten Grenze nicht mehr bewohnbar ist. Aber wie stark die Temperatur am Ende steigen darf, wird politisch entschieden.

Deniz Wieso? Es dürfen doch nicht mehr als 1,5 Grad verglichen mit vorindustriellen Zeiten werden – das steht doch fest. Da ist sich die Wissenschaft doch einig.

Nina Man könnte doch auch fordern, dass die Temperatur gar nicht steigen darf oder umgekehrt, dass 5 Grad möglich sind. Dann versinkt Bangladesch oder einige pazifische Inseln eben im Meer – oder Holland baut höhere Deiche. Die 1,5 Grad von Paris sind ein politischer Kompromiss.

Rahel Der übrigens sowas von unverbindlich ist. Verbindliche Maßnahmen sind ja nicht vorgesehen, nur dieses Ziel und dass die Staaten selber sehen sollen, wie sie es erreichen. Da muss man kein Prophet sein, um zu wissen, dass wir es nicht schaffen.

Max Wieso von Paris?

Nina Im Pariser Klimaschutzabkommen haben sich die Staaten geeinigt, dass die globale Temperatur höchstens um 2 Grad, besser nur um 1,5 Grad steigen darf. Es ist eine Einigung, ein Kompromiss zwischen dem Null-Grad-Ziel und den Leugnern des Klimawandels, die gar nichts tun wollen.

Max Und das soll funktionieren?

Deniz Es geht gar nicht anders, weil die Wissenschaft zwar Obergrenzen berechnen kann, also Grenzen, wann Leben oder Überleben nicht mehr möglich ist, aber es gibt zwischen dem Tod der Menschheit und dem Leben im Einklang mit der Natur viele Graustufen oder Formen des Lebens.

Rahel Und eins ist ja klar, Menschen nutzen immer die Natur, wenn sie leben wollen. Auch Steinzeitmenschen mussten Holz verbrennen, Tiere jagen oder Früchte sammeln, um zu überleben. Es kommt also darauf an, wie intensiv der Mensch in die Natur eingreift, nicht, ob er das überhaupt macht.

Max Und wie wird bestimmt, wie intensiv dieser Eingriff ist?

Deniz Fragst du, wie es tatsächlich bestimmt wird oder wie es bestimmt werden sollte?

Max Versteh ich nicht.

Deniz Es gibt einen Unterschied zwischen Sein und Sollen.

Nina Haarspalter! Aber im Ernst: Intensität und Form der Naturnutzung sollten in demokratischen Prozessen entschieden werden. Eine lokale, regionale und nationale Gesellschaft verständigt sich darauf, ob und wie sie die Natur nutzen will.

Max Aber wir haben doch eine Demokratie, die genau darüber entscheidet.

Deniz Das glaubst du wirklich immer noch? Meist ist die Naturnutzung ein unbewusster Vorgang, der sich hinter dem Rücken der Menschen abspielt und der aus dem Verwertungszwang der Ökonomie folgt.

Max Und die Umweltgesetze? Die bestimmen doch die Grenzen der Naturnutzung und wurden demokratisch beschlossen – oder?

Deniz Na ja, bedingt. Das haben wir doch eben besprochen. Erstens muss die Gesetzgebung in der Regel der Entwicklung hinterherlaufen. Zweitens sind das nur allgemeine Regeln, über die nicht bestimmt wird, ob ein konkretes Projekt, eine konkrete Produktion usw. sinnvoll und notwendig ist. Drittens folgen sie immer ökonomischen Imperativen.

Max Was meinst du mit ökonomischen Imperativen?

Deniz Bedingung ist, dass kein Wachstum verhindert wird. Die Unternehmen drohen ganz offen mit Werksschließungen und Produktionsverlagerung, wenn ihnen ein Gesetz nicht passt. Darüber sprachen wir, als Demokratie das Thema war.

Nina Postwachstum kann nicht nur über Gesetze eingeleitet werden. Dafür braucht es einen Systemwechsel. Der »System Change« steht auf der umweltpolitischen Tagesordnung.

Jeder nach seinen Bedürfnissen?

Rahel Das ist ja schön einfach zu fordern, aber was heißt das? Wie soll das aussehen?

Deniz Man muss Recht, Geld und die Lohnarbeit abschaffen. Das sind alles Herrschaftsmittel, die zur Umweltzerstörung beitragen.

Rahel Und das am besten gestern, oder?

Deniz Man muss eben zurück zu einer Subsistenzwirtschaft. Maria Mies hat das schon in den 1980er-Jahren gefordert, als sie eine feministische Kritik am Kapitalismus formuliert hat.[15]

Nina Eine Subsistenzwirtschaft wird auch von anderen Postwachstums-ökonomen und -ökonominnen gefordert. Die Arbeitszeit in der Industrie solle auf 20 Stunden reduziert werden und in der freien Zeit sollen die Menschen eigene Produkte herstellen, also z.b. Gemüse anbauen oder die Zeit auf die Reparatur von Produkten verwenden.

Max Was ist das nun wieder? Subsistenzwirtschaft und Postwachstum?

Deniz Subsistenzwirtschaft meint eine Selbstversorgerwirtschaft. Man baut für sich, seine Familie oder eine kleine Gruppe von Menschen alles an, was gebraucht wird und stellt auch Kleidung, Handwerkszeug usw. selbst her.

Rahel Postwachstumsökonomie bezeichnet zunächst mal schlicht eine Wirtschaftsweise, die ohne Wachstum auskommt. Weil die kapitalistische Wirtschaft immer wachsen muss, wird diese Wirtschaftsform eben Postwachstum genannt. Dazu gibt es sehr verschiedene Ansätze und sogar Vereinigungen von Ökonomen und Ökonominnen.

Nina Manche gehen noch weiter und wollen Geld abschaffen und fordern eine Tauschwirtschaft. Das ist dann wirklich Subsistenzwirtschaft. Die selbst hergestellten Produkte tauscht man gegen andere.

Deniz Sag ich ja, Geld braucht man dann nicht.

Rahel Stell ich mir aber schwierig vor. Ich stelle einen Tisch her und brauche ein Fahrrad. Der Fahrradproduzent braucht aber keinen Tisch, sondern Butter. Das wird eine schwierige Angelegenheit.

Nina Tauschmittel wurden sehr früh in allen arbeitsteiligen Gesellschaften eingeführt. Meist Gold und Silber, aber es gab wohl auch Getreide als Tauschmittel. Marx nennt das »allgemeines Äquivalent«. Das ist die Grundfunktion von Geld.

Max Geld muss nicht mit Banken und Spekulanten verbunden sein. Alle Religionen kannten am Anfang das Zinsverbot, um eine Bereicherung auf Kosten anderer durch Geldverleih auszuschließen. Geld vereinfacht dann wirklich nur den Tausch.

Nina Ich frage mich auch, ob eine Subsistenzwirtschaft in der Lage ist, ein bevölkerungsreiches Land wie die Bundesrepublik zu versorgen. Auch die Versorgung mit landwirtschaftlichen Produkten hängt doch vom Stand der Produktivkräfte ab, also von der Effektivität oder Leistungsfähigkeit der eingesetzten Technik.

---

[15] Mies, Maria: Patriarchat und Kapital, Wien 1988.

Rahel In der Tat. Um das Jahr 1500 lebten in Deutschland 9 Millionen Menschen, heute sind es 80 Millionen und im 16. Jahrhundert gab es noch Hungerkrisen infolge von Missernten.[16]

Deniz Deshalb wollen einige die industrielle Lohnarbeit ja auch nicht ganz abschaffen, sondern auf 20 Wochenstunden reduzieren. Das reicht, meinen sie, für ein gutes Leben.

Max Wer will das denn?

Deniz Nico Paech beispielsweise.

Max Und wer ist Nico Paech?

Nina Ein Guru der Postwachstumsökonomie, der besonders radikal ist und teilweise esoterische Züge hat.

Deniz Der sagt zum Beispiel: Es gibt kein Menschenrecht darauf, eine Kreuzfahrt zu buchen. »Es gibt kein Menschenrecht darauf, Urlaub mit dem Flugzeug zu machen.«[17]

Nina Der predigt auch, dass alle verzichten müssen.

Max Alle?

Rahel Genau, das ist das Problem. Der materielle Reichtum ist ganz offensichtlich ungleich verteilt – auch darüber sprachen wir. Das gilt für die Verteilung innerhalb Deutschlands und erst recht für die Verteilung zwischen dem globalen Süden und Norden. Den Menschen in Ghana Verzicht zu predigen, wirkt schon leicht zynisch.

Deniz Verzichten müssen vor allem die Reichen, d. h. die reichen Länder und die reichen Menschen. Mit etwas mehr als 4% der Weltbevölkerung stammen ca. 25% der CO_2-Emissionen aus den USA. Pro Kopf liegen die arabischen Ölstaaten vor den USA, aber ganz vorne liegt das kleine Luxemburg.[18] Da muss an der Verteilung etwas geändert werden.

Rahel Aber China liegt beim CO_2-Ausstoß noch vor den USA.

Max Aber nur in absoluten Zahlen. Da leben halt auch viel mehr Menschen als in den USA.

Nina Außerdem geht der CO_2-Verbrauch in China zum Teil auf die Kappe des Westens. Die produzieren da unsere Konsumartikel. Also die stellen z.B. Handys her, die in Europa gekauft und genutzt werden. Dann müsste der CO_2-Verbrauch eigentlich uns angerechnet werden, nicht China.

---

[16] www.uni-muenster.de/FNZ-Online/wirtschaft/grundstrukturen/unterpunkte/bevoelkerung.htm (14.7.2022).

[17] TAZ, 1.12.2019, https://taz.de/Oekonom-ueber-oekologische-Vandalen/!5641382/ (14.7.2022).

[18] www.tech-for-future.de/co2-ausstoss/ (15.7.2022).

Rahel Das stimmt und China hat ziemlich ambitionierte Ziele, was den Umbau zu einer ökologischen Wirtschaft angeht. In China wurden beispielsweise die ersten Elektrobusse eingesetzt. Das kriegen die besser hin als wir hier.

Max Also ihr meint, eine gerechte Verteilung würde ausreichen? Die Reichen müssten sich einschränken, aber die Armen nicht?

Deniz Überleg doch mal. Wenn der CO_2-Ausstoß pro Jahr weltweit insgesamt zu hoch ist, um die Klimakatastrophe abzuhalten, dann reicht natürlich eine andere Verteilung nicht. Es muss also eingespart werden.

Nina Und das gilt auch für die anderen ökologischen Probleme, also Versiegelung des Bodens, Artensterben usw.

Max Dann müsste sich also jeder individuell einschränken?

Rahel Nicht jeder, aber einige oder viele, aber das wird nicht reichen. Unsere Gesellschaft ist nicht auf Solidarität angelegt. Da ist kaum jemand zum Wohle der Allgemeinheit solidarisch und schränkt sich ein.

Nina Ganz im Gegenteil denken sich doch viele: Wenn ich nicht sicher sein kann, dass der andere sich beschränkt, warum sollte ich es tun? Das nennt man das Gefangenendilemma.[19]

Deniz Aber viele verzichten auf Fleisch, ernähren sich also vegetarisch oder vegan. Damit leisten sie einen Beitrag, um Klimagase zu reduzieren.

Max Versteh ich nicht. Fleisch essen erzeugt doch kein CO_2.

Rahel Aber Wiederkäuer erzeugen Methan und auch sonst leben Tiere ja nicht »abgasfrei« – ihr wisst, was ich meine. Jedenfalls beträgt der Ausstoß von CO_2-Äquivalenten aus der Landwirtschaft in Deutschland ca. 55 Mio. Tonnen pro Jahr. Davon stammt ca. die Hälfte aus der Tierhaltung.[20]

Deniz Das ist aber nur ein Anteil von höchstens 8% an der Gesamtmenge von Treibhausgasemissionen in Deutschland.

---

[19] Das Gefangenendilemma: A und B werden beschuldigt, gemeinsam eine Straftat begangen zu haben und daraufhin separat verhört. Leugnen beide, müssen sie freigesprochen werden. Gestehen beide, erhalten sie ein milderes Urteil. Leugnet A und B gesteht, bekommt A die Höchststrafe, B das mildere Urteil. Das Dilemma besteht nun für beide darin, ob sie dem jeweils anderen vertrauen können, und auf Freispruch wetten, aber riskieren, die Höchststrafe zu bekommen, oder ob sie lieber die mildere Strafe in Kauf nehmen.

[20] www.umweltbundesamt.de/daten/land-forstwirtschaft/beitrag-der-landwirtschaft-zu-den-treibhausgas#treibhausgas-emissionen-aus-der-landwirtschaft (15.7.2022).

Rahel Hinzu rechnen muss man allerdings Fleisch, das etwa aus Südamerika importiert wird. Für die Haltung von Rindvieh wird dort der Regenwald abgeholzt.

Deniz Das stimmt, aber auch andere Güter werden importiert, ohne dass der CO_2-Ausstoß in Deutschland anfällt. Deshalb wird nun darüber diskutiert, ob man nicht gleichsam CO_2-Zölle erhebt. Also Zölle erhebt auf Waren, für deren Herstellung im Ausland viel CO_2 anfällt.

Rahel Das ist ganz schön schwierig, weil man wissen müsste, mit welchen Technologien produziert worden ist. Die Steuerexperten zerbrechen sich den Kopf, wie man solche Zölle am besten berechnet.[21]

Deniz Wie auch immer: Wir sprachen doch darüber, ob man durch individuellen Verzicht etwas zur ökologischen Wende beitragen kann. Und Kleinvieh macht auch Mist, also vegetarische Ernährung ist sicher ein Beitrag, wenn auch ein kleiner.

Max Wie jetzt, weil das Kleinvieh Mist macht, sollte man Vegetarier werden?

Deniz Nein, nein, mein Freund, so war das nicht gemeint, sondern im übertragenen Sinne. Weil die Tierhaltung nicht den allergrößten Anteil am Ausstoß von Klimagasen hat, ist es nur ein kleiner Beitrag, auf Fleisch zu verzichten, trotzdem ist er sinnvoll.

Nina Übrigens ist das nicht nur ein Beitrag, um den Klimawandel aufzuhalten. Man tut auch etwas gegen die widerliche industrielle Massentierhaltung, bei der Kühe wie Milchmaschinen gehalten werden und nie mehr aus dem Stall gelassen werden.

Max Die Frage war aber: Reicht der individuelle Verzicht?

Rahel Vegetarische Ernährung ist ja nur ein Beispiel. Man kann mehr Fahrrad fahren, auf Fernreisen verzichten oder Bus und Bahn nutzen.

Deniz Aber genau da fängt das Problem an: Wer auf dem Land wohnt, kann Bus und Bahn gar nicht oder nur mit erheblichem Mehraufwand nutzen. Da muss der Staat etwas tun und die öffentlichen Netze ausbauen und die Preise senken.

Nina Ähnliches gilt auch für den Umstieg aufs Fahrrad. Solange keine sicheren Fahrradwege existieren und man bei jeder Fahrt zur Uni eine Nahtoderfahrung macht, wird man nur wenige Leute davon überzeugen können, aufs Fahrrad umzusteigen.

---

[21] Siehe zu dieser Diskussion: Peukert, Helge: Klimaneutralität jetzt! (Marburg 2021), S. 334ff.

Max Um es allgemeiner zu formulieren: Individuelle Lösungen funktionieren nur begrenzt. Da muss der Staat oder die Allgemeinheit etwas
tun und nicht nur deshalb, weil es überzeugte Umweltschweine gibt.
Deniz Du meinst die AfD?
Max Ja, die auch. Umweltschutz ist für die doch allenfalls der Schutz
des teutschen Waldes.

Verkehrswende

Die Verkehrswende wurde in Deutschland unter der Ägide von auto-
vernarrten CSU-Verkehrsministern völlig verschlafen. Einzig der alternative E-Antrieb wurde in Angriff genommen. Das führte bei vielen Bürgern dazu, die Antriebswende vom Benziner oder Diesel für
das zu halten, was bei der Verkehrswende insgesamt erforderlich ist.

Die Verkehrswende wird aus zwei Gründen eingefordert: Das
Klima wird durch das CO_2 in den Abgasen der Fahrzeuge stark belastet. Etwa 26% des weltweit emittierten CO_2 stammen aus dem Ver-
kehrs-/Transportsektor. Dies entspricht etwa 8,26 Milliarden Tonnen CO_2 im Jahr 2018, etwa 6,09 Milliarden Tonnen davon wurden
durch den Straßenverkehr (also Autos, Lkw und Busse) verursacht.
Dieses Problem wird durch die Veränderung des Antriebs – vom
Verbrenner zum E-Auto – möglicherweise eines Tages gelöst sein.
Dafür wären aber viel mehr Anstrengungen notwendig als heute
sichtbar. Auf dem Weg dahin gibt es allerdings eine ganze Reihe
von Problemen.

In der gesellschaftlichen Debatte um das Elektromobil kommt
zu kurz, dass die Herstellung dieser Autos erst einmal mehr CO_2
ausstößt als die Herstellung herkömmlicher Fahrzeuge. Erst durch
den weiteren Fahrbetrieb bekommen sie eine bessere Umwelt-
bilanz. Und es hängt natürlich sehr stark davon ab, welchen Fortschritt wir bei der Herstellung von Strom aus erneuerbaren Quel-
len machen. Wenn Autofirmen heute damit werben, dass ihr E-Auto
mit null Emission auf die Straße kommt, ist das nur insoweit richtig, dass die Emission nicht auf der Straße geschieht, sondern bei
der Energiegewinnung.

Zu bedenken ist weiter, dass die Akkus gegenwärtig unter Verwendung von Lithium und Kobalt produziert werden. Wie eine Ko-
lonialmacht gehen wir einfach davon aus, dass die Länder, in denen

solche Stoffe lagern, diese gerne für uns abbauen. Dieser Raubbau an der Natur entwurzelt viele dort ansässige Bauern und zerstört die Natur auf lange Sicht. Zerstört werden vor allem die Wasserreserven, die nun dem Bergbau zur Verfügung stehen müssen. Was bei uns als Problem gesehen wird, ist nur die Frage, wie teuer der Rohstoff wird, wenn er in solch großen Mengen gebraucht wird und wie die Konflikte gelöst werden, wenn nicht alle Länder ausreichend Zugang zu diesem Rohstoff haben. Je größer und schwerer die Autos, je größer die Reichweite, umso mehr Lithium und Kobalt müssen abgebaut werden – für ein Tesla Model S etwa 12 kg Lithium. Dafür braucht man zwischen 5.000 und 24.000 Liter Sole, die hochgepumpt werden muss.

Bei den CO_2-Abgasen darf aber nicht nur der Straßenverkehr in den Blick geraten. Es geht auch um die Containerschiffe, um Schifffahrt überhaupt, inklusive Kreuzfahrten. Die Motoren bekommen Schweröl, das für die Umwelt besonders schädlich ist. Schweröle enthalten deutlich mehr Schwefel und Schwermetalle als Kraftstoffe für Autos oder Lkw. Im Jahr 2020 gab es 4.500 Schiffe, die Zahl nahm bis dahin kontinuierlich zu. Die großen Schiffe sind bis zu 400 m lang und bis zu 60 m breit. Sie können bis zu 24.000 Container laden. Die internationalen Lieferketten führten dazu, dass ein Produkt bzw. seine Vorprodukte über alle Weltmeere geschippert werden, bis sie endlich ihren Bestimmungsort erreichen. Eine stärkere regionale Produktion und Versorgung würde Abhilfe schaffen. Aber das ist natürlich nicht bei allen Waren möglich.

Und da ist natürlich der Flugverkehr: Die Klimawirksamkeit von Flugreisen ist nicht nur auf den Ausstoß von CO_2 zurückzuführen. Bei der Verbrennung von Kerosin entstehen weitere klimaschädliche Substanzen wie Stickoxide, Aerosole und Wasserdampf. Sie tragen zwischen 5% und 8% zur Erwärmung der Erdatmosphäre bei. Es hat sich herumgesprochen, dass überproportional viele Klimagase beim Start entstehen. Deshalb sind Kurzstreckenflüge besonders schädlich. Hier ist es leicht, die Alternative zu benennen. Kurze Strecken kann man auch mit der Bahn zurücklegen, die allerdings gründlich renoviert gehört. Kerosin wird nach wie vor steuerlich privilegiert, sodass der Flugverkehr konkurrenzlos günstig ist. Im Sinne einer vernünftigen Klimapolitik müssen hier Steuern mindestens angeglichen werden.

Anteile der Verkehrsträger am Güterverkehr (2020 in Deutschland)

2,5% Öl-Fernleitung

6,9% Binnenschiff

671 Milliarden Tonnenkilometer

18,0% Güterzug

Lkw 72,6%

Quelle: Allianz pro Schiene, 12/2021, mit Material vom BMDV

Immer noch werden etwa zwei Drittel der Güter auf der Straße befördert, nur knapp 20% auf der Schiene (Rest: Binnenschiff, Flug).

In der EU (gerechnet noch mit GB) ist es noch krasser, hier werden 75% der Güter auf der Straße befördert, auf der Schiene 18,4%. Güter gehören auf die Schiene. Aber nach der formalen Privatisierung der Bahn durch die rot-grüne Regierung Schröder wurden nicht etwa Strecken und Schienennetze ausgebaut, vielmehr hat sich die Bahn mit Schenker eine große Lkw-Spedition eingekauft, die einen Großteil der Gütertransporte für DB-Cargo übernimmt.

Aber bei der Verkehrswende geht es um mehr: Es gibt zu viel Verkehr in den Städten, auf den Bundesstraßen und Autobahnen. Es geht auch nicht nur um Staus und Zeitverlust. Es geht um Lärm, Feinstaub, Unfälle, Abgase und Stress. Die Städte wurden autogerecht, aber nicht menschenfreundlich. Wenn Urlauber unsere Stadt besuchen, gehen Sie in die Innenstadt, genauer in die Fußgängerzonen, wo das Auto verbannt ist.

Wir müssen langfristig überflüssige Mobilität abbauen. Das ist vor allem eine Herausforderung an die Stadtentwicklung. Wie lang sind die Wege zur Arbeit, zur Warenversorgung? Wie viel Homeoffice ist möglich, um Fahrtwege einzusparen? Wie können Video-Konferenzen Vor-Ort-Besprechungen ablösen, zu denen die Menschen an- und zurückreisen müssen?

Die erforderlichen Wege müssen in Zukunft mit anderen »Techniken« zurückgelegt werden: Umstieg vom Auto auf ÖPNV oder aufs Fahrrad oder zu Fuß. Das Radwegenetz muss ausgebaut und das Radfahren sicherer gestaltet werden. Wir müssen den Güterverkehr von der Straße auf die Schiene verlagern. Wir könnten damit beginnen, die besonders langen Strecken im Güterverkehr zwangsweise auf die Schiene zu verlegen. Gleichzeitig muss das Schienennetz ausgebaut werden.

Die vielen Engagements der DB weltweit müssen zugunsten der Verbesserung der Angebote in Deutschland beendet werden. Europaweite Nachtzüge sind eine klimaschonende Alternative zu Flügen, alle Zustiege müssen barrierefrei gestaltet werden, stillgelegte Strecken müssen reaktiviert werden.

Innenstädte müssen autofrei gemacht und zugleich muss der öffentliche Nahverkehr ausgebaut werden. Wir sollten damit in den Großstädten beginnen, die schon über ein gut ausgebautes ÖPNV-Netz verfügen. Park-and-Ride-Parkplätze schaffen den Bürgern Zugang zu ihrem Auto, wenn sie darauf nicht verzichten können oder wollen. Es müssen Verkehrsverbünde geschaffen werden, indem man die verschiedenen Transportmittel besser kombinieren kann. Das erfordert vor allem die Möglichkeit, sein Fahrrad unkompliziert mitnehmen zu können. Busse, Straßenbahnen und U-Bahnen brauchen entsprechende Ausstattungen.

Postwachstum – oder wünsch dir was!

Nina Individueller Verzicht bringt was, reicht aber nicht. Man braucht eine Umverteilung von den reichen Menschen und Nationen zu den Armen – so unser Ergebnis bisher. Und weiter: Insgesamt muss die Welt weniger verbrauchen und die reichen Länder wie die Bundesrepublik müssen ihren Ressourcenverbrauch deutlich zurückfahren. Schon gar nicht darf die Wirtschaft weiterwachsen und noch mehr Ressourcen verbrauchen.

Deniz Man braucht also eine Postwachstumsökonomie.

Max Nur was ist das, wie sieht die aus?

Deniz Ich sage es noch einmal: Vorgeschlagen werden etwa die 20-Stunden-Woche, eine Produktion von langlebigen Gütern und ein Umbau der Industrie, um Dinge zu erneuern und zu reparieren, statt neu zu produzieren. Neben diese Kreislaufwirtschaft solle eine Subsistenzwirtschaft treten.

Nina Die Leute sollen selber Gemüse und Obst anbauen, Dinge selber machen und Altes reparieren. Außerdem soll nur regional gehandelt werden.[22]

Rahel Also kein Pinot Grigio mehr?

Max Auf den kann man ja auch gut verzichten.

Rahel Im Ernst: Niemand braucht kalifornischen Rotwein in Europa. Aber wie ist es mit italienischem Wein, darf der nach Deutschland importiert werden? Und in Schleswig-Holstein wächst gar kein Wein, dürfen die nun fränkischen Wein importieren oder liegt das schon außerhalb der Region? Da waren die alten Römer schon weiter.

Deniz Durch den Klimawandel kann man Wein bald auch in Schleswig-Holstein anbauen.

Nina Schlechter Scherz, darum geht es ja: Wir wollen den Klimawandel aufhalten.

Deniz Das Problem mit der Subsistenzwirtschaft wird an diesem Punkt deutlich: Man wird notwendigerweise auf ein technologisches Niveau zurückgeworfen, das wahrscheinlich nicht mehr alle Menschen ernähren kann. Umgekehrt: Wenn man alle ernähren kann, geht das mit alten Technologien bestimmt nicht umweltfreundlicher als mit der neuesten Technik von heute oder übermorgen.

Max Versteh ich nicht, was meinst du mit alten Techniken und wieso kann man keine modernen einsetzen?

Rahel Moderne Technik ist z.B. ein Trecker mit Pflug oder ein Mähdrescher. Nicht jeder Haushalt kann sich in einer Subsistenzwirtschaft so teure Geräte leisten – selbst wenn sich Straßenzüge zusammentun, bleibt es zu teuer. In einer Subsistenzwirtschaft müsste man also die Ochsen vor den Pflug spannen oder mit der Sense mähen. Das ist offenkundig weniger effektiv.

Deniz Deshalb soll ja auch weiter industriell produziert werden, nur eben mit einer 20-Stunden-Woche. Es soll also viel weniger produziert werden.

Nina Dann müsste man ausrechnen oder prognostizieren, wann die Produktivitätsentwicklung die Arbeitszeitverkürzung aufgefressen

---

[22] Vgl. Paech, Niko: Von Konsumenten zu Prosumenten, in: Konzeptwerk Neue Ökonomie (Hrsg.): Zeitwohlstand. Wie wir anders arbeiten, nachhaltig wirtschaften und besser leben (Leipzig 2015), S. 41 (48f.).

hat und ob in 20 Stunden genauso viel produziert werden kann wie in 35 Stunden.

Rahel Das ist einfach. Die Stundenproduktivität wuchs zwischen 1992 bis 2017 in der Industrie jährlich um 1,7%. Das verarbeitende Gewerbe wies ein durchschnittliches Produktivitätswachstum von jährlich 2,6% auf.[23] Kurz: Nach spätestens 15 Jahren ist bei dieser Entwicklung die Arbeitszeitverkürzung aufgefressen und auch das BIP wächst wieder.

Max Voraussetzung ist aber, dass das Produktivitätswachstum gleich groß bleibt.

Nina Das hast du mal richtig erfasst.

Deniz Aber die Wirtschaft soll ja nicht mehr wachsen.

Rahel Eben, das ist das Problem. Nach dem Vorschlag der Postwachstumsökonomie wird an den Gesetzmäßigkeiten der kapitalistischen Ökonomie nichts geändert, d. h. Konkurrenz und die Verwertung von Kapital bestimmen weiterhin das Geschehen in der Industrie. Dann bleibt Wachstum die Folge dieser Form des Wirtschaftens.

Deniz Übrigens möchte ich wetten, dass viele Menschen unter diesen Bedingungen auch in der Freizeit anfangen, für den Markt zu produzieren, also sich den Gesetzen der kapitalistischen Ökonomie unterwerfen.

Nina Du meinst, die Theorie hat den Kapitalismus nicht verstanden?

Rahel In der Tat, das meine ich. Man muss schon Konzepte entwickeln, wie eine Wirtschaft aus dem beständigen Zwang, schneller, besser und mehr zu produzieren herauskommt. Das funktioniert auch nicht, indem man auf den guten Willen der Unternehmer setzt.

Deniz Du meinst jetzt die Konzepte, die unter dem Label »Gemeinwohlökonomie«[24] laufen?

Rahel Genau, die meine ich. Unternehmer und Unternehmerinnen sind keine schlechten Menschen, …

Deniz Jedenfalls nicht alle.

Rahel Aber sie unterliegen im Kapitalismus den Zwängen, über die wir sprachen und können nicht einfach entscheiden, weniger zu produzieren oder gar teurer.

Max Und was dann? Wie kommt man zu einer umweltfreundlichen Wirtschaft?

---

[23] www.iwkoeln.de/studien/thorsten-lang-michael-groemling-galina-kolev-produktivitaetswachstum-in-deutschland.html (18.7.2022).

[24] Felber, Christian: Die Gemeinwohl-Ökonomie, Wien 2012.

Höher, schneller weiter, mehr – es geht auch anders!

Nina Es gilt, die ökonomische Logik der Kapitalakkumulation zu durchbrechen.

Max Oh Gott, was heißt das nun wieder?

Nina Es geht darum, dass die Gesellschaft auf demokratischem Wege bestimmt, was, wieviel, wie und wo produziert wird. So kann man hoffentlich zu qualitativem Wachstum kommen.

Deniz Hast du es auch erfasst?

Nina Sehr witzig. Jedenfalls funktioniert das nur, wenn man solche Entscheidungen von unten nach oben und von oben nach unten demokratisch organisiert.

Deniz Das ist übrigens auch ein Problem der Wirtschaft á la Paech, die vor allem auf Verzicht und Subsistenz setzt. Demokratie kommt da nicht vor. Der Verzicht muss am Ende im Zweifel autoritär angeordnet werden.

Nina Dann haben die nicht nur den Kapitalismus nicht verstanden, sondern auch die Lehren des Sowjetsystems nicht begriffen?

Deniz So kann man das sagen. In der Wirklichkeit funktioniert das »Wünsch-dir-was« eben so schlecht.

Max Aber kommen wir zurück auf die Frage der demokratischen Organisation der Wirtschaft, auf das qualitative Wachstum. »Von unten nach oben« und von »oben nach unten« – wie kann ich mir das vorstellen?

Nina Über Wirtschaftsdemokratie sprachen wir ja schon, aber ich erkläre dir das gern noch einmal.

Max Das wäre nett.

Nina Es geht zunächst darum, eine andere Logik in unternehmerische Entscheidungen einzuspeisen. Mit der Mitbestimmung der Beschäftigten in großen Unternehmen ist das zum Teil ja schon gelungen. Nun müssten Umweltbelange ebenso vertreten sein.

Deniz Das heißt konkret, dass im Aufsichtsrat oder besser noch in den Unternehmensvorständen nicht nur Vertreter der Beschäftigten sitzen, sondern auch Vertreter von Umweltverbänden oder von Verbrauchern.

Max Und das soll rechtens sein?

Deniz Bisher hat das BVerfG diese Frage für die private Wirtschaft offengelassen. Vorgeschlagen werden aber auch Formen, bei denen das Eigentumsrecht gar nicht tangiert wird.

Max Und wie sieht das aus?

Deniz Der Staat kann sich direkt oder über Fonds an Unternehmen beteiligen und sich dann selbst verpflichten, Vertreter der Umwelt und Verbraucher in die Vorstände zu entsenden.

Rahel Zu denken ist an Fonds, in die ähnlich wie bei Sozialabgaben eingezahlt werden muss und mit denen Unternehmensanteile aufgekauft werden, die dann von beispielsweise Umweltverbänden vertreten werden.

Nina Da gibt es in der Tat viele Vorschläge und einige – wie Arbeitnehmerfonds – sind auch schon probiert worden – etwa in Skandinavien.

Deniz Die IG-Metall fordert auch staatliche Fonds, um die Dekarbonisierung in der Stahl- und Autoindustrie zu bewerkstelligen. Und es gibt überhaupt keinen Grund, warum staatliche Beteiligungen nicht auch zu staatlicher Mitsprache führen sollten. Die kann dann an Umwelt- und Verbraucherschützer delegiert werden.

Nina Das stimmt und ich habe überhaupt nicht verstanden, warum der Staat nach den massiven Hilfen für Banken nach der Finanzkrise 2008 und den massiven Coronahilfen etwa für die Lufthansa 2021 nicht auch staatlichen Einfluss gefordert hat.

Max Man kann sagen, dass der Staat wieder als Akteur in der Wirtschaftspolitik aktiv wird, aber ohne demokratischen Anspruch. Er agiert nur als Arzt am Krankenbett bestimmter Unternehmen.

Deniz Müssten die Großunternehmen nicht verstaatlicht werden?

Nina Darüber sprachen wir ja schon bei der Diskussion um Demokratie. Auch staatliche Unternehmen können so organisiert sein, dass sie genauso schlecht oder sogar schlechter wirtschaften als private Unternehmen.

Deniz Man denke etwa an die Bahn, die gehört zu 100% dem Staat, aber Rot-Grün unter Schröder hat den Betrieb vor die Wand gefahren, indem er auf Gewinnerzielung umgestellt wurde, nicht auf die Erbringung von Fahrdienstleistungen.

Rahel Trotzdem müssen solche zentralen Dienstleistungen für die Gesellschaft in öffentliche Hand überführt werden und dann so organisiert werden, dass die Leistung für die Gesellschaft im Vordergrund steht.

Deniz Das nennen manche dann Infrastruktursozialismus.[25]

---

[25] Candeias, M./M. Warnke, E./Völpel, B. Fried/H. Schurian: Reichtum des Öffentlichen, Infrastruktursozialismus oder: Warum kollektiver Konsum glücklich macht; https://zeitschrift-luxemburg.de/artikel/reichtum-des-oeffentlichen/ (18.7.2022).

Max Du meinst, die Rosa-Luxemburg-Stiftung nennt das so.

Deniz Genau, dort wird das diskutiert.

Max Was sind denn solche Dienstleistungen, die öffentlich erbracht werden müssen?

Nina Zuerst natürlich der Verkehr, dann Strom- und Gasversorgung, Gesundheitsversorgung. Immer noch überwiegend öffentlich ist der Bildungsbereich, also Schulen und Universitäten. Das muss so bleiben.

Deniz Es gibt aber noch viel mehr, etwa öffentliche Schwimmbäder, Theater, Museen und in manchen kleinen Dörfern gehört auch ein Lebensmittelladen zur Dienstleistung, die öffentlich erbracht werden müsste, damit die Leute nicht so weit fahren müssen.

Max Aber das muss doch nicht staatlich sein.

Rahel Nein, man kann auch Genossenschaften gründen, die nicht den Gewinn als oberstes Ziel haben. Bei Dorfläden funktioniert das ganz gut.

Nina Allerdings müssten die rechtlichen Bedingungen für Genossenschaften verbessert werden und sie müssten auch auf Umweltschutz oder auf nachhaltiges Wirtschaften verpflichtet werden.

Max Die Dienstleistungsorientierung von öffentlichen Einrichtungen ist aber noch nicht zwingend eine Umweltorientierung, oder?

Deniz Nein, nicht zwingend, aber genauso wie die Bahn seinerzeit auf Gewinnerzielung umgepolt wurde, lassen sich öffentliche Unternehmen und auch Genossenschaften nicht nur auf die Erbringung spezifischer Leistungen oder Produkte festlegen, sondern auch auf eine umweltfreundliche Gestaltung ihrer Angebote. Dazu ließen sich auch schon existierende Umweltbeauftragte in ihrer Bedeutung und Kompetenz aufwerten.

Max Euch schwebt also eine Mixed Economy vor, in der die Orientierung auf ökologische Verfahren und Produkte über verschiedene Mechanismen eingebaut wird?

Nina So ist es. Das wäre schon ein wesentlicher Schritt, aber man hat damit die betriebswirtschaftliche Sicht mit Konkurrenz und allen ihren Folgen nicht überwunden. Es braucht also zusätzliche Instrumente, um zu einer demokratischen Entscheidung zu kommen, was, wie produziert wird.

Max Wie kann ich mir das vorstellen?

Deniz Dafür gibt es auch schon Vorbilder und Versuche. Die Nutzung des Landes oder der Fläche musste schon immer aufeinander abgestimmt werden. So ist man auf die Idee gekommen, die Planung der

Raumnutzung von unten, also mit den Bebauungsplänen der Kommunen, mit einer Koordinierung der Raumnutzung von oben, also durch die Länder, zu verbinden. Das nennen Juristen dann Gegenstromprinzip.

Max Versteh ich noch nicht.

Deniz Ist doch einfach. Bestimmte Dinge wie etwa eine Mülldeponie oder einen Knast möchte keine Kommune so gern auf ihrem Stadtgebiet haben. Damit nicht jede Gemeinde der anderen den schwarzen Peter zuschiebt, muss man also übergeordnete Raumordnung betreiben. So kann man die Lasten halbwegs gleichmäßig verteilen. Die eine Gemeinde bekommt den Knast, die andere die Mülldeponie.

Rahel Genau. Die lokale Planung wird mit der regionalen und der Landesplanung abgestimmt und umgekehrt, die lokale Planung wird bei der Landesplanung beachtet.

Max In der Ökonomie wäre das also Planwirtschaft. Die funktioniert doch nicht.

Deniz So wie in der DDR oder UdSSR funktioniert es natürlich nicht, wenn man jede Kneipe und jeden Schnürsenkel mit einem staatlichen Plan von oben regeln will. Jedenfalls funktioniert es noch nicht. Ob das auch für die Zukunft gilt, ist eine andere Frage.

Rahel Allerdings. Und beim Gegenstromprinzip geht es um Abstimmung und Koordinierung von demokratischen Entscheidungen, nicht um die autoritäre Durchsetzung und Anordnung. Das ist schon etwas anderes.

Max Und die Raumplanung ist dafür das einzige Vorbild?

Rahel Keineswegs nur. In der Weimarer Verfassung waren Wirtschafts- und Sozialräte vorgesehen, welche die wirtschaftliche Entwicklung von der lokalen bis zur Reichsebene begleiten und koordinieren sollten.

Deniz Hat nur nicht funktioniert, weil das Kapital sich geweigert hat, mitzuspielen.

Nina Das stimmt. Aber das Kapital wollte in Weimar auch die Demokratie nicht, deshalb hat man sie trotzdem nicht einfach abgeschrieben, nachdem die Nazis die Macht übernommen hatten.

Rahel Und der Lissabon-Vertrag der EU sieht auch Wirtschafts- und Sozialausschüsse vor. Die haben zwar nicht viel zu sagen und nur beratende Stimme, aber das könnte man ja ändern und sie mit wirklicher Macht ausstatten.

Nina Aber auch hier müsste man den Umweltschutz personell und über gesetzliche Verpflichtungen einbauen und stärken.

Deniz Übrigens hat man auch in der SPD in den 1970er-Jahren über Investitionslenkung diskutiert.

Max Was soll das sein?

Deniz Na ja, der Staat kann durch Steuern oder Subventionen Investitionstätigkeiten lenken. Das geschieht auch heute schon – in bescheidenem Maße. Investitionen werden auch direkt staatlich kontrolliert, wenn ein Unternehmen eine neue Betriebsstätte gründen will. Da braucht es eine Genehmigung.

Rahel Und Erweiterungen oder Änderungen des Betriebs werden z.b. darauf überprüft, ob die Grenzwerte des Immissionsschutzgesetzes eingehalten werden. Wenn nicht, kann eine Genehmigung widerrufen werden.

Max Das ist dann auch nicht wirklich Marktwirtschaft, oder?

Rahel Nö, ist es nur begrenzt. Andrerseits wird nicht geprüft, ob das Produkt gebraucht wird oder ob das Unternehmen Tariflöhne zahlt. Die Prüfung von Investitionen im Rahmen der Genehmigung von Betriebsstätten könnte man also deutlich ausweiten, um eine echte sozial-ökologische Transformation hinzukriegen.

Max Wer soll denn entscheiden, was gebraucht wird? Etwa irgendwelche Bürokraten?

Rahel Eben nicht, darüber haben wir doch die ganze Zeit gesprochen. Es geht um demokratische Entscheidungen, was produziert werden soll.

Deniz Aber komm jetzt nicht mit einem Umweltrat, der entscheiden soll.

Max Was ist denn das nun wieder?

Deniz Da gibt es auch wieder unterschiedliche Konzepte. Manche Gemeinden oder auch die Bundesregierung haben einen Umweltrat. Das ist ein Gremium, das Umweltfragen erforschen und diskutieren soll, um den Parlamenten dann Vorschläge zu machen, was zu tun ist.

Max Dagegen ist doch nichts einzuwenden, oder?

Deniz Nein, nichts spricht gegen die Beratung durch Sachverständige, deshalb heißt der Umweltrat der Bundesregierung ja auch Sachverständigenrat für Umweltfragen. Aber manche wollen, dass dieses sogenannte Expertengremium ein Vetorecht hat, sobald die Umwelt betroffen ist oder gar eigene Vorschriften erlassen soll. Dann wird es undemokratisch.

Max In der Tat, Experten vertreten meist auch besondere Interessen.

Rahel Das habe ich auch nicht gemeint. Ein Umweltrat darf nur beraten und Vorschläge vorbereiten. Aber diskutiert und entschieden werden muss das in demokratischen Gremien – vielleicht auch in neuen.

Deniz Oder durch einen Volksentscheid.
Rahel Das geht natürlich auch.

Gutes Leben

Max Okay, leuchtet mir halbwegs ein, die irrsinnige und ökologisch zerstörerische Wachstumsdynamik könnte man so aufhalten. Am Ende stünde vielleicht so etwas wie qualitatives Wachstum. Aber ist das eigentliche Problem damit gelöst? Wir hatten auch festgestellt: Man muss den materiellen Konsum reduzieren, wenn alle Menschen unseres Planeten halbwegs angenehm leben wollen. Meint ihr das geht demokratisch?

Rahel Halt, halt, zwischen der Lebenssituation eines Slum-Bewohners in Mumbai und eines reichen Texaners in einer Gated Community liegen Welten.

Max Was ist eine Gated Community?

Rahel Ein eingezäuntes und ummauertes Villenviertel mit eigenem Wachdienst und Einlasskontrolle, z.b. in den USA.

Nina Und ein Ausdruck dafür, dass auch in den USA Welten zwischen Arm und Reich klaffen. Die Lebenssituation einer weißen Amerikanerin in einem Reichenviertel ist kaum mit der eines armen Afroamerikaners in der Bronx zu vergleichen.

Max Das hatten wir ja schon, es geht auch um Umverteilung innerhalb der Gesellschaften. Ich habe die Frage aber anders gemeint. Müssen die Wohlhabenderen in allen Teilen der Welt Wohlstandsverluste hinnehmen, wenn ein ökologisch vertretbarer Zustand der Welt behalten oder wiederhergestellt werden soll?

Deniz Genau das denke ich.

Rahel Aber was ist Wohlstand? Oder besser: Was ist gutes Leben? Hängt das vom materiellen Konsum ab?

Nina Jedenfalls auch – ist schon wichtig, jeden Tag satt zu werden, sauberes Wasser und sanitäre Anlagen zu haben.

Rahel Das ist wohl unbestritten. Aber gehören die jährliche Flugreise, die Harley, die in der Garage schimmelt, oder 100 Paar Schuhe und 20 Anzüge zum guten Leben?

Deniz Wenn man sich ansieht, dass »Burn-out« und Depression zur Volkskrankheit Nummer Eins geworden sind, kann man zweifeln, ob der hohe materielle Lebensstandard mit einem guten Leben gleichzusetzen ist.

Max Ökologisch betrachtet ist ein gutes Leben dann wohl das Gegenteil von »Jeder nach seinen Fähigkeiten, jedem nach seinen Bedürfnissen«, der Idee vom ollen Marx, wie Kommunismus wohl aussehen könnte. Das hatten wir bei der Diskussion über die Gleichheit schon besprochen.

Rahel Jedem nach seinen Bedürfnissen geht bei 8 Milliarden Menschen auf der Erde nicht, wenn man von der Umwelt etwas übrig lassen will.

Deniz Das würde ich auch sagen: Was sich im Kapitalismus an Bedürfnissen entwickelt hat oder besser das, was die Reichen im Westen an materiellen Gütern angehäuft haben, kann nicht allgemein, also für jeden Menschen zugänglich gemacht werden.

Max Franz Neumann bezeichnete es in den 1940er-Jahren als Traum der Menschheit, wenn jeder ein Auto und sechs Anzüge besäße.[26] Der Traum scheint erfüllt.

Nina Für einige eben übererfüllt. Aber ist das Leben deshalb ein gutes Leben?

Rahel Es geht doch um ein gutes Leben und zwar für alle oder mindestens möglichst viele. Das haben wir gesehen, als wir über Freiheit sprachen.

Max Aber was ist ein gutes Leben? Möglichst viel Reichtum dann ja wohl nicht, oder?

Nina Haben wir doch auch schon besprochen: Es geht um die Verwirklichung persönlicher Anlagen, Fähigkeiten und Interessen. Also, z.B. um die Möglichkeit, Musik zu machen oder ins Theater zu gehen. Oder auch einfach die Sonne ohne Stress zu genießen. Dafür braucht man keinen Maserati.

Rahel Der »World Happiness Report« kommt aber zu dem Ergebnis, dass die glücklichsten Menschen vor allem in Europa leben. Die ersten zehn Plätze werden von europäischen Ländern und Neuseeland belegt. Unglücklich sind – nach dem Report – die Menschen in armen Ländern, ganz hinten Afghanistan.[27]

Deniz Vorn liegt immer Finnland gefolgt von anderen skandinavischen Ländern – und das, obwohl der Alkohol dort so teuer ist.

Nina Oder gerade deswegen.

Deniz War auch eher ein Scherz. Aber die skandinavischen Länder sind immer noch durch ein hohes Maß an Gleichheit und sozialer Sicher-

---

[26] Neumann, Behemoth, S. 276.
[27] www.zdf.de/nachrichten/panorama/weltgluecksbericht-finnland-100.html (19.7.2022).

heit gekennzeichnet. Das hat wohl auch etwas mit dem Empfinden von persönlichem Glück zu tun.

Rahel Bis auf Schweden gehören die skandinavischen Länder und Neuseeland auch zu den 20 friedlichsten Ländern der Welt, also zu denen mit geringer körperlicher Gewalt. Ganz vorn liegt übrigens Island.[28] Glück und geringe Kriminalität oder umgekehrt persönliche Sicherheit gehören offenbar auch zusammen.

Max Und ihr meint, gesellschaftliche Gleichheit und persönliche wie soziale Sicherheit sind deshalb Anzeichen für ein gutes Leben?

Rahel Allerdings, aber natürlich gibt es in Skandinavien auch materiellen Wohlstand auf global betrachtet hohem Niveau – nur eben gleicher verteilt als hier oder in den USA.

Deniz Ich komme noch mal zurück auf das Phänomen »Burn-out«. Da liegt die niedrigste »Burn-out«-Rate wohl auch in Skandinavien, nur die Niederlande verzeichnen noch weniger Fälle.[29] Aber klar ist auch, dass »Burn-out« meist auf Stress am Arbeitsplatz zurückzuführen ist.

Nina Oder allgemeiner auf Stress im Alltag. Unsicherheit stresst eben.

Rahel Aber der zunehmende Stress im Alltag hat ja nicht nur mit Unsicherheit und der Arbeit zu tun. Wenn man sich den Verkehr anschaut, egal ob Autoverkehr oder die Situation der Bahn – das ist doch Stress pur –, auch weil es eben so unsicher ist, wann ich ankomme.

Max Aber wir waren beim guten Leben und ob das nur vom materiellen Wohlstand abhängt. Nach diesen Überlegungen offenbar nicht.

Deniz Wieso? Die skandinavischen Länder finden sich auch unter den Ländern mit dem höchsten BIP pro Kopf – Norwegen liegt noch vor den USA.

Rahel Es gibt auch ganz andere Wertungen des Glücks. Beim Glücksatlas des Washingtoner Gallup-Instituts liegen lateinamerikanische Länder ganz vorn beim Glück. Nur Dänemark ist auch unter die ersten zehn gerutscht.[30] Und nach allem, was ich weiß, ist es weder um die soziale noch um die innere Sicherheit in Lateinamerika gut bestellt.

Max Und was sagt das Institut, warum die dort so glücklich sind?

Rahel Das weiß ich leider auch nicht. Die messen, so sagen sie, positive

---

[28] https://de.statista.com/statistik/daten/studie/188562/umfrage/friedlichste-laender-weltweit/ (19.7.2022).

[29] www.wilmarschaufeli.nl/publications/Schaufeli/500.pdf, S. 6 (19.7.2022).

[30] https://news.gallup.com/poll/169322/people-worldwide-reporting-lot-positive-emotions.aspx?version=print (22.7.2022).

Emotionen, ohne das genau zu erklären. Ob die Emotionen so positiv sind, wenn man in einer Favela mit hoher Gewaltrate und ohne Wasserversorgung lebt, kann man schon fragen.

Deniz Aber auch der Report stellt fest, dass ab einer gewissen Grenze das Glück nicht mehr mit mehr Geld oder Einkommen wächst. Nur wenn man ganz arm ist, hängt das Glück davon ab, aus der Armut herauszukommen. Das leuchtet mir auch ein.

Rahel Glück sollte man jedenfalls anders definieren als über das BIP. Das Königreich Bhutan hat das Bruttonationalglück sogar in die Verfassung geschrieben.

Max Was ist das nun wieder?

Rahel So ganz klar ist das auch nicht. Aber es steht wohl für eine Balance zwischen materiellem und emotionalem Wohlbefinden. Ein ganzheitliches Zusammenspiel von spirituellen und kulturellen ebenso wie materiellen Inspirationsquellen fördere die positive Entwicklung der Menschen, die sich als Teil der Gesellschaft geschätzt und wahrgenommen fühlen.[31]

Deniz Glück oder auch den Wohlstand anders zu messen als über das Bruttoinlandsprodukt ist ja eine gute Idee. Daran versuchen sich ja auch andere. Aber ob ausgerechnet ein Königreich ein gutes Beispiel ist? Ich bin halt ausgemachter Demokrat und Republikaner.

Max Die Republikaner in den USA sind doch konservativ.

Deniz Die meine ich ja auch nicht, sondern die europäische Bedeutung des Wortes. Republikaner sind für eine Republik und gegen die Monarchie.

Rahel Übrigens in Skandinavien findet man auch eine überwältigende Natur. Die Bevölkerungsdichte ist, je weiter man nach Norden kommt, umso geringer. Da findet man leicht einsame und ruhige Plätzchen – ganz ohne Stress. Eine intakte Natur gehört eben auch zum guten Leben oder zum Glück.

Nina Die Möglichkeit der persönlichen Entfaltung, seinen Interessen, Neigungen oder Anlagen nachzugehen, gehört auch zum Glück – darüber sprachen wir schon. Aber die Entfaltung der Persönlichkeit hängt auch von materiellen Möglichkeiten ab. Und die gesellschaftlichen Bedingungen müssen auch passen.

---

[31] www.bhutan-horizonte.de/bhutan-bruttonationalglueck.html#:~:text=DasProzent20GlProzentC3ProzentBCckProzent20inProzent20BhutanProzent20istProzent-20ProzentC3ProzentBCberall&text=KProzentC3ProzentB6nigProzent20vonProzent-20BhutanProzent20wirdProzent20mit,VolkProzent20sichernProzent20zuProzent20k-ProzentC3ProzentB6nnenProzent2CProzent20erreichen (3.4.2023).

Max Das macht die Diskussion um Verzicht und Einschränkung des Lebensstandards zugunsten der Umwelt allerdings schwierig.

Deniz Mir scheint: Allgemeine Regeln gibt es nicht. Das Gleichgewicht zwischen materiellem Wohlstand und Umwelt oder zwischen Ökologie und Ökonomie, aber auch zwischen Gleichheit und Individualität kann nur in einem demokratischen Prozess einer Gesellschaft ermittelt werden.

Rahel Das Problem ist, dass demokratische Verfahren nur auf nationaler Ebene halbwegs funktionieren, eine ökologische Umsteuerung muss aber weltweit stattfinden. Das heißt: Auch die Verteilung des Reichtums muss weltweit anders sein.

Nina Ob die Menschheit das hinbekommt, bevor zu viel unwiederbringlich zerstört ist. Da kann man schon zweifeln.

Max Es ist dann wie in dem Witz: Treffen sich zwei Planeten. Sagt der eine: »Du siehst aber schlecht aus.« »Ja,« sagt der andere, »ich habe Homo sapiens.« »Och, mach dir nix draus, das hatte ich auch schon mal, es geht vorüber.«

5. Was tun! Aber wer und wie?

Sozialismus oder was?

Nina Bei dem schlechten Scherz über die letzten Tage der Menschheit können wir aber wohl nicht stehen bleiben – das ist mir dann doch zu pessimistisch.

Max Karl Kraus hatte da kein Problem, so zynisch zu sein – übrigens irrte er sich ja, als er den Ersten Weltkrieg in seinem Theaterstück »Die letzten Tage der Menschheit« verarbeitete.

Deniz So schnell stirbt die Menschheit eben nicht aus – leider!

Rahel Wieso leider?

Deniz Der Mensch ist schon ein ziemlich brutales und unsoziales Tier. Seit Jahrtausenden schlagen wir uns die Köpfe ein – das macht doch sonst kein Lebewesen mit seinen Artgenossen.

Rahel Trotzdem oder gerade deshalb stellt sich die Frage: Was tun? Oder klassisch: Wer ist das Subjekt der Veränderung?

Max Wieso klassisch und wieso Subjekt?

Deniz Die alte Arbeiterbewegung ist davon ausgegangen, dass die Arbeiterklasse als ausgebeutete Klasse eine Revolution startet, den Kapitalismus beseitigt und Sozialismus einführt.

Max Wir sind aber in der bisherigen Diskussion zu dem Ergebnis gekommen, dass wir die Demokratie erweitern oder ausbauen müssten und nicht den Sozialismus einführen – oder?

Deniz Wieso soll das ein Gegensatz sein? »Keine Demokratie ohne Sozialismus, kein Sozialismus ohne Demokratie, das ist die Formel einer Wechselwirkung, die über die Zukunft entscheidet.«[1] Das schrieb der großartige Ernst Bloch. Wer über Sozialismus nicht sprechen will, muss von Demokratie schweigen.

Rahel Mal weniger dogmatisch: Die Idee war schon, dass der Wachstumszwang des Kapitalismus überwunden und demokratische Entscheidungen über qualitatives Wachstum stattfinden. Die Gesellschaft soll also bewusst die gesellschaftlichen Verhältnisse und das Mensch-Natur-Verhältnis bestimmen, sodass sich das nicht hinter dem Rücken der Menschen ergibt. Das würde ich Sozialismus nennen.

Deniz Man könnte also auch sagen: Keine Ökologie ohne Sozialismus und kein Sozialismus ohne Ökologie.

Nina Ich weiß ja nicht. Aber in der Tat, wesentliche Elemente der kapitalistischen Logik wären damit überwunden. Und dann ergibt sich

---

[1] Bloch, Ernst: Naturrecht und menschliche Würde (Frankfurt 1999), S. 232.

vermutlich auch eine andere Reichtums- und Machtverteilung und über ökonomische Ungleichheit sprachen wir ja auch – die gehört es zu beseitigen.

Deniz Größere Gleichheit ergibt sich aber nicht automatisch. Dafür muss die Gesellschaft sorgen.

Max Geschenkt – aber ist es schlau, das Sozialismus zu nennen? Der Sozialismus ist doch grandios gescheitert.

Deniz Nur, wenn wir die Gesellschaften des einstigen »Ostblocks«, also UdSSR, DDR usw. als sozialistische Gesellschaften bezeichnen. Ich sehe das beispielsweise anders: das war kein Sozialismus.

Nina Aber du würdest doch zustimmen, dass deren Zustand und Scheitern den Ruf des Begriffs Sozialismus schwer beschädigt haben, oder?

Deniz Das stimmt allerdings. Trotzdem braucht man den Begriff noch. Es gibt halt keinen anderen.

Rahel Aber es gibt immer wieder Umfragen, nach denen die Menschen erstens meinen, dass der Kapitalismus Mist ist und zweitens, dass Sozialismus mindestens eine gute Idee ist. Eine knappe Mehrheit meinte 2006, dass Sozialismus eine gute Idee sei, die nur schlecht ausgeführt wurde.

Deniz Die Meinungsforscher kamen 2010 sogar zu dem Ergebnis, dass sich 80% der Ostdeutschen und 72% der Westdeutschen ein Dasein in einem sozialistischen Staat vorstellen können, wenn für Arbeitsplätze, Solidarität und Sicherheit gesorgt wäre.

Nina Von den jungen Leuten meinten 2020 selbst in den USA 49%, dass Sozialismus gut sei. Und 49% aller Amerikaner meinten, dass ein Wechsel des Wirtschaftssystems nötig ist.

Rahel Die Hälfte der Menschen weltweit meinte 2018, dass sozialistische Ideale von großem Wert seien. In Deutschland waren es allerdings nur 45%.

Nina In anderen Umfragen kam man 2008 allerdings zu dem Ergebnis, dass 69% der Befragten glaubten, dass der Sozialismus heute keinen Versuch mehr wert sein.

Max Trau keiner Statistik, die du nicht selbst gefälscht hast. Offenbar kommt es auch darauf an, wie gefragt wird.

Deniz Aber dann ist der Begriff nicht – wie behauptet – völlig diskreditiert. Und es kommt darauf an, um Begriffe zu kämpfen – wie sonst auch. Darüber sprachen wir auch schon.

Max Aber ist das ein sinnvoller Kampf, wenn man doch auf den Begriff verzichten und ihn ersetzen könnte?

Deniz Wodurch willst du ihn ersetzen?

Max Man könnte von postkapitalistischen Gesellschaften sprechen.
Deniz Gähn, wie blöd ist das denn? Damit kannst du keinen Hund hinter dem Ofen hervorlocken. Das ist doch völlig nichtssagend. Dafür kann man sich doch nicht begeistern.
Nina Oder man spricht von Neosozialismus wie Klaus Dörre, von einem demokratisch-ökologischen Sozialismus wie Bob Jessop. Man spricht von der sozialen Demokratie wie Hermann Heller und Wolfgang Abendroth oder eben nur vom demokratischen Sozialismus, wie es in den Parteiprogrammen sowohl der SPD als auch der LINKEN steht.
Deniz Soll das ein Witz sein? Da ist der Sozialismus doch überall mit drin, wird halt nur um ein Adjektiv ergänzt.
Rahel Außer beim Begriff Soziale Demokratie.
Deniz Na gut, aber Heller wie Abendroth meinten damit nichts anderes als Sozialismus. Aus taktischen Gründen haben sie nur einen anderen Begriff verwendet. Übrigens genauso wie Antonio Gramsci – der durfte in Mussolinis Gefängnis zwar schreiben, aber natürlich nicht über Marxismus. Also benutzte er den Begriff »Philosophie der Praxis«.
Rahel Genau darum geht es doch, um die richtige Strategie. Aber vielleicht ist beides richtig und es kommt auf die Adressaten und die Situation an, ob man von Sozialismus spricht und um eine positive Besetzung des Begriffs kämpft oder ob man den Begriff soziale Demokratie verwendet.
Max Wer war Antonio Gramsci?
Deniz Gramsci war in den 1920ern Generalsekretär der kommunistischen Partei Italiens. Dann wurde er von Mussolinis Faschisten verhaftet und bis zu seinem Lebensende eingekerkert. Aber im Gefängnis hat er spannende Überlegungen aufgeschrieben. Die finden sich in seinen so betitelten Gefängnisheften.[2]

---

[2] Gramsci, Antonio: Gefängnishefte, Hamburg 1991ff.

Sozialismus und Kommunismus

Die beiden Begriffe erscheinen vielen Menschen als ein Relikt des 19. und 20. Jahrhunderts. Heute gibt man sich individualistisch und liberal. Und viele europäische Parteien, die sich früher »kommunistisch« nannten, haben diesen Namen ebenso abgelegt wie die Symbole. Das geschah zum Teil deshalb, weil die stalinistische Vergangenheit den Namen dauerhaft belastete oder weil man sich dem neuen Zeitgeist annähern wollte. Mit der Auflösung der Sowjetunion und dem Zusammenbruch des »real existierenden Sozialismus« in den Staaten des Ostblocks war die Absicht der Distanzierung von dieser Art des Sozialismus erkennbar. Damit ist auch vielen – vor allem jungen Menschen – der Inhalt dieser Begriffe nur noch sehr verschwommen klar.

Was meinten Marx und Engels mit diesen Substantiven? Marx und Engels bezeichneten – so eine geläufige Interpretation – mit diesen Begriffen zwei Phasen der historischen Entwicklung nach der Beseitigung des Kapitalismus und seiner Klassen. Der Sozialismus präge, so werden die wenigen Aussagen der beiden Klassiker interpretiert, die erste Phase der neuen Gesellschaft und sei zugleich – zeitlich wie inhaltlich – die Vorstufe zur zweiten Phase, zum Kommunismus. Die Begründung für die Zweistufigkeit der Entwicklung liegt darin, dass in der ersten Phase noch die Überreste des Kapitalismus in den Köpfen (Ideologien) und in der materiellen Basis zu überwinden seien. Der Sozialismus müsse im Laufe seiner Entwicklung die materiellen Bedingungen einer neuen, kommunistischen Gesellschaft erst produzieren.

Wir schlagen vor, die Begriffe »sozialistisch« und »kommunistisch« anders zu verwenden. Es geht bei diesen beiden Begriffen vor allem um die Art und Weise, wie Menschen produzieren und ihre Bedürfnisse befriedigen können bzw. dürfen.

Es gibt einen Bereich grundlegender menschlicher Bedürfnisse, die befriedigt werden müssen und nicht von der Zahlungsfähigkeit der Person abhängen sollen. Sie werden daher kostenlos angeboten. Dieser Bereich lässt sich kommunistisch nennen. Unter den Bedingungen der Gegenwart mit einer Produktion, die den Planeten an den Rand des Abgrunds drängt, die die letzten Rohstoff-Ressourcen »auffrisst« und Müll und klimaschädliche Abgase

in die Atmosphäre emittiert, ist eine solche paradiesische, schlaraffenhafte Vorstellung aus der Zeit gefallen. Deshalb können nur Güter und Dienstleistungen kostenlos angeboten werden, bei denen
Verschwendung nicht zu befürchten ist.

Zum anderen gibt es einen Bereich von Gütern oder Dienstleistungen, die zwar nicht kostenlos angeboten werden können, deren
Bereitstellung aber nicht der kapitalistischen Profitlogik unterworfen werden sollte, weil auch sie den Grundbedürfnissen zuzuordnen
sind. Die Herstellung dieser Güter erfolgt daher in der Regel durch
Non-Profit-Institutionen. Dieser Bereich soll im Folgenden »sozialistisch« genannt werden. Hier sollte nach dem Kostendeckungsprinzip einerseits gearbeitet werden, die Güter für jeden Bürger andererseits bereitgestellt werden.

In beiden Fällen sind meist Bereiche der öffentlichen Daseinsvorsorge relevant. Dazu gehören: Wasser, Abwasser, Energie, Gesundheit, Bildung, öffentliche Sicherheit, Kultur, Post, Telekommunikation, Verkehr (Mobilität) und die Wohnungswirtschaft.

Die meisten dieser Bereiche waren vor den neoliberal geforderten Privatisierungen staatlich organisiert und nicht der Profitlogik
unterworfen. An einigen Beispielen soll überlegt werden, welche
dieser öffentlich zu organisierenden Dienstleistungen sich sozialistisch, welche kommunistisch organisieren lassen.

Wasser ist tendenziell immer mehr ein knappes Gut. Es wäre
ökologisch fahrlässig, dieses Gut kostenlos zur Verfügung zu stellen. Deshalb erscheint es sinnvoll und möglich, die Wasserversorgung öffentlich zu organisieren. Strom kann, wie Wasser nicht kostenlos zur Verfügung gestellt werden, weil dies zu Verschwendung,
unsinniger Nutzung und damit zu ökologischen Folgeschäden führen muss. Umgekehrt gibt es in Deutschland kein Grundrecht auf
Elektrizität, d. h. auf Versorgung mit Strom. Wer nicht in der Lage
ist, seine Rechnungen zu bezahlen, erlebt eine Stromsperre. Ähnliches gilt für die Versorgung mit anderen Formen der Energie, insbesondere Gas, das von Privathaushalten zum Kochen und Heizen
genutzt wird. Auch hier gilt: Wer die Gasrechnung nicht bezahlt,
dem wird der Hahn zugedreht.

Sowohl beim Wasser als auch bei der Energie sollte man langfristig zu einer Regelung kommen, die einen unerlässlichen Grundverbrauch kostenfrei stellt, aber jeder Kubikmeter Wasser, jede Kilo wattstunde darüber hinaus muss progressiv in Rechnung gestellt werden. Progressiv bedeutet in diesem Fall: Je höher der Verbrauch pro Person, desto höher der Preis für eine kWh. Das hätte zur Folge, dass Menschen, die mit Wasser und Energie verschwenderisch umgehen, in besonderer Weise zur Kasse gebeten werden, während die finanziell vulnerablen Menschen nicht mehr in der Angst leben müssen, dass ihnen der Hahn zugedreht wird, wenn sie sparsam mit Energie und Wasser umgegangen sind. Wasser- und Energieversorgung würde also im Grundbedarf kommunistisch, im Mehrbedarf sozialistisch organisiert.

Auch im Gesundheitswesen kam es in den letzten 30 Jahren zu einer Privatisierungswelle bei Krankenhäusern. Die Befürworter dieser Entwicklung argumentierten, dass der demografische Wandel (immer mehr alte und damit eher kranke Menschen) die Kostensituation verschlechtere, der Staat also handeln müsse. Weil man glaubte,»Privat kann besser als Staat«, ließ man private Investoren zu. Außerdem glaubte man, dass medizinische Innovationen im Gesundheitswesen von privaten Einrichtungen eher aufgegriffen werden als von staatlichen Einrichtungen. Durch die Fallpauschale wurden alle Krankenhäuser unter den Zwang zur Rentabilität und Kosteneinsparung gezwungen.

Auch dieser Bereich der Daseinsvorsorge muss so organisiert sein, dass nicht ökonomische Überlegungen grundlegend sind, sondern eine gute Versorgung. Es gibt nur wenige Hypochonder oder eingebildete Kranke, die Leistungen des Gesundheitswesens in Anspruch nehmen, obwohl sie nicht krank sind. Normalerweise sind Arztbesuche oder Krankenhausaufenthalte eher lästig. Deshalb lässt sich das Gesundheitswesen organisieren, d. h. die Gesundheitsversorgung sollte für alle gleich über eine Bürgerversicherung (vgl. den Exkurs zur solidarischen Rente und Bürgerversicherung S. 14ff.) ohne weitere Zuzahlungen organisiert werden. Die Gesundheitsversorgung würde also kommunistisch organisiert.

Die gegenwärtige Situation auf dem Wohnungsmarkt zeigt einen eklatanten Mangel an bezahlbaren Wohnungen. Wohnen ist für jeden Menschen elementar. Die Wirklichkeit zeigt klar, dass eine »marktwirtschaftliche« Lösung völlig unbefriedigend ist. Es ist auf Dauer auch nicht sinnvoll, den Mangel an preiswerten Mietwohnungen durch Wohngeld zu beheben, weil sich dahinter eine staatliche Finanzierung von Immobilienbesitzern verbirgt. Vielmehr muss der Staat (wie früher größtenteils) Sozialwohnungen bereitstellen. Der Staat kann realistischerweise nicht den gesamten Wohnungsbestand nach diesen sozialistischen Kriterien regeln, aber er muss in ausreichendem Maße Sozialwohnungen bauen und zu einem Preis vermieten, der für die Menschen im unteren Einkommenssegment bezahlbar ist.

Der öffentliche Verkehr (Bus und Bahn) ließe sich (beinahe) kostenlos gestalten, denn niemand fährt etwa mit dem Bus drei Haltestellen weiter, nur weil es kostenlos ist. Die Erfahrungen mit dem 9-Euro-Ticket sprechen nicht gegen diese Annahme. Wenn ein günstiges Angebot für Mobilität nur begrenzte Zeit besteht, ist es wahrscheinlich, dass ein Run auf die entsprechende Dienstleistung einsetzt. Bei einem langfristig günstigen Angebot wird vielleicht etwas mehr mit öffentlichen Verkehrsmitteln gefahren – und das soll es auch –, aber sinnlose Fahrten bleiben dennoch unwahrscheinlich. Umgekehrt hat das 9-Euro-Ticket gezeigt, dass eine große Bereitschaft besteht, vom privaten auf den öffentlichen Verkehr umzusteigen, wo das geht, und das ist aus ökologischen Gründen nicht nur sinnvoll, sondern auch notwendig.

In weiten Bereichen unseres Bildungssystems ist die »kommunistische« Regelung bereits verwirklicht. Der Besuch der öffentlichen Schulen und Universitäten kostet nichts. Experimente mit Studiengebühren sind gescheitert. Die Finanzsituation der Unis wurde nicht verbessert, aber es gab abschreckende Effekte für schlecht verdienende Familien. Bildung darf nicht von der finanziellen Situation der Eltern abhängen, sondern von Talent, Interesse und Engagement. Deshalb müssen Schule, das Studium und andere Ausbildungsbereiche kostenlos sein, also kommunistisch organisiert werden.

Das Sein bestimmt das Bewusstsein?

Max Aber die Frage war eigentlich, ob es eine richtige Strategie ist, darauf zu warten, bis die Arbeiterklasse eine Revolution startet und den Kapitalismus zerschlägt.

Rahel Wenn du die Frage so stellst, liegt die Antwort doch auf der Hand: Das ist Unsinn. Da können wir lange warten. Es gibt keine Volksmassen, die mit den Hufen scharren, um endlich Revolution zu machen und nur von korrupten Partei- und Gewerkschaftsfunktionären davon abgehalten werden.

Deniz Aber wir haben doch auch festgestellt, dass es einen Interessenkonflikt zwischen Kapital und Arbeit gibt und wenn die Armut weiter zunimmt, werden die Lohnabhängigen das schließlich auch verstehen.

Nina Das glaube ich nicht. Wir haben auch festgestellt, dass Armut ein relativer Begriff ist, dass er sich immer auf den Wohlstand in einer Gesellschaft bezieht. Das gilt aber auch umgekehrt. Reichtum ist auch relativ und selbst Leute, die wenig verdienen, stellen fest, dass sie relativ reich sind, wenn sie z.B. Urlaub in Marokko machen. Sie sind halt reich im Vergleich zu den Marokkanern.

Deniz Es gibt Menschen, die können gar keinen Urlaub machen – schon gar nicht in Marokko.

Nina Trotzdem wissen sie, dass sie – global betrachtet – eher zu den reicheren Menschen zählen, nicht zu den ganz armen. Ulrich Brandt und Markus Wissen sprechen deshalb von imperialer Lebensweise im Norden des Globus.[3]

Rahel Das Schlimme ist, dass die Menschen ihren relativen Besitz oft auch noch mit Zähnen und Klauen verteidigen, auch wenn er noch so bescheiden ist.

Max Das musst du erklären.

Rahel Kennst du doch: »Den Ausländern wird alles hinten und vorn reingeschoben und ich muss für jedes Pfund Butter hart arbeiten« – so argumentieren doch viele und hetzten gegen Geflüchtete. Da wird halt nach unten getreten und man verteidigt seinen Wohlstand gegen noch Ärmere.

Nina Aus der objektiven Klassenlage folgt eben nicht zwingend ein entsprechendes Bewusstsein. Man wird nicht automatisch links, weil

---

[3] Brand, Ulrich/M. Wissen: Imperiale Lebensweise – Zur Ausbeutung von Mensch und Natur im globalen Kapitalismus, München 2017.

man lohnabhängig arbeitet und wenig verdient. Mit der Annahme
lag die Arbeiterbewegung schon immer falsch.

Deniz Nun hör aber auf, es gab Zeiten, da war klar, dass man als Arbeiterin oder Arbeiter auch sozialistisch oder kommunistisch wählt.
Man war in der Gewerkschaft – das gehörte sich einfach so. Und es
gab große Arbeitersportvereine in bewusster Abgrenzung zu den
bürgerlichen Vereinen. München 1860 oder St. Pauli waren die Fuß-
ballklubs für Arbeiter, …

Nina Und Arbeiterinnen.

Deniz Na ja, die Fußballvereine zu der Zeit eher weniger. Wie auch immer: Bayern München und der HSV waren die bürgerlichen Vereine.
Reste dieser Tradition gibt es ja noch.

Rahel Aber es gab genauso immer Arbeiterinnen und Arbeiter, die waren eher katholisch und wählten deshalb genauso traditionell Zentrum oder CDU. Und außerdem: Die Arbeiterkultur – es gab ja nicht
nur Sportvereine – hat die Tradition oder die Einheitlichkeit erst geschaffen und war nicht Ergebnis der Einheit, eines einheitlichen Be-
wusstseins.

Nina Das ist die Frage nach der Henne und dem Ei – was gab es zuerst? Wahrscheinlich hat sich beides bedingt – die Lebenslage und
der berufliche Alltag waren schon einheitlicher und haben größere
Solidarität geschaffen. Die alte Arbeiterkultur hat das organisiert und
gefestigt.

Max Und wieso gibt es das nicht mehr?

Rahel Die Arbeitswelt hat sich verändert. Die großen Massenbetriebe
sind weg, viele arbeiten im Dienstleistungsbereich und fühlen sich
als Angestellte nicht als Arbeiterin, also sie fühlen sich als etwas Besseres. Die soziale Lage hat sich differenziert.

Deniz Gleichzeitig haben die Nazis die alte Arbeiterkultur effektiv
zerschlagen – nach dem Krieg hatte sie keine Chance mehr, sich
zu erholen.

Rahel Und trotzdem gibt es doch Unterschiede im Lebensstil oder
Habitus zwischen den »Oberen« und den »Unteren«. Oben werden Champagner und Austern zu klassischer Musik geschlürft, unten trinkt man Bier zur Grillwurst und hört Popmusik. Pierre Bourdieu hat das aufwendig empirisch untersucht.[4]

---

[4] Bourdieu, Pierre: Die feinen Unterschiede, Kritik der gesellschaftlichen Urteilskraft, 1. Auflage, Frankfurt am Main 1982.

Nina Der hat das in Frankreich untersucht, und Michael Vester hat entsprechende Untersuchungen in Deutschland gemacht.[5] Die Ergebnisse sind ähnlich, nur wird in Frankreich bei den Unteren Landwein
getrunken, das Bier in Deutschland.
Deniz Aber beide stellen auch Korrelationen zwischen sozialem Milieu
und politischer Einstellung fest. Das ist nur differenzierter als die alte
Vorstellung von der einheitlich linken Arbeiterklasse.
Rahel Das sag ich ja. Und diese Untersuchungen sind schon älter. Der
Neoliberalismus hat so tiefe Verwerfungen und Spaltungen produziert, dass ein Teil der alten Arbeiterschaft plötzlich rechts wählt –
und zwar in ganz Europa und auch in den USA.
Max Wieso Verwerfungen und Spaltungen – was meinst du damit?
Rahel Die Arbeit ist unsicher geworden. Viele arbeiten in Halbtagsjobs
als Scheinselbstständige oder als Leiharbeiter. Das sogenannte Normalarbeitsverhältnis, also Vollzeitjob mit fester Anstellung, ist eben
keineswegs mehr normal. Das schafft Unsicherheit.
Deniz Und der Neoliberalismus hat den Egoismus, die Gier als Befrei-
ung und Individualisierung gefeiert. Aber wenn die Karriere in die
Hose geht, fällst du ins Bodenlose und hast keine sichere soziale
Gruppe, die dich auffängt.
Nina Der Sozialstaat wurde halt geschliffen und anständig verdienende Arbeiterinnen und Arbeiter fürchten nun – genauso wie die
bürgerliche Mittelklasse – den sozialen Abstieg. Daher wollen sie
zurück zu alten Zeiten und meinen, die Rechte würde sie dorthin
zurückführen.
Max Aber dann könnten sie doch auch links wählen. Die Linke steht
doch für soziale Gerechtigkeit.
Rahel Aber eben auch für Sozialismus und sie wollen keine Experimente, damit konnte schon Adenauer punkten.»Keine Experimente,
keine Veränderungen!« Das ist das Grundgefühl. Veränderungen
bringen weitere Unsicherheiten.
Deniz Außerdem hat der Neoliberalismus den Begriff der »Reform«
völlig diskreditiert. Die Reformen der Nullerjahre gingen alle zulasten der unteren Einkommen.
Nina Der Hang zum Alten oder Altbewährten bezieht sich aber auch
auf kulturelle Phänomene. Soziale Verunsicherung wird verbunden
mit alten Werten und dazu passt die kulturelle Liberalität des Neoli-

---

5 Michael Vester et al: Soziale Milieus im gesellschaftlichen Strukturwandel – Zwischen Integration und Ausgrenzung, Frankfurt/M. 2001.

beralismus schlecht, also Gleichstellung der Geschlechter, Anerkennung unterschiedlicher sexueller Orientierungen oder die Anerkennung anderer kultureller Gewohnheiten oder Religionen.
Max Du meinst den Islam, oder?
Rahel Ja, oder eben die multikulturelle Gesellschaft – das Feindbild
der AfD und der Rechten in ganz Europa.
Max Schweinefleisch statt Döner?
Nina Das ist ja das Irre: Die teutsche Kultur soll unverfälscht bleiben,
aber der Döner schmeckt trotzdem.

Reform und Revolution – alte Schlager

Max Noch mal zurück zur Ausgangsfrage. Es ist also Essig mit Revolu-
tion und Ende des Kapitalismus.
Rahel Mit Revolution eh, jedenfalls wenn man sich die vorstellt, wie
Marx, Engels und auch Lenin das gemacht haben – so als Sturm auf
die Bastille wie in Frankreich 1789 oder als Sturm auf das Winterpa-
lais wie in Russland 1917. Das Volk stürmt mit Waffen und gegen die
Polizei, die verhassten Symbole der alten Macht.
Max Wieso ist das out?
Rahel Das ist doch offensichtlich. Die Polizeibewaffnung und auch die
Überwachungstechnik haben sich so verfeinert oder gesteigert, dass
so etwas nicht mehr möglich ist. Geschichte wiederholt sich eben
nicht. Die Nazis heute laufen ja auch nicht mehr mit brauner Uni-
form durchs Land.
Deniz Aber in Springerstiefeln und Bomberjacken.
Nina Doch nur die ganz Dummen. Erfolgreich sind Faschisten wie Hö-
cke, der einen auf seriös macht. Das Landgericht Hamburg hat übrigens entschieden, dass man ihn Faschist nennen darf. Ist keine Be-
leidigung, sondern Tatsache. Hat ihn natürlich geärgert, weil es dem
Bild des Saubermanns schadet.
Rahel Zurück zur Revolution und Polizeibewaffnung: Wie kläglich der
militante Kampf unter gegenwärtigen Bedingungen scheitert, hat
nicht zuletzt die RAF gezeigt, also die Baader-Meinhof-Gruppe, wie
sie meist genannt wird.
Max In der Tat, statt die Massen zur Revolution zu animieren, haben
sie das Land nach rechts gerückt, aber eben keineswegs – wie sie
meinten – in den Faschismus. Die Hoffnung der RAF auf antifaschis-
tische Aufstände löste sich in nichts auf. Am Ende haben alle Mitglie-

der der Gruppe lange Haftstrafen abgesessen oder sind umgekommen, ohne dass sich was zum Besseren geändert hat.

Nina Keine überzeugende Perspektive.

Deniz Damit wollt ihr aber nicht gegen zivilen Ungehorsam argumentieren, oder?

Max Was meinst du damit?

Deniz Die Formen sind recht unterschiedlich, sie reichen von der Straßenblockade etwa des Atomraketenstandortes in Mutlangen über die Blockade von Walfängern durch Greenpeace oder Hausbesetzungen bis zum Einbetonieren auf Autobahnen, um gegen die Klimapolitik zu protestieren.

Rahel Ich finde, man kann nicht allgemein sagen, ob ziviler Ungehorsam in Ordnung ist. Es kommt halt auf das Verhältnis von Mittel und Ziel an und auf die Wirkung in der Öffentlichkeit. Wenn man die Mittel diskutiert, muss man beispielsweise prüfen, ob Menschen verletzt werden können oder andere Schäden angerichtet werden.

Deniz Das sollte die Polizei aber auch prüfen. So wie die manchmal draufschlagen, kann man nicht mehr von Verhältnismäßigkeit sprechen.

Rahel Klar, das sollten sie und müssen es nach der Rechtsprechung auch.

Deniz Offenbar gibt es oft einen Unterschied zwischen Recht und Wirklichkeit.

Nina Müssen sich dann Demonstranten oder Aktivisten nicht auch grundsätzlich an das Recht halten?

Rahel Das Recht ist eben nichts Feststehendes und lässt viele Spielräume für Interpretationen. Wenn Aktionen in der Öffentlichkeit gut ankommen, führen sie nicht selten zu einer Änderung der Rechtsprechung. Streiken wäre immer noch nicht erlaubt, wenn sich die Gewerkschaften immer an das Recht gehalten hätten. Und das Bundesverfassungsgericht hat Sitzblockaden nach dem Protest gegen die atomare Aufrüstung für legitim erklärt, sie sollten nicht strafbar sein.

Deniz Der Bundesgerichtshof ist aber schnell wieder zu seiner alten Rechtsprechung zurückgekehrt. Mit einem Trick hat er das Urteil des Bundesverfassungsgerichts ausgehebelt. Und erklärt die Sitzblockaden wieder für strafbar.[6]

---

[6] Die sogenannte zweite Reihe Theorie in: BGHSt 41, 182 [187]; 41, 231 [241]; nachfolgend bestätigt durch: BGH, Beschlüsse vom 27. Juli 1995 - 1 StR 327/95 -, NJW 1995, S. 2862; vom 23. April 2002 - 1 StR 100/02 -, NStZ-RR 2002, S. 236.

Max Deshalb kommt es auch auf die Verankerung oder Akzeptanz des Protestes in der Öffentlichkeit an. Die Friedensbewegung der 1980er-Jahre hatte halt großen Zuspruch. Ziviler Ungehorsam darf eben nicht elitär sein, wenn er Erfolg haben soll, er muss breite Zustimmung finden.

Deniz Mit euren Bedenken landen wir am Ende bei Eduard Bernstein, bei der permanenten Reform. Der alte Sozi meinte schon 1898:»Was man gemeinhin Endziel des Sozialismus nennt, ist mir nichts, die Bewegung alles.«[7] Das war der erste Schritt, um die Sozialdemokratie auf den Hund kommen zu lassen. Inzwischen reförmeln die Sozis doch ohne erkennbares Ziel und Schröder nannte selbst den Abbau des Sozialstaates Reform.

Max Wer hat uns verraten? – Sozialdemokraten.

Rahel Aber darüber sprachen wir doch auch: Es sind nicht persönliche Schwächen, Eitelkeiten oder Korrumpierbarkeit, die Politiker von links unten nach rechts oben wandern lassen. Es sind die Strukturen der kapitalistischen Gesellschaften und die Zwänge des Staates.

Max Und was soll das heißen?

Nina Es ist eben kein Verrat. Und über die Strukturen und Zwänge sprachen wir schon.

Deniz So einfach ist es auch wieder nicht. Der Neoliberalismus hat uns doch zwischen 1980 und 2008 wunderbar vorgeführt, wie man die Gesellschaft mit einer»Reform« nach der anderen umbauen kann.

Rahel Das stimmt, aber da gab es eine klare Agenda, ein klares Ziel: Der Staat muss geschwächt und der Markt gestärkt werden, damit das Kapital wieder Rendite abwirft. Das hat funktioniert über Deregulierung und Privatisierung.

Nina Das war auch einfach – die mussten den Kapitalismus nicht überwinden, sondern ihn restaurieren, also die sozialdemokratischen Reformen zurückdrehen. Die dunkle Seite der Macht war gleichsam auf ihrer Seite.

Rahel Wenn wir bei der Diskussion über Demokratie richtig lagen, geht es um Hegemonie und Alltagsroutinen in den staatlichen Apparaten. Das musste auch neoliberal umgekrempelt werden.

---

[7] Bernstein, Eduard: Erklärung vom 29. September 1898 an den Parteitag der Sozialdemokratischen Partei Deutschlands in Stuttgart zur Begründung seiner revisionistischen Anschauungen. Protokoll über die Verhandlungen des Parteitages der Sozialdemokratischen Partei Deutschlands. Abgehalten zu Stuttgart vom 3. bis 8. Oktober 1898, Berlin 1898, S. 122–125.

Nina Andererseits geht es aber auch um den Wachstumszwang der Ökonomie – der spielte dem Neoliberalismus in die Hände.

Rahel Deshalb meinte Rosa Luxemburg ja auch, dass Reform und Revolution nicht verschiedene Methoden des politischen Kampfes sind, sondern »verschiedene Momente in der Entwicklung der Klassengesellschaft, die einander ebenso bedingen und ergänzen, zugleich aber ausschließen, wie z. B. Südpol und Nordpol, wie Bourgeoisie und Proletariat«.[8] Ihr habt es gemerkt, ich habe die Luxemburg zitiert.

Max Das versteh ich aber noch nicht. Was meint das denn: verschiedene Momente?

Rahel Reformen, meint Luxemburg wohl, mobilisieren die Arbeiterklasse und erlauben es ihr, die Macht zu ergreifen, um den qualitativen Sprung zum Sozialismus zu ermöglichen. Aber sie führen nicht sukzessiv in eine postkapitalistische Gesellschaft.

Max Wie genau soll der qualitative Sprung dann aussehen? Kommt dann doch wieder der Barrikadenkampf?

Deniz So richtig klar wird das bei Luxemburg meines Erachtens nicht. Sie polemisiert halt gegen Bernsteins Reformismus, weil er das Ziel aufgibt, und sie kritisiert die Bolschewiki, weil die eine Diktatur errichtet haben – Diktatur im bürgerlichen Sinne, schreibt Luxemburg. Ein gutes Ziel ist eben auch nichts ohne den richtigen Weg.

Nina Deshalb meint man, sie betone die Dialektik von Reform und Revolution. Aber das ist natürlich nicht konkret und eher ein theoretischer Ausweg.

Deniz Gramsci hat schon in den 1920ern aufgeschrieben, dass in den bürgerlichen Gesellschaften des Westens ein Stellungskrieg erforderlich sei und der Bewegungskrieg, der mit der russischen Revolution erfolgreich war, im Westen nicht funktionieren könne.

Max Was meint er mit Stellungskrieg und wieso funktioniert das andere nicht?

Deniz Gramsci hatte schon erkannt, dass im Westen eine Revolution wie in Russland nicht funktionieren kann, nicht weil die bewaffnete Macht zu stark ist, sondern weil die Gesellschaften zu stabil sind und viele Arbeiterinnen durchaus einverstanden sind mit dem Kapitalismus.

---

[8] Rosa Luxemburg: Gesammelte Werke, Bd. 1, Erster Halbbd., Dietz Verlag, Berlin 1982, S. 369–445; Zweiter Teil, Kapitel 2: Die Eroberung der politischen Macht, https://www.marxists.org/deutsch/archiv/luxemburg/1899/sozrefrev/kap2-3.htm.

Rahel Deshalb meinte er, Sozialisten dürfen nicht nur über Ökonomie reden und den ökonomischen Kampf führen. Es müsse auch um die kulturelle Hegemonie gekämpft werden.

Deniz Die Revolution bezeichnete er als Bewegungskrieg. Die war für ihn gescheitert. Für die Linke gehe es um den Kampf um kulturelle Hegemonie – das war für ihn der Stellungskrieg.

Max Ziemlich militaristisch. Aber inhaltlich trifft er sich mit Brecht, oder? Das haben wir doch schon mal gehört, als wir über Gleichheit und Sprache diskutierten.

Nina Da hast du Recht, da gibt es Ähnlichkeiten. Aber Hegemonie meint vielleicht noch mehr, nämlich Vorherrschaft einer bestimmten Deutung der Welt.

Max Kannst du das erklären?

Nina Jeder kennt doch den Spruch:»Jeder ist seines Glückes Schmied.« Das ist mehr oder weniger eine Volksweisheit. Da ist es dem Bürgertum gelungen, von der gesellschaftlichen Bedingung individueller Schicksale abzulenken.

Deniz Oder den Spruch»Menschen sind von Natur aus eben Egoisten« – kennt auch jeder. Meist steht er am Ende einer Diskussion, wenn die Verteidiger des Bestehenden nicht mehr weiterwissen. Aber viele würden ihn unterschreiben. Das ist bürgerliche Hegemonie.

Rahel Gramsci hatte vor allem die katholische Kirche als Organisatorin von Hegemonie vor Augen.

Max Hegemonie entsteht also durch eine zustimmungsfähige Ideologie oder Weltsicht. Gibt es auch ein Gegenbeispiel, also ein Beispiel für linke Hegemonie?

Nina Schwieriger, aber vielleicht ist soziale Gerechtigkeit ein Beispiel – niemand wird öffentlich sagen: Das ist Unsinn, die brauchen wir nicht.

Max Nur die Praxis sieht anders aus.

Deniz Gramsci wird heute ja wieder viel diskutiert. Andere haben doch auf den Zusammenbruch des Kapitalismus, den großen Kladderadatsch gewartet.

Rahel Das Wort wird Kautsky und Bebel zugeschrieben. Aber sie sprachen eher von Zusammenbruch und großer Katastrophe des Kapitalismus. Die SPD sei eine revolutionäre Partei, aber keine Partei, die Revolution macht. Die Revolution ergäbe sich automatisch beim Zusammenbruch des Kapitalismus.

Nina Damit lagen sie ziemlich daneben. Darüber sinnierten die beiden schon vor dem Ersten Weltkrieg.

Rahel Heute wird zwar nicht das Wort gebraucht, aber mir scheint, der

Gedanke wird wieder aufgegriffen, wenn von großer Krise, Zangen-
krise, Mehrfachkrise oder multipler Krise des Kapitalismus gesprochen wird.

Max Was ist damit gemeint?

Rahel Na, es gibt die ökologische Krise, die ökonomische Krise und
die Lösung der einen geht meist auf Kosten der anderen – jedenfalls
wenn man in der herkömmlichen Logik bleibt. Hinzu kommen noch
Krisen der Demokratie, Migrationskrisen oder Energiekrisen – dann
ist man bei der multiplen Krise. Die Situation drängt gewissermaßen
in Richtung Kollaps oder grundlegender Änderung.

Deniz Mit Goethe könnte man sagen: »Die Botschaft hör ich wohl, allein mir fehlt der Glaube.«

Nina Eben! Niemand folgert, dass der Kapitalismus bald von selbst zu-
sammenbrechen wird. Die Resilienz des Kapitalismus ist größer als
die Klassiker angenommen haben.

Max Was heißt denn Resilienz?

Nina Sorry, das ist ein Modewort für Widerstands- oder Erneuerungs-
fähigkeit. Der Kapitalismus passt sich neuen Situationen oder neuen
Problemen an und ändert sein Gesicht. Jetzt macht er sich auf den
Weg zu einem grünen Kapitalismus, um die ökologische Krise und
gleichzeitig die Wachstumskrise zu lösen.

Max Wer macht sich da auf den Weg? Der Kapitalismus ist doch genauso wenig ein Subjekt wie »Die Wirtschaft«.

Nina Da hast du wohl Recht. Es handeln selbstverständlich Personen,
also Politiker in Regierungen oder in der EU. Aber die betreiben gerade den Umbau zu einem grünen Kapitalismus.

Rahel Grüner Kapitalismus ist ein schwarzer Schimmel – aber darüber sprachen wir ja auch schon. Kapitalismus ohne Wachstum gibt
es nicht.

Verweigerung und Ausstieg

Deniz Und es bleibt wieder beim Kapitalismus, ob er nun grün oder
schwarz ist – ist mir eigentlich egal. Ich folge da lieber Herbert Marcuse. Der meinte schon 1964, dass nur noch die »große Weigerung«
helfen könne.

Max Kannst du das erklären?

Deniz Ja, Marcuse schrieb, dass die Kritische Theorie negativ bleiben
müsse und damit »will sie jenen die Treue halten, die ohne Hoff-

nung ihr Leben der großen Weigerung hingegeben haben und hingeben,«[9] – so drückte er sich aus.

Max Jetzt hast du eine Aussage zur großen Weigerung zitiert, aber nicht erklärt, warum Marcuse so pessimistisch denkt.

Deniz Marcuse hatte das Wirtschaftswunder der 1950er-Jahre im Blick und meinte, dass die Menschen ein »glückliches Bewusstsein« entwickelt hätten. Sie seien glückliche Konsumenten, die jeden Mist mitmachen. Selbst Kritik werde so in den bestehenden Kapitalismus eingebunden. Da helfe nur noch, ganz auszusteigen: eben die große Weigerung.

Max Da ist ja was dran, oder?

Nina Im Prinzip ja, aber nach dem neoliberalen Umbau der Gesellschaft ist es bei vielen nicht mehr weit her mit dem glücklichen Konsumieren.

Rahel Oder abstrakter gesagt: Die Kollegen haben doch Recht, wenn sie von mehrdimensionaler Krise sprechen.

Max Also doch Zusammenbruch? Der Hyperkapitalismus der Nuller-Jahre scheint jedenfalls nicht mehr zu funktionieren: Überall klemmt es, Energie wird unbezahlbar und selbst die Warenversorgung stockt.

Nina Gehst du jetzt zu den Zeugen Jehovas?

Max Wieso?

Nina Die sagen auch in regelmäßigen Abständen den Untergang der Welt und das Jüngste Gericht voraus. Bisher lagen sie wohl immer daneben.

Max Okay, habe verstanden – aber wie soll die große Weigerung denn aussehen?

Deniz Man steigt halt aus, macht nicht mehr mit beim Konsumterror und beim Karriere-Gerangel.

Max Also Landkommune mit Selbstversorgung?

Deniz Auch ja, aber auch durch die Gründung von Genossenschaften kann man sich der kapitalistischen Logik entziehen.

Max Da habe ich meine Zweifel. Freunde haben mal ein Spottlied auf die »Landkommune mitten in der Stadt« gedichtet. In Wahrheit haben die doch nur Nischen des Kapitalismus besetzt. Inzwischen macht Vox eine Sendung über Aussteiger – alles bestens integriert.

Rahel Du meinst die Auswanderer?

---

[9] Marcuse, Herbert: Der eindimensionale Mensch (Darmstadt und Neuwied 1967), S. 268.

Max Oh stimmt, Auswanderer müssen nicht Aussteiger sein.

Rahel Sei beruhigt, Aussteiger sind auch dabei.

Nina Das Problem ist eben, dass man am Ende doch nicht darum herumkommt, Produkte für den Markt zu produzieren, weil man nicht alles als Selbstversorger herstellen kann – schon beim Fahrrad, erst recht beim Trecker hat die Landkommune ihre Probleme. Und wenn man für den Markt produziert, muss auch eine Aussteigerin Preise und Standards einhalten, muss eben konkurrenzfähig sein.

Rahel Das Gleiche gilt übrigens auch für die Genossenschaft. Viele dieser Projekte sind im Streit geendet, nachdem sie die Selbstausbeutung auf die Spitze getrieben haben.

Max Wieso Selbstausbeutung?

Rahel Viele Genossenschaften sind eben mit schlechter Kapitalausstattung gestartet und mussten dann die mangelnde Arbeitsproduktivität durch längere Arbeitszeiten ersetzen. So haben sie viel länger geschuftet als normale Lohnabhängige.

Deniz Dafür aber selbstbestimmt. Außerdem gibt es hierzulande viele Baugenossenschaften, die wunderbar funktionieren. Und im Baskenland gibt es Mondragón – ein sehr erfolgreiches Unternehmen, das den Beschäftigten gehört.

Nina Wir haben doch vorher diskutiert, dass eine gemischte Ökonomie anzustreben ist. Genossenschaften gehören halt auch dazu. Sie können ein Element sein, die Ökonomie der kapitalistischen Logik zu entziehen. Es geht doch darum, andere Gesichtspunkte und Bausteine in die Ökonomie einzubauen, die eben nicht nach Profitinteressen arbeiten und dem Konkurrenzprinzip folgen.

Deniz Man muss sich nur der Probleme bewusst sein, mit denen Genossenschaften in einer kapitalistischen Umgebung zu kämpfen haben.

Max »Nur« ist gut. Aber das überzeugt mich. Doch hat Marcuse Genossenschaften mit der großen Weigerung gemeint – doch wohl nicht oder?

Rahel In der Tat und das Problem einer Strategie der großen Weigerung lässt sich wieder verallgemeinern. Der Kapitalismus schafft es meist, auch die großen Verweigerer wieder einzufangen, einzubinden, am besten noch zu vermarkten.[10] Denk mal an die 68er: Teile haben Karriere in den Unis gemacht, andere sind zu grünen Kriegstreibern geworden. Genauso gelungen ist die Assimilation mit den Punks und den meisten Landkommunen.

---

[10] Boltanski, Luc/È. Chiapello: Der neue Geist des Kapitalismus (Konstanz 2003).

Deniz Der Marsch durch die Institutionen, den die 68er propagierten, wurde zum Marsch der Institutionen durch die 68er.

Max Was bitte?

Deniz Soll heißen, die 68er haben nicht die Institutionen geändert, sondern die Institutionen die 68er.

Rahel So uneingeschränkt würde ich das nicht stehen lassen. Einiges, z.b. den kulturellen Umgang im Alltag haben sie schon geändert. Aber im Großen und Ganzen hast du Recht. Gemessen an ihren Zielen haben sie sich eher den Institutionen angepasst.

Nina Marcuse erklärt nicht wirklich, was er mit großer Weigerung meint, aber könnte man nicht Holloway als Interpretation von Marcuse lesen?

Max Was sagt Holloway denn?

Nina Wie der Titel des Buches schon sagt: »Die Welt verändern, ohne die Macht zu übernehmen.« Das schlägt er vor. Mit der Übernahme der Macht in Parteien und Staat, meint er, verstricke man sich immer schon in die herrschende Logik. Die Macht korrumpiert die guten Ziele, die man am Ende verrät.

Max Das hört sich tatsächlich nach Weigerung an, aber wie verändert man die Welt, ohne die Macht zu übernehmen?

Rahel Genau das ist das Problem, das auch Holloway eigentlich nicht löst. Auf die Frage »Wie man die Welt verändern kann, ohne die Macht zu übernehmen«, antwortet er sich selbst: »Nun die Antwort ist offensichtlich: Wir wissen es nicht.«[11] Aber man müsse daran arbeiten.

Deniz Na super, das hilft ja weiter. Da haben wieder alle nur den Titel des Buches gelesen und fanden ihn geil.

Nina Ich frage mich, ob nicht jedes Ändern selbst schon Macht ist – es muss nicht gleich die Welt sein. Wenn ich etwas ändern kann, habe ich doch Gewalt oder Einfluss über Dinge, Menschen oder Geschehensabläufe, also Macht.

Rahel Dann haben aber viele Menschen Macht – eigentlich fast jeder.

Nina Ja genau, die kann natürlich unterschiedlich groß sein, manche haben eben sehr wenig Macht. Große Änderungen brauchen viel Macht, die ja auch durch kollektives Handeln entstehen kann – dann summiert sich die wenige Macht der Einzelnen.

Rahel Jedenfalls ist nach dieser Logik, das »Welt verändern, ohne die Macht zu übernehmen« ein Widerspruch in sich.

---

[11] Holloway, John: Die Welt verändern, ohne die Macht zu übernehmen, Münster 2004, S. 34.

Zivilgesellschaft und Mosaik – wieviel Differenz darf sein?

Max Aber in der jüngeren Geschichte gab es weitreichende oder tief-greifende Veränderungen oder auch erfolgreiche Revolutionen. In der DDR wurde das alte Regime hinweggefegt. Die Sowjetunion brach zusammen – das ist schon 35 Jahre her, aber historisch doch eine kurze Zeit. Oder denkt an den Arabischen Frühling 2011 – da wurden viele der alten Tyrannen in der arabischen Welt entmachtet. Muss sich die Linke nicht daran ein Beispiel nehmen?

Rahel Du meinst, Revolutionen funktionieren doch noch, wenn nur genügend Menschen auf die Straße gehen?

Max Sieht doch jedenfalls so aus.

Deniz In Arabien hat der Westen allerdings intensiv einen Regime-Change betrieben, genauso wie in der Ukraine 2014. Bei der orangenen Revolution, das weiß man heute, waren auch Geld und Unter-wanderung mit im Spiel als der eher russland-freundliche Präsident gestürzt und durch einen prowestlichen ersetzt wurde.

Rahel In Libyen hat die NATO sich sogar militärisch engagiert, um Mu-ammar al-Gaddafi zu stürzen. Seitdem herrscht da übrigens Bürger-krieg. Ob das dann so ein gutes Beispiel ist?

Deniz Und man muss bedenken, dass die Regime ziemlich morsch von innen waren. Die DDR oder auch das Mubarak-Regime in Ägypten hatten kaum noch Unterstützer. Die Legitimität war futsch. Sie sind gleichsam von innen erodiert.

Max Und nach dem Sowjetsystem ist nun der Kapitalismus dran, von innen zu faulen? Deuten die vielen Krisenerscheinungen auf eine Erosion des Kapitalismus hin?

Deniz Das wurde eben schon gesagt: Der Kapitalismus ist widerstands-fähiger und flexibler als seine Kritiker bisher vermutet haben. Krisen führen zu neuen ökonomischen und politischen Formen, d. h. zu ei-nem neuen Gesicht des Kapitalismus, aber nicht zu seiner Erosion.

Rahel Jedenfalls war das bisher so, aber meine Glaskugel sagt was an-deres als deine.

Nina Trotzdem müssen Menschen aktiv werden, damit sich etwas än-dert, das war auch in der DDR oder in Ägypten so. Von alleine bricht auch ein morsches System nicht zusammen.

Deniz Es braucht wohl eine Gemengelage, die nicht vorhersehbar ist. Das System muss an Legitimität verloren haben, die Opposition braucht populäre Ziele und muss in der Lage sein, dafür zu mobilisieren.

Max Heißt das, der Kapitalismus muss unterwandert, mit nicht system-
konformen Elementen durchsetzt werden?

Rahel Eric Olin Wright meint, dass die Unterwanderung des Kapitalismus durch Genossenschaften oder öffentliche Unternehmen den
Kapitalismus nicht erheblich schwächen. Das seien nur Spielzüge innerhalb der kapitalistischen Ordnung.

Max Was hat das mit unserer Diskussion zu tun?

Rahel Warte es doch ab. Die Unterwanderung oder der Ausstieg aus
dem Kapitalismus sei Teil einer Erosionsstrategie. Das reiche aber
nicht. Man müsse auch die Spielregeln ändern, und zwar nicht nur
durch eine Zähmung des Kapitalismus. Das wäre die alte sozialde-
mokratische Strategie.

Max Und wie ändert man die Spielregeln?

Rahel Wright meint, man müsse die Widersprüche im Staat nutzen für
eine Vertiefung der Demokratie. Das könne auch für einen Abbau der
kapitalistischen Dominanz genutzt werden.[12]

Deniz Na, herzlichen Glückwunsch. Das ist ja ganz was Neues. Und
das soll dann die Erosion sein? Ich meine, die Macht liegt auf der
Straße. Man muss die sozialen Bewegungen stärken, die Apparate
unter Druck setzen.

Nina Und das bringt es, meinst du? Das sagten wir doch schon: Große
Teile des Protestes werden assimiliert, eingekauft und vermarktet.
Piercings sind doch längst zur Mode geworden, während die Punk-
Bewegung damit protestieren wollte. Oder denk an den Rap oder
Hip-Hop. Das war ursprünglich Protest, der aus den Armenvierteln
kam – das ist doch längst Mainstream.

Rahel Der Protest der Zivilgesellschaft bringt schon etwas in einer Demokratie, weil er in die Parteien hinein schwappt. Aber das geht nicht
unmittelbar, dauert eben etwas und funktioniert eher unterschwel-
lig. Die Friedensbewegung der 1980er-Jahre hat erreicht, dass die
USA und Russland Verträge über Mittelstreckenraketen geschlossen haben. Und die Proteste der 68er haben den Krieg in Vietnam
in den 1970ern beendet.

Max Also haben die 68er doch etwas erreicht.

---

[12] Wright, Eric Olin, Linker Antikapitalismus im 21. Jahrhundert, (Hamburg 2019),
S. 86ff.

Krieg und Frieden

Krieg und Ursachen

Man muss kein Pazifist sein, um für Frieden einzutreten, und alle halbwegs vernünftigen Menschen haben sich für den Frieden eingesetzt. Viele denkwürdige Zitate sind überliefert. »Frieden ist nicht alles, aber ohne Frieden ist alles nichts.« formulierte Willy Brandt. Und Robert Jungk drehte den Sinnspruch der bekanntlich kriegslüsternen alten Römer um: »Wer den Frieden will, muss den Frieden vorbereiten und nicht den Krieg.« »Jeder Krieg ist eine Niederlage des menschlichen Geistes,« ergänzte Henry Miller und Albert Einstein gab zu bedenken: »Was für eine Welt könnten wir bauen, wenn wir die Kräfte, die ein Krieg entfesselt, für den Aufbau einsetzten.« Willy Brandt hatte den Zweiten Weltkrieg erlebt und hatte im Widerstand gegen die Nazis gekämpft, deshalb sei er noch einmal zitiert: »Krieg ist nicht mehr die Ultima Ratio, sondern die Ultima Irratio.«

Der Schriftsteller Erich Maria Remarque erinnerte daran, dass es auch Gewinner des Krieges gibt, wenn er sagt: »Ich dachte immer, jeder Mensch sei gegen den Krieg, bis ich herausfand, dass es welche gibt, die nicht hingehen müssen.« Der Krieg wird von den Mächtigen und Reichen beschlossen, aber ausgefochten wird er in der Regel von den ohnmächtigen Armen. Afroamerikaner sind in den unteren Rängen des US-Militärs überrepräsentiert und ostdeutsche Männer in der Bundeswehr. Deshalb ist es auch eine Frage des politischen Standpunktes, ob und wie intensiv Menschen für den Frieden eintreten. Frieden ist eher ein linkes Projekt.

Gleichzeitig hat es sich die Linke lange Zeit zu einfach gemacht, wenn sie erklärte: Kapitalismus ist Imperialismus und Imperialismus bedeutet Krieg. Es ist zu simpel, Krieg allein mit ökonomischen Interessen zu begründen. Nationalismus, religiöser und politischer Eifer haben ebenso wie Sicherheitsinteressen und geostrategische Überlegungen eine eigenständige Relevanz. Meist mischen sich in einem Krieg unterschiedliche Interessen und Motive oder sie werden auch instrumentalisiert. Monokausale Erklärungen liegen nicht nur in dieser Frage in der Regel daneben. So ist es natürlich genauso falsch, die aktuellen Konflikte in der Welt als »Kampf der Kulturen« (Huntington) zu interpretieren. Es geht auch um Ökonomie, Macht, militärische und politische Überlegenheit und vieles andere.

Gemengelage

Im Jahre 1989 schien sich alles »so schön« zu entwickeln: Die UdSSR lag am Boden, China war noch ein Entwicklungsland, dem man aufgrund seiner politischen Struktur keine große Zukunft gab. Denn nur Demokratie und Kapitalismus war in den Augen des Westens der Schlüssel zum Erfolg. Die USA sah sich als einzig verbleibende Supermacht und der amerikanische Politikwissenschaftler Fukuyama sprach vom »Ende der Geschichte« – etwas Neues oder Besseres war nicht mehr zu erwarten.

Mittlerweile haben wir es mit einer USA zu tun, die allmählich ihre Stellung als führende oder gar einzige Weltmacht an China verliert. Sie ist zwar immer noch der militärische Gigant (Rüstungsausgaben 2020: USA 770 Milliarden, China 240 Milliarden), aber im ökonomischen Bereich holt China mächtig auf.

China hat in den letzten beiden Jahrzehnten einen schnellen Aufstieg zur ökonomischen Macht erreicht. Es hat sich von der kolonialen Demütigung durch Europäer, Japaner und USA erholt und ist mit sehr großem »Selbstbewusstsein« ausgestattet. Man könnte auch sagen, China betreibt immer mehr eine imperiale und nationalistische Politik. Bei dem Projekt »Seidenstraße« geht es auch um transkontinentale Kooperation, aber offensichtlich aufbauend auf chinesischer Dominanz.

Russland ist der eindeutige Verlierer im Weltmachtpoker – und so verhält es sich auch. Die Auflösung der Sowjetunion war in Putins Augen die größte Katastrophe des 20. Jahrhunderts. Er bot zunächst dem Westen seine Kooperation an, bekam aber eher einen Korb als ein Date und änderte seine Politik. Die Reaktion wurde verstärkt durch das Vorrücken der NATO nach Osten, was elementare Sicherheitsbedürfnisse Russlands tangiert. Im 2+4-Vertrag von 1990 versprachen die Westmächte, auf dem Staatsgebiet der (ehemaligen) DDR keine NATO-Truppen zu stationieren und keine Militärstützpunkte der NATO aufzubauen. Aber dem Westen waren die Sicherheitsbedürfnisse der baltischen und osteuropäischen Staaten wichtiger. Sie wurden Mitglied der NATO und so begann eine Verschärfung der Beziehungen.

In dieser Gemengelage schwanken die Europäer und reagieren sehr unterschiedlich. Die einen wollen Europa ökonomisch stärken und zu einer von den USA weitgehend unabhängigen Weltmacht machen, wozu auch eine entsprechende Militärmacht gehört. Andere binden sich umso stärker an die USA, um ihren Schutzschirm gegenüber Russland nicht zu verlieren (vor allem osteuropäische Staaten). Wieder andere nehmen verstärkt Rücksicht auf China (Griechenland). Deutschland versucht alles gleichzeitig: mit Frankreich die EU zur Militärunion ausbauen, mit den USA eine Dominanz der »westlichen Werte« durchsetzen und China nicht zu sehr brüskieren, denn inzwischen ist Deutschland von China ökonomisch in starkem Maße abhängig.

Frieden und Homogenität

In dieser Situation ist es – will man Stabilität und Frieden – falsch, auf die Vorherrschaft oder Dominanz der einen oder der anderen zu setzen. Genauso wenig ist eine Angleichung der ökonomischen und politischen Verhältnisse in näherer Zukunft zu erwarten. So geht der chinesische Philosoph Zhao Tingyang[1] richtigerweise von der Überlegung aus, dass sich die Menschheit nicht auf eine gemeinsame Grundlage für ein politisches und ökonomisches System einigen kann, dass also auf absehbare Zeit verschiedene, auch gegensätzliche Vorstellungen über gesellschaftliche und politische Ordnungen bestehen werden. Da wir aber alle »unter einem Himmel leben«, müssten die Staaten und Völker in friedlicher Koexistenz miteinander leben, gemeinsam das Klimaproblem, die ökonomische Entwicklung des globalen Südens etc. lösen. Dieses Konzept wurde unter dem Begriff »Tianxia« bekannt.

Friedliche Koexistenz war vor etwa 50 Jahren schon einmal eine Zielvorstellung, die damals den Kalten Krieg zwischen dem Westen und der Sowjetunion beenden sollte (und schließlich beendet hat). Dabei war auch damals die Gegenseite des Westens mit Breschnew, Kossygin und Gromyko kein »geliebter Partner«. Die Alternative scheint zu lauten: friedliche Koexistenz und globale Kooperation mit China (und anderen) oder dauerhafte politisch-militärisch-ökonomische Einhegung Chinas und Russlands. Letzteres ist allerdings brandgefährlich und schadet am Ende voraussichtlich allen Seiten.

---

[1] Zhao Tingyang: Alles unter dem Himmel, Vergangenheit und Zukunft der Weltordnung, dt. Berlin 2020.

Internationale Friedensordnung

Die friedliche Koexistenz der 1970er-Jahre war verbunden mit dem Versuch, eine stabile internationale Friedensordnung zu etablieren. Nach dem Zweiten Weltkrieg wurde der alte Völkerbund durch die UNO abgelöst. Oberstes Ziel der UNO war und ist die Friedenssicherung. Deshalb verbietet die UNO-Charta einen Angriffskrieg. Erlaubt sein soll ausschließlich die Verteidigung des eigenen Landes oder des eigenen Bündnisses. Die UNO sollte außerdem in der Lage sein, Frieden auch durch militärische Intervention herzustellen. Die Welt sollte schwachen Staaten, die von anderen überfallen werden, beistehen können. Das Problem dieser Organisation war und ist, dass über UNO-Militäreinsätze erstens nur der Sicherheitsrat entscheidet. Das ist immer noch ein Klub der mächtigen Staaten, unter denen zweitens der Westen dominiert. Im Sicherheitsrat sitzen fünf ständige Mitglieder, nämlich USA, Russland, China, Frankreich, Großbritannien. Außerdem gibt es zehn nichtständige Mitglieder, die rotierend unter die Kontinente verteilt sind. Die ständigen Mitglieder haben drittens eine Veto-Position, können also verhindern, dass die UNO aktiv wird. Das führte in den meisten Fällen dazu, dass der Sicherheitsrat keinen Beschluss fassen konnte, weil entweder die USA, China oder Russland hinter einer der beteiligten Kriegsparteien standen oder selbst Kriegsparteien waren. Zudem muss sich die UNO Militär bei den Mitgliedstaaten »ausleihen«, weil sie keine eigenen Truppen hat.

Eine internationale Friedensordnung mit einer Organisation, die diese auch sichert und garantiert, war eine gute Idee, sie scheiterte aber an den Konflikten der Großmächte. Die UNO müsste folglich weiterentwickelt oder reformiert werden. Die Veto-Positionen müssten ebenso verschwinden wie die Dominanz des Westens im Sicherheitsrat, wenn dieser das wichtige beschlussfassende Gremium bleiben soll und nicht die Vollversammlung, in der alle Staaten vertreten sind. Weil die internationalen Konflikte eher zu- als abnehmen, ist es nicht wahrscheinlich, dass eine sinnvolle Reform des Sicherheitsrates gelingt. Abwegig ist es, einen ständigen Sitz für Deutschland zu fordern. Genauso abwegig ist es allerdings, konsensuale Beschlüsse des UNO-Sicherheitsrates, wenn sie schon mal fallen, abzulehnen und die Beteiligung an militärischen Aktivitäten der UNO grundsätzlich zu verweigern. Eine internationale Organisation, die über den Frieden wacht, ist immer noch die beste Lösung, auch wenn sie schlecht funktioniert.

Um den Kalten Krieg zu beenden, wurden zwischen NATO und Warschauer Pakt, dem Militärbündnis des Ostens, weitere Institutionen geschaffen, um im Gespräch zu bleiben und Konflikte diplomatisch zu lösen. Dazu gehörte zunächst die KSZE, die Konferenz über Sicherheit und Zusammenarbeit in Europa. Das war zunächst eine Konferenz und wurde später eine Organisation, die Treffen der Gegner organisierte, um Sicherheitsfragen möglichst konsensual zu lösen. Die KSZE wurde 1975 zur OSZE, wobei der erste Buchstabe für Organisation steht, ansonsten blieb der Name gleich. Zur Sicherheitsarchitektur gehörten auch die Abrüstungsverträge zwischen den USA und der UdSSR. Aber solche Verträge laufen aus oder können von einer Seite gekündigt werden.

Nach dem Zusammenbruch des Sowjetblocks wurde die OSZE vernachlässigt und Friedensgespräche abgebrochen, weil man dachte, mit dem Systemkonflikt seien auch Rüstungskontrollen und Friedensabsprachen überflüssig geworden. Die Auseinandersetzung um die Ukraine, die schon 2014 mit dem Sturz eines russlandfreundlichen Präsidenten begann, zeigt, dass die Kalkulation nicht aufging. Für Linke ist es keine sinnvolle Position, auf eine militärische oder ökonomische Niederlage Russlands zu spekulieren. Damit wird der Krieg angeheizt und nicht beendet – die Konfrontation der Blöcke wird auf dem Rücken der Menschen in der Ukraine ausgetragen. Eine militärische Niederlage Russlands in diesem Krieg wird auch nicht zu Frieden führen, nicht einmal zur friedlichen Koexistenz, sondern zu anderen Formen der Konfrontation. Linke Politik muss – auch unter der Bedingung, dass eine Seite offenbar Großmachtfantasien verfolgt – Verhandlungen einfordern. Lang- und auch mittelfristig muss linke Politik für neue Formen der internationalen Kooperation in und neben der UNO eintreten.

Deniz Die Proteste gegen TTIP und CETA, also gegen die Freihandelsabkommen mit den USA und Kanada waren auch erfolgreich.

Max Wieso? CETA ist doch in Kraft und TTIP ist eher an Trump gescheitert als an attac.

Deniz Aber CETA wurde immerhin modifiziert und ist bis heute nicht
ratifiziert, weil die Investitionsschutzklauseln umstritten sind. Darauf
hat der soziale Protest hingewiesen.

Nina Andrerseits sind solche Bewegungen meist recht kurzlebig. Sie
tauchen auf der politischen Bühne für kurze Zeit auf und dann verschwinden sie wieder oder werden mehr oder weniger bedeutungs-
los. Attac gibt es noch, aber es ist doch deutlich weniger relevant als
2015 bei den TTIP-Protesten. Oder denkt an Fridays for Future – denen hat Corona doch mehr oder weniger den Elan genommen.

Rahel Soziale Bewegungen sind wie das Meer – sie haben eine Wellen-
form, bäumen sich auf und brechen dann wieder in sich zusammen.

Max Ich dachte schon, du meinst, dass sie tief und unergründlich sind.

Rahel Das vielleicht auch, vor allem auch unberechenbar. Sie lassen
sich nur schwer planen und vorausberechnen – also welches Thema
die Menschen bewegt und mobilisiert.

Nina Deshalb braucht man eine aktive Zivilgesellschaft, die organisiert
ist, also in Gewerkschaften, Vereinen und Verbänden.

Max Aber die wollen doch alle etwas anderes. Die zivilgesellschaftlichen Vereine und Bewegungen widersprechen sich doch an vielen
Punkten. Da kann die Regierung ruhig schlafen.

Deniz Hans-Jürgen Urban hat deshalb gemeint, dass die Linke nur als
Mosaik funktionieren könne.

Max Wer ist Hans-Jürgen Urban?

Deniz Ein wichtiger politischer Denker, der im Vorstand der IG-Metall arbeitet.

Rahel Die Mosaik-Linke hat er aber keineswegs als Beschreibung der
realen Situation verstanden. Er wollte damit etwas anstoßen, nämlich
dass die vielen unterschiedlichen Akteure der linken sozialen Bewegungen sich zusammenraufen und ein Mosaik bilden.[13]

Nina Er hat sich damit wohl gegen überkommene, leninistische Theorien gewandt, die immer noch meinen, dass jemand die Führungs-
rolle übernehmen müsse. Bei Lenin ist es die Partei, die dominant
sein soll, die weiß, wo es langgeht.

---

[13] https://hans-juergen-urban.de/wp-content/uploads/2020/02/DA331-URBAN-
Mosaiklinke.pdf (5.8.2022).

Deniz Und die Gewerkschaften waren oder sind auch nicht weit entfernt von einer hierarchischen Organisationsform. Dagegen ist mit dem Mosaik das Bild verbunden, dass sich die Zivilgesellschaft gleichberechtigt organisiert und Anliegen und Interessen gleichberechtigt erkämpft werden sollen. Aus den verschiedenen Kämpfen ergibt sich dann das linke Gesamtbild, das Mosaik.

Nina Das Problem ist nur, dass viele bunte Steine noch kein Bild ergeben. Dafür muss man sie richtig zusammensetzen. Der Künstler muss also wissen, wie das Bild am Ende aussehen soll.

Rahel Funktioniert auch nicht so gut, oder? Diesen Künstler gibt es nicht.

Die Partei hat auch nicht recht

Max Also braucht man doch die Partei, die Partei, die Partei hat immer recht?

Nina So eine Partei braucht man sicher nicht. Das ist doch ein alter Spruch aus der DDR und galt für die SED – halb ironisch, halb ernst gemeint. Parteien müssen aber demokratisch sein und diskutieren. Kadavergehorsam gegenüber dem großen Vorsitzenden bringt gar nichts.

Deniz Großer Vorsitzender nannte sich Mao Tse-tung. Honecker war Generalsekretär.

Rahel Und er war vieles andere – der trug einen lächerlichen Rattenschwanz von Titeln.

Deniz Vorbild war halt Lenins Parteivorstellung. Die Partei als Avantgarde mit einem starken Zentralismus, der sich demokratisch nannte, aber genau das Gegenteil war.

Nina Das funktioniert vielleicht in der Illegalität, aber ist ansonsten ziemlicher Blödsinn.

Deniz Allerdings bringt es eine Partei, die sich immer selbst zerlegt, auch nicht.

Max Was meinst du mit: Sich selbst zerlegt?

Deniz Na, so wie die Linkspartei. Da meinen doch alle, sie müssten sich profilieren, indem sie möglichst abweichende Positionen vertreten oder andere in die Pfanne hauen.

Max Alle?

Deniz Natürlich nicht alle, aber zu viele. Da gilt halt nicht, die Partei hat immer Recht, sondern »Ich habe immer Recht und alle anderen sind doof.«

Nina Man muss schon über schwierige Fragen streiten dürfen – sonst wären die Fragen ja nicht schwierig. Das gehört eben zur demokratischen Partei.

Rahel Aber zivilisiert sollte der Streit schon sein.

Deniz Und am Ende steht dann eine Karrierepartei wie die Grünen. Die haben doch alle ihre Grundsätze schon in 20 Jahren über Bord geworfen. Die SPD hat immerhin 100 Jahre gebraucht.

Max Du übertreibst. In beiden Parteien gibt es viele Linke, die für eine Politik streiten, wie wir sie diskutiert haben.

Rahel Nun sollten wir aber nicht die Fehler und Probleme der einzelnen Parteien in der Bundesrepublik diskutieren. Es sollte doch um Verbindendes gehen, damit die Mosaiksteinchen ein Bild ergeben.

Nina Bernd Riexinger spricht deshalb von einer neuen oder verbindenden Klassenpolitik, die organisiert werden solle. Er meint, dass man eine neue Form der Solidarität herstellen könne, wenn man trotz der vielen unterschiedlichen Lebenslagen und Biografien Gemeinsamkeiten der lohnabhängig Beschäftigten herstellen könne. Es gelte halt das Verbindende oder Gemeinsame herauszustellen und nicht das Trennende.[14]

Deniz Gut gebrüllt Löwe! Man kann es sicher versuchen, aber ob das gelingt, wage ich doch zu bezweifeln. Die Gemeinsamkeiten zwischen dem Friseur im Niedriglohnsektor und der Unternehmensberaterin, die ja auch lohnabhängig arbeitet, sind eher gering. Da gibt es wenig Verbindendes und sehr unterschiedliche subjektive Probleme.

Rahel Ganz zu schweigen von dem Dünkel, der zwischen den Gruppen immer wieder aufbricht – die einen fühlen sich eben als etwas Besseres.

Max Oder wie Konstantin Wecker singt: »Einen braucht der Mensch zum Treten.«

Nina Aber er sagt auch: »Weiter kämpfen Willy, auch wenn die ganze Welt den Arsch offen hat, oder grad deswegen.«

Max Na, das klingt bei ihm schon bayerischer. Im Ernst, was ist mit der Idee eines linken Populismus oder einer populären Partei?

Deniz Das habe ich nie verstanden, was das soll. In einer Demokratie versuchen doch alle Parteien populär zu sein, um gewählt zu werden. Wo ist das Neue an dem Konzept?

---

[14] Riexinger, Bernd: Neue Klassenpolitik – Solidarität der Vielen statt Herrschaft der Wenigen (Hamburg 2018), S. 121ff.

Rahel Die betonen halt den Widerspruch zwischen Volk und Elite, zwischen dem einen Prozent der Reichen und den 99% der Habenichtse.

Deniz Nur sag das mal der mittelständischen Unternehmerin mit einer Matratzenfabrik – die zeigt dir doch den Vogel.

Max Trump, Orban oder die AfD werden auch als populistisch bezeichnet. Wie passt das zusammen?

Nina Die spielen ja auch mit dem Gegensatz von Volk und Elite. Sie gehören zur Elite, aber in ihrer Rhetorik schimpfen sie auf diese. In der praktischen Politik werden deren Privilegien natürlich nicht angerührt.

Deniz Sie geben den sozialen Verwerfungen, die der Neoliberalismus produziert hat, eine reaktionäre Wende. Dabei setzen sie aber zum Teil auch auf das Soziale, meist nur rhetorisch.

Rahel Aber bei der PiS-Partei in Polen wird das manchmal auch praktisch. Die PiS-Partei hat für anständige Mindestlöhne gesorgt und fördert polnische Familien intensiv.

Deniz Trump hat ja nicht nur im Wahlkampf auf die Arbeitslosen im sogenannten Rust-Belt gesetzt, er hat dann im Freihandelsabkommen mit Mexiko vereinbart, dass mexikanische Arbeiter in der Automobilindustrie höheren Lohn bekommen, damit die US-Wirtschaft die Autos nicht in Mexiko schrauben lässt.

Rahel Kann man aber drüber streiten, ob das sozial ist. Die Beschäftigten in den USA sollten keine höheren Löhne erhalten. Jedenfalls ist es extrem nationalistisch.

Max Kommen wir noch mal zurück zum Populismus. Ist das ein sinnvoller Begriff?

Deniz Der Begriff ist der Versuch, das Neue bei der politischen Rechten zu fassen. Das sind ja keine Nazis wie früher und auch, wo sie an der Macht sind, keine Diktatoren wie früher. Die Opposition wird ausgeschaltet, aber nicht ins Gefängnis geworfen. Populismus ist eben die Bezeichnung für diese neue Form der politischen Rechten.

Rahel Neue Form? Okay, damit bin ich einverstanden. Aber ich zweifle, ob der Begriff dazu taugt, um die neue Rechte zu beschreiben und ob sich Linke auch noch positiv darauf beziehen sollten.

Max Warum taugt der Begriff nicht?

Nina Weil das Spezifische der neuen Rechten nicht benannt und gleichzeitig die Demokratie verunglimpft wird.

Deniz In der Tat: Indem man mit dem Populismus auch das Populäre abwertet, rechtfertigt man eine abgehobene und demokratisch nicht zurückgebundene Politik. Man unterstellt geradezu, dass Politiker

sich vom Volk entfernen müssten. Nur dann sind sie nicht populistisch. Sie sollen unpopuläre Entscheidungen treffen. Das ist in einer
Demokratie grotesk.

Nina Und das Antidemokratische der neuen Rechten geht dabei verloren. Orban spricht selbst von einer illiberalen Demokratie in Ungarn.
Das ist ein Widerspruch in sich. Demokratie ohne liberale Rechte für
die Opposition ist keine. Der Begriff taugt deshalb viel besser als Populismus, um die neue Rechte zu beschreiben, weil er die Verlogen-
heit deutlich macht.

Rahel Außerdem verwendet der Mainstream den Begriff Populismus
wie eine abgewandelte Totalitarismustheorie. »Die Populisten von
links und rechts« heißt es häufig genug.

Max Was ist Totalitarismustheorie?

Rahel Zunächst hat Hannah Arendt nur Hitler und Stalin bzw. die Form
der politischen Unterdrückung in beiden Systemen gleichgesetzt.
Später wurde einfach von Links- und Rechtsextremismus gesprochen, alles in einen Topf gerührt und damit diskreditiert.

Nina Genau! Und das wird mit dem Populismusbegriff auf neue Weise
wieder versucht. Gern sprechen die Mainstream-Medien von Links-
und Rechtspopulismus, um beide gleichermaßen zu verunglimp-
fen.

Max Und warum wollen Linke[15] diesen Begriff dann für sich reklamie-
ren?

Deniz Linke, die den Begriff aufgreifen, wollen den Widerspruch zwischen dem einen Prozent an Reichen und Mächtigen und den anderen 99% nutzen, um Mehrheiten zu gewinnen.

Nina Das ist keine besonders neue Strategie für die Linke. Die Ungleichheit im Kapitalismus und als Folge des Kapitalismus ist doch seit mehr
als hundert Jahren Thema.

Max Darüber und über ökonomische Gerechtigkeit sprachen wir ja
schon.

Deniz Ich glaube, es kommt wieder auf den Kampf um Begriffe an. Man
will die Fremdzuschreibung umdrehen und für sich nutzen. Keine besonders kluge Strategie, meine ich.

Max Das fürchte ich auch. Bietet der Weg zum grünen Kapitalismus,
der neuerdings ja von allen verfolgt wird, nicht auch Anknüpfungspunkte für Linke?

---

[15] Mouffe, Chantal: Für einen linken Populismus (Frankfurt 2018); Nölke, Max: Linkspopulär. Vorwärts handeln, statt rückwärts denken (Frankfurt /M. 2017).

Rahel Das ist übrigens ein Beispiel für linke Hegemonie. Das Problem wird von allen gesehen, nachdem es im letzten Jahrhundert vor allem von Linken zum Thema gemacht wurde.

Deniz Linke Strategie greift eben die Widersprüche des Kapitalismus auf.

Max Wieso Widersprüche – zwischen wem denn?

Deniz Ausgangspunkt war mal der Widerspruch zwischen Kapital und Arbeit, also die unterschiedliche Interessenlage, wie Gewinne verteilt werden sollen. Inzwischen gehört es zum linken Sprachgebrauch, jedes Problem und jeden Konflikt als Widerspruch zu deklarieren.

Max Ob das klug ist?

Deniz Ist vielleicht nicht so wichtig, wie man es nennt. Entscheidend ist, dass die Probleme und Fehlentwicklungen der Gesellschaft aufgegriffen werden und dass über gut ausgedachte Kampagnen Änderungen angestrebt werden. Damit müssen aber weiterreichende Ziele verbunden werden.

Max Was meinst du mit »weiterreichende«?

Deniz Ja eben Sozialismus, Änderungen, die über die Gesellschaft hinausweisen. Die Linke ist ja nicht Arzt am Krankenbett des Kapitalismus.

Rahel Jedenfalls sollte sie es nicht sein. Die Antworten des Mainstream auf die Probleme, gegenwärtig vor allem auf die ökologischen Probleme, können auch Anknüpfungspunkte für linke Politik sein. So kann der grüne Schwenk in der EU und auch der Bundesregierung eine Andockstelle für linke Politik sein.

Deniz Wieso das denn? Es geht um grünen Kapitalismus. Das ist doch nicht links.

Rahel Schon, aber dafür muss plötzlich wieder Industrie- und Konjunkturpolitik betrieben werden. Oder anders: Der Staat mischt sich wieder in die Wirtschaft ein. Daran kann man anknüpfen und das vorantreiben, um einen demokratischen Zugriff auf die Wirtschaft hinzukriegen.

Nina Du hast zu viel Engels gelesen, oder?

Max Wieso?

Nina Der schrieb schon 1865,[16] die Linke müsse »die Fortschrittspartei vorantreiben zum wirklichen Fortschreiten, soweit das möglich; sie

---

[16] Engels, Friedrich: Die preußische Militärfrage und die deutsche Arbeiterpartei, MEW Bd. 16, S. 78.

nötigen, ihr eigenes Programm radikaler zu machen und sich daran zu halten; jede ihrer Inkonsequenzen und Schwächen unnachsichtlich züchtigen und lächerlich machen.«

Max Wer ist denn die Fortschrittspartei?

Nina Na, halt der linke Flügel der bürgerlichen Parteien.

Max Dann bist du also für eine rot-rot-grüne Koalition?

Nina Das war jetzt nicht meine Absicht, dafür zu plädieren. Aber wenn sich da etwas erreichen lässt: natürlich.

Deniz Ich melde Protest an, der grüne Umbau nützt vor allem den großen Konzernen.

Rahel Darum geht es doch. Genau das wollen wir ändern.

Max Schwierig! Mir scheint, den Königsweg haben wir wohl nicht gefunden, oder?

Nina Den gibt es halt nicht. Vermutlich kommt es auf das Zusammenspiel unterschiedlicher Faktoren an, die wir ja auch genannt haben, aber allein bringen die es jeweils nicht.

Deniz Und es kommt darauf an, die Fallstricke, Irrwege und Unzulänglichkeiten der eigenen Strategie zu kennen und sich diese einzugestehen.

Max Kein befriedigendes Ergebnis, aber vermutlich ein ehrliches.

Literatur zum Nach- und Weiterlesen

Altvater, Elmar/Raul Zelik: Vermessung der Utopie – Ein Gespräch über Mythen des Kapitalismus und die kommende Gesellschaft, Berlin 2015.

Aristoteles: Nikomachische Ethik, Hamburg 1978.

Arndt, Andreas: Freiheit – Basiswissen Politik/Geschichte/Ökonomie, Köln 2020.

Auernheimer, Georg: Identität und Identitätspolitik – Basiswissen Politik/Geschichte/Ökonomie, Köln 2020.

Baron, Christian: Proleten, Pöbel, Parasiten – Warum die Linken die Arbeiter verachten, Berlin 2016.

Becker, Matthias Martin: Klima, Chaos, Kapital – Was über den Kapitalismus wissen sollte, wer den Planeten retten will, Köln 2021.

Bernstein, Eduard: Die Voraussetzungen des Sozialismus und die Aufgaben der Sozialdemokratie, Stuttgart 1899.

Bernstein, Eduard: Erklärung vom 29. September 1898 an den Parteitag der Sozialdemokratischen Partei Deutschlands in Stuttgart zur Begründung seiner revisionistischen Anschauungen, in: Protokoll über die Verhandlungen des Parteitages der Sozialdemokratischen Partei Deutschlands. Abgehalten zu Stuttgart vom 3. bis 8. Oktober 1898, Berlin 1898, S. 122–125.

Bischoff, Joachim: Ende oder Renaissance sozialistischer Utopien? Thesen zu Friedrich Engels' »Anti-Dühring« Flugschrift, Hamburg 2023.

Bloch, Ernst: Naturrecht und menschliche Würde, Frankfurt 1999.

Boltanski, Luc/Ève Chiapello: Der neue Geist des Kapitalismus, Konstanz 2003.

Bourdieu, Pierre: Die feinen Unterschiede. Kritik der gesellschaftlichen Urteilskraft, 1. Auflage, Frankfurt am Main 1982.

Brand, Ulrich /Bettina Lösch/Benjamin Opratko/Stefan Thimmel (Hrsg.): ABC der Alternativen 2.0. Von Alltagskultur bis Zivilgesellschaft, in Kooperation mit Wissenschaftlicher Beirat von Attac, Rosa-Luxemburg-Stiftung und taz. die tageszeitung, Hamburg 2012, www.vsa-verlag.de/uploads/media/VSA_ABC-der-Alternativen-20.pdf.

Brand, Ulrich/Markus Wissen: Imperiale Lebensweise. Zur Ausbeutung von Mensch und Natur im globalen Kapitalismus, München 2017.

Brecht, Bertolt: Über Politik und Kunst, Frankfurt am Main 1976.

Brie, Michael: SOZIALISMUS neu entdecken – Ein hellblaues Bändchen zu den Widersprüchen einer solidarischen Gesellschaft, Hamburg 2022.

Candeias, M./M. Warnke/E. Völpel/B. Fried/H. Schurian: Reichtum des Öffentlichen. Infrastruktursozialismus oder Warum kollektiver Konsum glücklich macht, https,//zeitschrift-luxemburg.de/artikel/reichtum-des-oeffentlichen (Stand, 18.7.2022).

Ciftci, Ridvan/Andreas Fisahn: Nach-Gelesen. Ein- und weiterführende Texte zur materialistischen Theorie von Staat, Demokratie und Recht, Hamburg 2019.

Clifton, Jon: People Worldwide Are Reporting a Lot of Positive Emotions. Yet Syrians' positive experiences are an all-time low for any country, https//news.gallup.com/poll/169322/people-worldwide-reporting-lot-positive-emotions.aspx (Stand, 22.7.2022).

Demirović, Alex: Demokratie in der Wirtschaft, Münster 2007.

DGB-Bundesvorstand (Hrsg.): Offensive Mitbestimmung – Vorschläge zur Weiterentwicklung der Mitbestimmung, www.dgb.de/++co++3f0504bc-fe03-11e8-9849-52540088cada/DGB-Beschluss-Vorschlaege-zur-Weiterentwicklung-der-Mitbestimmung.pdf (Stand, 20.3.2023).

Dixson-Declève, Sandrine/ Owen Gaffney u.a.: Earth For All – Der neue Bericht an den Club of Rome, 50 Jahre nach »Die Grenzen des Wachstums«, München 2022.

Engels, Friedrich: Die Lage der arbeitenden Klasse in England, MEW Bd. 2.

Engels, Friedrich: Die preußische Militärfrage und die deutsche Arbeiterpartei, MEW Bd. 16.

Engels, Friedrich: Herrn Eugen Dührings Umwälzung der Wissenschaft, MEW Bd. 20.

Eribon, Didier: Rückkehr nach Reims, Berlin 2020.

Fisahn, Andreas: Demokratie, Aufhebung der Besonderung des Staates, in: Redaktion Kritische Justiz, Demokratie und Grundgesetz – eine Auseinandersetzung mit der verfassungsgerichtlichen Rechtsprechung, Nomos Baden-Baden 2000, S. 71–92.

Fisahn, Andreas: Herrschaft im Wandel, Köln 2008.

Fisahn, Andreas: Hinter verschlossenen Türen, Halbierte Demokratie – Autoritären Staat verhindern, Beteiligung erweitern, AttacBasisTexte 51, Hamburg 2017.

Foucault, Michel: Wahnsinn und Gesellschaft. Eine Geschichte des Wahns im Zeitalter der Vernunft, Frankfurt am Main 1973.

Frings, Christian: Das Klassen-Buch: Klassen und Klassentheorien, Eine kritische Einführung, Berlin 2023.

Fromm, Erich: Die Furcht vor der Freiheit, München 2019.

Fromm, Erich: Haben oder Sein – Die seelischen Grundlagen einer neuen Gesellschaft, München 2013.

Fülberth, Georg: Marxismus – Basiswissen Politik/Geschichte/Gesellschaft/Ökonomie, Köln 2020.

Gerstenberger, Heide: Markt und Gewalt, Münster 2017.

Gramsci, Antonio: Gefängnishefte, Hamburg 1991 ff.

Hahnel, Robin/Erik Olin Wright: Alternativen zum Kapitalismus – Vorschläge für eine demokratische Ökonomie, Berlin 2021.

Hanloser, Gerhard (Hrsg.): Identität & Politik – Kritisches zu linken Positionierungen, Wien 2022.

Hayek, Friedrich A. von: Die wirtschaftlichen Voraussetzungen föderativer Zusammenschlüsse, in: Hayek, F. A. von (Hrsg.): Individualismus und wirtschaftliche Ordnung, Zürich 1952.

Hegel, Georg Wilhelm Friedrich: Grundlinien der Philosophie des Rechts, Frankfurt am Main 1979.

Heinrich, Michael/Werner Bonefeld (Hrsg.): Kapital und Kritik – Nach der neuen Marx-Lektüre, Hamburg 2011.

Heinrich, Michael: Kritik der politischen Ökonomie. Eine Einführung, Stuttgart 2012.

Heller, Hermann: Politische Demokratie und soziale Homogenität, Ges. Schriften II., Tübingen 1992.

Hilferding, Rudolf: Das Finanzkapital – Eine Studie über die jüngste Entwicklung des Kapitalismus, Wien 1910.

Holloway, John: Die Welt verändern, ohne die Macht zu übernehmen, Münster 2004.

Ikrath, Philipp: Die Hipster – Trendsetter und Neo-Spießer, Wien 2015.

Irigaray, Luce: Speculum – Spiegel des anderen Geschlechts, Frankfurt am Main 1980.

Jung, Heinz/Josef Schleifstein: Die Theorie des staatsmonopolistischen Kapitalismus und ihre Kritiker, Frankfurt 1979.

Kant, Immanuel: Die Metaphysik der Sitten, Frankfurt am Main 1982.

Kant, Immanuel: Kritik der Praktischen Vernunft, Werkausgabe Band VII, Frankfurt am Main 1974.

Kelsen, Hans: Vom Wesen und Wert der Demokratie, in: Archiv für Sozialwissenschaften und Sozialpolitik, Bd. 47, 1920/21, S. 50–85.

Klein, Naomi: Warum nur ein Green New Deal unseren Planeten retten kann, Hamburg 2019.

Knolle, Helmut: Patriarchat und Bevölkerungsgeschichte, Köln 2018.

Lehndorff, Steffen: New Deal heißt Mut zum Konflikt. Was wir von Roosevelts Reformpolitik der 1930er Jahre heute lernen können, Eine Flugschrift, Hamburg 2020.

Lenin, Wladimir Iljitsch: Staat und Revolution, Werke, Band 25, Berlin/DDR 1972.

Luhmann, Niklas: Die Gesellschaft der Gesellschaft, Frankfurt am Main 1997.

Luxemburg, Rosa: Gesammelte Werke, Bd. 1, Erster Halbband, Dietz Verlag, Berlin 1982, S. 369–445; Zweiter Teil, Kapitel 2, Die Eroberung der politischen Macht, www.marxists.org/deutsch/archiv/luxemburg/1899/sozrefrev/kap2-3.htm (Stand, 20.3.2023).

Luxemburg, Rosa: Zur russischen Revolution, in: dies., Gesammelte Werke (GW), Bd. 4, Berlin 2000.

Mahnkopf, Birgit: Produktiver, grüner, friedlicher? Die falschen Versprechen des digitalen Kapitalismus, in: Blätter für deutsche und internationale Politik, H. 10, S. 89–98 und H. 11, 2019, S. 70–76.

Marcuse, Herbert: Der eindimensionale Mensch, Darmstadt und Neuwied 1967.

Marx, Karl: Das Kapital Bd. 1, MEW Bd. 23.

Marx, Karl: Der Bürgerkrieg in Frankreich, MEW Bd. 17.

Marx, Karl: Kritik des Gothaer Programmentwurfs, MEW 19 = MEaW IV.

Marx, Karl: Zur Judenfrage, MEW Bd. 1.

Marx, Karl/Friedrich Engels: Die deutsche Ideologie, MEW 3 = MEaW I.

Marx, Karl/Friedrich Engels: Manifest der Kommunistischen Partei, MEaW I = MEW Bd. 4.

Mies, Maria: Patriarchat und Kapital, Wien 1988.

Mouffe, Chantal: Für einen linken Populismus, Frankfurt 2018.

Müller, Wolfgang: Kann die VR China die Klimaziele erreichen? in: Sozialismus 6-2022, S. 20–22.

Neumann, Franz: Behemoth – Struktur und Praxis des Nationalsozialismus, Frankfurt am Main 1977.

Neupert-Doppler, Alexander: Ökosozialismus INTRO – Eine Einführung, Wien 2022.

Nölke, Max: Linkspopulär – Vorwärts handeln, statt rückwärts denken, Frankfurt am Main 2017.

Notz, Gisela: Feminismus – Basiswissen Politik/Geschichte/Ökonomie, Köln 2021.

Paech, Niko: Von Konsumenten zu Prosumenten, in: Konzeptwerk Neue Ökonomie (Hrsg.): Zeitwohlstand – Wie wir anders arbeiten, nachhaltig wirtschaften und besser leben, Leipzig 2015, S. 41.

Peukert, Helge: Klimaneutralität jetzt!, Marburg 2021.

Piketty, Thomas: Kapital und Ideologie, München 2020.

Rawls, John: Theorie der Gerechtigkeit, Frankfurt am Main 1975.

Riexinger, Bernd: Neue Klassenpolitik – Solidarität der Vielen statt Herrschaft der Wenigen, Hamburg 2018.

Riexinger, Bernd: System Change. Plädoyer für einen linken Green New Deal – Wie wir den Kampf für eine sozial- und klimagerechte Zukunft gewinnen können – Eine Flugschrift, Hamburg 2020.

Schaufeli, Wilmar B.: Burnout in Europe, Relations with national economy, governance, and culture, Leuven 2018, www.wilmarschaufeli.nl/publications/Schaufeli/500.pdf (Stand, 19.7.2022).

Schleicher, Andreas: Weltklasse – Schule für das 21. Jahnhundert gestalten, OECD 2019.

Schubert, Christian: Donnerdrachenland Bhutan – Glück ist Staatsziel, www.bhutan-horizonte.de/bhutan-bruttonationalglueck.html (Stand, 5.8.2022).

TAZ (Hrsg.): Ökonom über »ökologische Vandalen«, Paech geißelt Lebensstil, https//taz.de/Oekonom-ueber-oekologische-Vandalen/!5641382/ (Stand, 14.7.2022).

Urban, Hans Jürgen: Vorlauf zu einem HKWM-Artikel ›Mosaik-Linke‹, in: Das Argument 331/2019, S. 19–32, https,//hans-juergen-urban.de/wp-content/uploads/2020/02/DA331-URBAN-Mosaiklinke.pdf (Stand, 5.8.2022).

Vester, Michael et al: Soziale Milieus im gesellschaftlichen Strukturwandel – Zwischen Integration und Ausgrenzung, Frankfurt am Main 2001.

Wackernagel, Mathis/William Rees: Unser ökologischer Fußabdruck – Wie der Mensch Einfluß auf die Umwelt nimmt, Basel 1997.

Wagenknecht, Sahra: Die Selbstgerechten. Mein Gegenprogramm – für Gemeinsinn und Zusammenhalt, Frankfurt 2021.

Werlhof, Claudia von: West-End – Das Scheitern der Moderne als »kapitalistisches Patriarchat« und die Logik der Alternativen, Köln 2010.

Wright, Eric Olin: Linker Antikapitalismus im 21. Jahrhundert, Hamburg 2019.

Zhao Tingyang: Alles unter dem Himmel, Vergangenheit und Zukunft der Weltordnung, Berlin 2020.

VSA: Mit Linken regieren?

Harald Wolf
(Nicht)Regieren ist auch keine Lösung
Chancen, Risiken und Nebenwirkungen,
wenn Linke sich beteiligen
224 Seiten | € 16.80
ISBN 978-3-96488-095-6

Harald Wolf war an rot-grünen, rot-roten
und rot-rot-grünen Koalitionsverhandlungen
beteiligt und lange in Berlin Regierungsmit-
glied. Er blickt zurück auf historische Debatten und reflektiert aktuelle Erfahrungen mit
linken Regierungsbeteiligungen.

Prospekte anfordern!

VSA: Verlag
St. Georgs Kirchhof 6
20099 Hamburg
Tel. 040/28 09 52 77-0
Fax 040/28 09 52 77-50
Mail: info@vsa-verlag.de

Benjamin-Immanuel Hoff (Hrsg.)
Neue Wege gehen
Wie in Thüringen gemeinsam
progressiv regiert wird
Eine Veröffentlichung
der Rosa-Luxemburg-Stiftung
260 Seiten | € 16.80
ISBN 978-3-96488-184-7

Seit 2014 regiert im Freistaat Thüringen
Rot-Rot-Grün mit Bodo Ramelow (DIE
LINKE) als Ministerpräsident an der Spitze.
Was ist vor dem Hintergrund der sich stark
wandelnden gesellschaftlichen, ökonomischen und politischen Verhältnisse erreicht
worden und wie könnte es weitergehen?
Die Autorinnen und Autoren gingen
gemeinsam neue Wege und machen in
ihren Beiträgen deutlich, dass auch unter
schwierigen Bedingungen und bei massi-
vem Gegenwind progressive Ergebnisse für
die Menschen im Land möglich sind.

www.vsa-verlag.de

VSA: Sozialismus neu entdecken

Michael Brie
SOZIALISMUS neu entdecken
Ein hellblaues Bändchen zu den Widersprüchen einer solidarischen Gesellschaft
176 Seiten | € 14.00
ISBN 978-3-96488-055-0

Sozialismus ist – trotz der schlimmsten selbst verschuldeten Zusammenbrüche – ganz offensichtlich nicht tot zu kriegen. Was aber kann er in das Projekt einer Großen sozialökologischen Transformation im 21. Jahrhundert einbringen?

Michael Brie
CHINAS SOZIALISMUS neu entdecken
Ein hellblaues Bändchen jenseits der Froschperspektive auf ein spannendes Experiment
176 Seiten | € 14.00
ISBN 978-3-96488-182-3

In diesem hellblauen Bändchen schreibt Michael Brie sein im Herbst 2022 erschienenes »Sozialismus neu entdecken« weiter – denn bei der Frage nach einem neuen Verständnis von Sozialismus ist China der Elefant im Raum. Er bewertet dessen Perspektiven im politischen und wirtschaftlichen Bereich und dem der Ideologie. Die schwerste Herausforderung für einen Sozialisten, wenn er sich China zuwendet, sieht er in der Frage der Demokratie.

Prospekte anfordern!

VSA: Verlag
St. Georgs Kirchhof 6
20099 Hamburg
Tel. 040/28 09 52 77-0
Fax 040/28 09 52 77-50
Mail: info@vsa-verlag.de

www.vsa-verlag.de